Le Capital vert

Christian de Perthuis
Pierre-André Jouvet

Le Capital vert

Une nouvelle perspective de croissance

Odile Jacob

15, rue Soufflot, 75005 Paris

www.odilejacob.fr

ISBN 978-2-7381-2919-2

INTRODUCTION

La couleur de la croissance

En période de disette économique, la croissance, « on n'en voit pas la couleur ! ». Si un économiste se glissait sur la chaîne de montage de l'usine PSA d'Aulnay ou de tout autre site industriel européen menacé de fermeture pour demander aux opérateurs de production s'ils la préfèrent verte, rouge ou de toute autre couleur, cette croissance, il se ferait vite rembarrer. Et mieux vaut ne pas imaginer l'accueil réservé au statisticien chargé de comptabiliser les « emplois verts », ceux dont se targue le ministre de l'Écologie lorsqu'il présente ses rutilants tableaux de bord témoignant des progrès vers l'économie verte. Quand votre poste est menacé et que plus d'une personne sur dix autour de vous est au chômage, vous vous fichez bien de la couleur de votre emploi. Avant tout, vous vous y accrochez ! Et que dire de nos partenaires grecs ou espagnols dont un sur quatre pointe désormais au chômage. Dans les rues d'Athènes et de Madrid, on manifeste contre l'austérité, pour le retour immédiat de la croissance quelle qu'en soit la couleur !

Même rétrécissement du champ chez les politiques, en dépit des recommandations bien pensantes des organisations internationales comme l'OCDE ou la Banque mondiale qui ont tenté de donner ses titres de noblesse à la notion de « croissance verte ». La première campagne présidentielle de Barack Obama s'était focalisée à l'automne 2008 sur deux projets de société : l'extension de la couverture maladie et la régulation des émissions de gaz à effet de serre. Celle de 2012 n'a porté que sur un point : qui du président sortant ou de son concurrent républicain serait le plus capable de dynamiser l'économie et de créer des emplois ? Quelques mois plus tôt, l'écologie avait déjà été sortie du débat au cours de la campagne présidentielle française. La vie internationale est au diapason de ce resserrement du champ de vision. En 2009, un sommet climatique comme celui de Copenhague déplaçait les chefs d'État et semblait encore constituer un enjeu majeur pour les décideurs. La crise économique et financière est depuis passée par là. En 2013, les marathons qui comptent sont ceux où on cherche à sauver l'euro, à défendre la qualité de sa dette souveraine, bref, à réparer la machine économique pour retrouver, vite, la croissance. Le changement climatique, l'écologie, la couleur de cette croissance, on verra plus tard...

Cet ouvrage prend le contre-pied de cette approche, désormais dominante parmi nos élites. En l'acceptant, nos sociétés repoussent aux calendes grecques toute action ambitieuse face au dérèglement climatique et plus généralement face aux défis de l'écologie. De façon plus ou moins consciente, elles reportent ainsi les périls du réchauffement de la planète sur les générations à venir. Mais en s'arc-boutant sur de telles visions étriquées de la croissance, elles se privent simultanément des moyens les plus appropriés pour sortir du marasme économique actuel. Chacun sent confusément que la sortie de la crise ne se fera pas en appliquant les recettes du passé. Ce livre tente de montrer comment elle peut être amorcée par une nouvelle vague d'investissements et d'innovations conduisant à des sociétés reposant sur un rapport différent de l'homme au capital naturel. C'est pourquoi la couleur de la croissance importe, même si l'expression trop galvaudée de « croissance verte » ne devrait pas tarder à rejoindre d'autres accessoires au magasin des slogans « Kleenex » qu'on jette après utilisation marketing.

Piloter la transition vers une économie verte implique qu'on fasse le bon diagnostic sur les liens complexes entre le milieu naturel et notre activité. Voici quarante ans, le fameux rapport du Club de Rome, *Halte à la croissance*[1], pointait les limites physiques à la croissance, imposées par la finitude des ressources naturelles. Force est de constater que l'ingéniosité des hommes et leurs capacités d'innovation ont déjoué ces pronostics : le rythme de la croissance mondiale n'a pas faibli depuis la fin des Trente Glorieuses[2], son centre de gravité s'étant simplement déplacé vers la Chine et les nouveaux pays émergents. Il n'a pas été bloqué par une pénurie de matières premières. En revanche, l'empreinte des hommes sur le milieu naturel s'est accrue, menaçant de grandes fonctions régulatrices du capital naturel comme la stabilité du climat ou la protection de la biodiversité : aujourd'hui, on ne manque pas de pétrole, encore moins de gaz ou de charbon, mais leur extraction accroît le risque du dérèglement climatique. Les hommes sont parvenus à accroître dans des proportions inespérées les productions agricoles, mais au prix d'atteintes croissantes à la biodiversité. Il faut donc passer d'une notion quantitative des limites de la croissance reposant sur le prisme du mur de la rareté des ressources naturelles à une vision globale dans laquelle c'est la préservation des systèmes de régulation du capital naturel qui est en jeu. Tel est le fil conducteur de cet ouvrage.

Concernant la doctrine, cela conduit à remettre en cause une représentation profondément ancrée dans la pensée économique depuis ses pères fondateurs, Malthus et Ricardo : pour eux, le capital naturel est défini comme une somme de ressources rares, non reproductibles, qu'on peut extraire de façon optimale si on tarifie correctement les rentes qui y sont associées[3]. Tout au long de cet ouvrage, nous tenterons de construire une autre représentation dans laquelle le capital naturel, défini comme un système complexe de fonctions régulatrices, est considéré comme un facteur de production dans lequel il convient d'investir. Et il y a de multiples façons de le faire, donc de multiples chemins possibles vers l'économie verte. En ajoutant un facteur à la fonction de production, on pose en effet un problème de répartition : qui du capital ou du travail, du Smicard ou du patron, du pays riche ou du pays pauvre, devra amputer son revenu pour rémunérer ce capital que nous détruisons collectivement si nous n'y associons pas une valeur, donc un prix ?

Ces notions paraissent-elles un peu académiques au lecteur non économiste ? Prenons l'exemple d'un berger qui dans sa montagne tond des moutons pour le compte d'un propriétaire. En utilisant l'eau du torrent qui est contigu à l'exploitation, il fournit chaque jour dix toisons. Cela permet au propriétaire de lui verser un salaire et de rentabiliser ses capitaux investis. Travail et capital ont été rémunérés. Du fait d'une pollution, l'eau du torrent devient inutilisable. La productivité du berger tombe à cinq toisons par jour. Cela signifie que le capital naturel contribuait gratuitement à la moitié de la production : il faut donc le rajouter dans la fonction de production et le rémunérer. Le problème qui se pose est alors très simple : qui va payer le manque à gagner correspondant à la moitié de la production ? Si le berger voit son salaire divisé par deux, il aura subi le passage à la croissance verte. S'il le maintient, le rendement du capital sera réduit et le propriétaire risque de déplacer ses actifs productifs dans une autre activité économique.

L'économie mondiale est certes un peu plus complexe qu'un ensemble à deux agents. Elle est pourtant confrontée à un problème de dégradation du milieu naturel similaire à celui du berger et de son propriétaire, en raison de la limite à la capacité de charge de la planète. Nul doute qu'elle sera contrainte à terme de basculer vers une économie verte dans laquelle la valeur du capital naturel s'imposera aux acteurs. Les deux inconnues majeures portent sur le rythme de cette transition, une idée simple étant qu'il est préférable de prévenir les dégâts plutôt que de les subir, et ses conditions sociales. Il y a toutes sortes de croissances vertes possibles, équitables ou iniques, socialistes ou capitalistes, de droite ou de gauche et peut-être même du centre !

Représenter l'économie dans des schémas analytiques, c'est intéressant. Mais s'interroger sur les conditions concrètes de la transition vers l'économie verte est nettement plus utile. Cette transition n'en est qu'à ses prémices, avec les premières actions engagées pour introduire la valeur du capital naturel dans nos économies[4]. Le changement climatique étant le champ dans lequel les tentatives ont été les plus nombreuses, nous le prendrons comme exemple, considérant les expériences de tarification du carbone comme des prototypes, préfigurant la pleine valorisation du capital naturel. Mais de multiples autres champs d'expérimentation doivent être explorés en matière de maintien de la biodiversité, d'agriculture écologiquement intensive, de protection du cycle de l'eau, etc. Sans prétendre à l'exhaustivité, notre ouvrage tente de repérer les expérimentations génératrices de ruptures ouvrant de nouveaux champs à l'investissement et donc à la croissance.

Il apparaît alors que de multiples innovations sont nécessaires pour engager sérieusement la transition vers l'économie verte. Dans les technologies, bien sûr, diront les ingénieurs. Mais aussi dans l'organisation sociale, dans la gestion des territoires et dans nos modes de vie. Un champ déterminant concerne également le domaine financier, souvent accusé d'imposer une dictature du court terme aux acteurs de l'économie ; nous verrons comment allonger cet horizon pour générer les flux nécessaires de financement. Sans oublier les innovations en matière de gouvernance et de conduite des affaires publiques sans lesquelles les débats citoyens risquent de produire du verbe sans réellement impacter la décision du politique.

Lorsqu'il met bout à bout ces innovations, le lecteur réalise que bien loin de freiner le mouvement de l'économie, la transition vers l'économie verte peut au contraire en devenir un puissant moteur. Certains pays d'Asie, la Corée et la Chine en particulier, semblent l'avoir bien compris. Si on revient à notre débat hexagonal et aux opérateurs de la chaîne de production d'Aulnay, il est donc important de s'intéresser à la couleur de la croissance. Car si elle ne prend pas les chemins de la transition vers l'économie verte, notre société pourrait bien rétrograder fâcheusement au palmarès de la compétitivité internationale.

CHAPITRE 1

La croissance : un accident historique ?

En 1972, la publication de *The Limits to Growth* (improprement traduit en français sous le titre *Halte à la croissance !*) marque les esprits. Publié dans le cadre du Club de Rome, l'ouvrage est le fruit des travaux d'une équipe pluridisciplinaire de modélisation du MIT dirigée par Dennis Meadows[1]. Il rappelle qu'un certain nombre de courbes exponentielles reflétant la croissance de la population, de la production industrielle, de l'extraction de ressources naturelles, etc., ne sont pas extrapolables dans un monde fini. Le processus de croissance n'a donc été qu'une parenthèse historique. Il va se heurter à des limites et nos auteurs préconisent d'anticiper le choc plutôt que de foncer tous moteurs allumés dans le mur des raretés physiques.

Un an après la publication du rapport Meadows, l'ensemble des prix des matières premières s'envole. L'embargo des pays de l'OPEP sur le pétrole fait craindre une pénurie généralisée. Le système de stabilité des monnaies hérité de l'après-guerre[2] vole en éclats et le monde industrialisé connaît sa première récession de grande ampleur depuis la guerre. Certains y voient la preuve par les faits de la justesse des thèses de Meadows et annoncent la fin de la croissance. Ils n'anticipent pas la nouvelle vague d'expansion que vont déclencher la globalisation, les technologies numériques et la montée en puissance des pays émergents. Cette vague gonfle durant trois décennies, avant de se briser sur la grande dépression de 2009.

À l'instar de celle de 1973, la récession de 2009 résulte d'un double choc qui a pris en ciseaux la machine économique : prix des matières premières ; dérèglement financier[3]. Symboliquement, le prix du pétrole atteint son pic en juillet 2008, deux mois avant la faillite de la banque d'affaires Lehman Brothers qui révèle au monde l'étendue de la contamination du système financier par le surendettement. Mais, contrairement aux crises mexicaine ou asiatique apparues durant les précédentes décennies, ce n'est plus la périphérie qui est touchée, mais le cœur du système : Wall Street avec ses montagnes de *subprimes*[4], dettes gagées sur une hausse indéfinie des prix de l'immobilier. Cette crise ne viendrait-elle pas marquer, quarante ans après la publication du rapport Meadows, la fin de la période de croissance rapide amorcée à la sortie de la Seconde Guerre mondiale ? La fin de notre « âge d'or », comme l'avait qualifié l'économiste américain Angus Maddison ?

La croissance économique depuis 1500 : d'accélération en accélération

Considérée sous le seul angle quantitatif, la croissance peut être représentée comme le gonflement d'une grandeur globale qui mesure la richesse. Prenons comme indicateur de cette richesse le produit intérieur brut (PIB) et ramenons-le par habitant. Sur le long terme, cet indicateur est très conventionnel car il conduit à comparer des biens et services produits aujourd'hui, dont beaucoup n'existaient pas hier, à d'autres, produits hier, qui ont souvent disparu de notre environnement actuel. La notion même de richesse, et ses relations au bien-être, est d'un maniement délicat et nous y reviendrons plus en détail au chapitre 7. Les observations effectuées par les historiens[5] à partir de ce type d'indicateur sont néanmoins riches d'enseignements.

L'analyse méticuleuse d'auteurs comme Maddison ou Bairoch révèle que des progrès techniques, principalement localisés dans l'agriculture et la navigation, déclenchent à partir du XVe siècle une lente remontée de la productivité à l'origine d'un premier changement de régime économique. On peut alors considérer que l'économie mondiale passe d'un régime stationnaire à un régime de croissance.

Jusque vers 1820, cette croissance est à peine décelable dans le passage d'une génération à l'autre : il faut plus de deux cents ans pour doubler le PIB par habitant ! La perception que pouvaient alors avoir les habitants de leur niveau de vie reste celle d'un régime stationnaire : seuls les aléas de la climatologie, des guerres, des épidémies, faisaient qu'on achevait sa vie dans des conditions meilleures ou pires qu'au moment de sa naissance. L'idée de progrès se forge graduellement avec les penseurs du siècle des Lumières qui commencent à anticiper les effets potentiels de l'application de la technique sur l'organisation de la vie sociale. Mais cette idée reste visionnaire, incertaine, minoritaire. Dans la fameuse correspondance entre Voltaire et Rousseau au lendemain du tremblement de terre de Lisbonne en 1755, le second exprime bien la vision dominante de son temps en affirmant que seule la nature est responsable de telles catastrophes face auxquelles l'ingéniosité des hommes reste impuissante. Il faut attendre le XIXe siècle pour que l'idée de progrès s'impose dans la représentation collective avec le positivisme[6] et la naissance de l'économie politique.

Une autre caractéristique de cette période préindustrielle est que les écarts de niveau de vie entre pays et continents n'ont rien de comparable avec ce qu'ils sont devenus par la suite. Il est par exemple bien difficile d'évaluer si la richesse par habitant est supérieure en Chine ou en Europe occidentale au début du XIXe siècle[7]. Pourtant, les échanges internationaux de marchandises ou de capitaux restent très marginaux dans ce monde préindustriel. Ils ne peuvent pas assurer la fonction d'égalisation des niveaux de vie que leur prêteront ensuite des générations d'économistes libéraux.

Une première accélération de la croissance s'amorce vers 1820 en Angleterre et se transmet rapidement à l'Europe occidentale puis aux États-Unis. Grâce à la domestication puis à l'utilisation à grande échelle de nouvelles formes d'énergie (le charbon, puis le pétrole et l'électricité), l'économie mondiale change à nouveau de régime économique. Le produit par tête progresse d'un peu moins de 1 % l'an, soit un doublement tous les soixante-dix ans. Ce progrès se répercute assez rapidement sur les conditions de vie et engendre une baisse de la mortalité à l'origine de l'accélération démographique. Si on cumule l'effet richesse par tête à celui de l'augmentation du nombre, on avoisine une croissance mondiale de 1,75 % par an : un doublement tous les quarante ans pendant un siècle et demi. Un tel rythme transforme les conditions de vie notamment *via* l'urbanisation. Il s'accompagne d'un creusement considérable des écarts entre zones économiques. La richesse se polarise comme jamais elle ne le fit historiquement sur l'Europe, l'Amérique du Nord et le Japon qui totalisent de l'ordre d'un cinquième de la population mondiale. D'immenses espaces économiques sont simultanément déstructurés par l'expansion européenne et américaine. En particulier, le poids des économies chinoise et indienne est laminé durant cette période qui fut aussi celle de l'exploitation coloniale.

L'après-guerre connaît une nouvelle accélération de la croissance. Elle est spectaculaire et inattendue. Dans les pays d'industrialisation ancienne (Europe, États-Unis, Japon) la dynamique est amorcée par les dépenses de reconstruction des dégâts occasionnés par le second conflit mondial. Aussi, l'Europe de l'Ouest et encore plus le Japon figurent parmi les économies qui profitent le plus de ces Trente Glorieuses. Le fait nouveau est que la croissance économique et démographique se diffuse bien plus largement dans le reste du monde. Globalement, la croissance du PIB par habitant approche le rythme de 3 % l'an, soit un doublement tous les quarts de siècle : du jamais vu dans l'histoire humaine ! Beaucoup pensent que cette anomalie historique va prendre fin dans les années 1970 avec l'éclatement du système monétaire hérité de Bretton Woods et la violente récession consécutive au choc pétrolier. L'histoire va pourtant s'écrire suivant un autre scénario : non pas celui du ralentissement de la croissance mondiale, mais de sa redistribution entre ensembles géographiques.

Depuis 1973 : une redistribution géographique de la croissance globale

Quarante ans après la publication de *Halte à la croissance !*, l'affaiblissement des trajectoires de croissance ne fait aucun doute dans les pays d'industrialisation ancienne. Entre 1973 et 2013, le ralentissement de leur trajectoire a été très marqué dans le cas du Japon, plus modéré en Europe et aux États-Unis. Il traduit en premier lieu les difficultés d'ajustement à un monde globalisé où l'endettement est rendu plus aisé grâce au marché dérégulé des capitaux et où la sanction de ses excès peut tomber comme un couperet car il n'est plus possible d'éliminer les montagnes de dettes par de l'inflation classique. Dès 1990, le Japon a été pris le premier dans ce piège. Il a été suivi par les pays anglo-saxons d'où a démarré la grande récession de 2008-2009, le dernier épisode en date étant la crise de la dette souveraine de l'euro.

L'essoufflement de ces économies n'entraîne cependant pas de ralentissement de la croissance globale. Il est compensé par un puissant mouvement de balancier qui résulte de la montée en régime des émergents. Opérant une accumulation de capital d'un rythme inédit, Chine, Inde, Brésil et quelques autres comblent, peu à peu, à partir de 1973 un retard séculaire. Des forces nouvelles interviennent, expliquant la rapidité de ces redistributions. L'ouverture commerciale a pris une dimension nouvelle : en 1950, le poids des échanges de marchandises dans l'économie mondiale était inférieur à son niveau de 1913. Le ratio est multiplié par quatre entre 1950 et 2000. À la suite de la libéralisation des marchés, le capital financier devient totalement mobile. Les technologies de l'information facilitent l'acquisition de nouveaux savoir-faire, la diffusion des innovations et l'interconnexion des marchés. Parti au démarrage de petits pays asiatiques, le mouvement se propage à la Chine continentale qui amorce son ouverture des marchés en 1979 avec le retour au pouvoir de Deng Xiaoping. Le mouvement se transmet ensuite à l'autre grand pays continent : l'Inde.

La propagation de cette dynamique aux autres régions du monde ne se fait pas sans heurts. L'Amérique latine met une bonne décennie à s'ajuster à la nouvelle donne pétrolière avec la crise de la dette mexicaine qui ébranle tout le continent pendant la décennie 1980. L'Afrique peine encore davantage, avec un recul du PIB par habitant entre 1973 et 1998. La transition de l'URSS de la planification centralisée vers l'économie de marché s'opère dans les pires conditions. La désagrégation de l'État et l'application de recettes libérales naïvement transposées de l'université de Chicago provoquent une implosion de l'économie russe et de ses anciens satellites durant les années 1990.

La première décennie du nouveau millénaire amplifie la propagation géographique de la croissance mondiale dont le centre de gravité s'est déplacé vers la Chine et les pays émergents. L'Amérique latine est sortie de ses difficultés dès le début de la décennie 1990. La Russie et ses anciens satellites parviennent à enrayer leur spirale dépressive vers 1997-1998. À partir de 2001, l'Afrique subsaharienne, dernière grande zone du monde antérieurement restée à l'écart du mouvement, voit sa croissance par habitant fortement remonter. Signe du déplacement du centre de gravité de l'économie mondiale : lorsque éclate la grande récession de 2008-2009, la fragilité financière des vieux pays industrialisés apparaît au grand jour. Ils ont accumulé un endettement de plusieurs centaines de milliards de dollars sur les pays émergents. Cette nouvelle récession annoncerait-elle, quarante ans après les travaux du Club de Rome, la fin d'une période exceptionnelle d'un monde en croissance rapide ?

Les limites de la croissance : épuisement des ressources ou des capacités d'innovation ?

L'idée que nos économies sont sur le point de refermer une longue période de croissance, du fait du mur de la rareté des matières premières, a repris de la force. Pourtant, les historiens de la croissance nous révèlent combien les sociétés ont su déjouer les alertes successives grâce aux progrès techniques conduisant à utiliser plus efficacement ces ressources rares, à en élargir la disponibilité par des investissements d'exploration ou à en trouver des substituts.

Les quarante dernières années ne semblent pas faire exception. Prenons l'exemple du pétrole, sans doute la matière première la plus emblématique. En 1973, un embargo de quelques semaines a déclenché une crainte très large de pénurie physique. Pourtant, avons-nous manqué de pétrole durant les quarante dernières années ? En 1973, la toute jeune Agence internationale de l'énergie (AIE) estimait qu'il restait quarante ans de réserve de pétrole au rythme d'extraction d'alors. En 2013, ce chiffre n'a pas varié et il reste bien plus d'années d'exploitation d'hydrocarbures qu'en 1973 si on tient compte des gaz de schiste et autres ressources non conventionnelles qu'on sait désormais exploiter ! Depuis 1973, le PIB mondial a pratiquement triplé, la part des énergies fossiles dans les sources primaires est restée en moyenne de 80 % dans le monde et les réserves ne s'épuisent pas !

Certes, répondront les adeptes de la théorie du *peak oil*[8], mais on ne peut pas extrapoler à partir du passé. Les stocks de réserve étant limités, il y a bien une limite physique qui sera atteinte un jour. Il faut donc s'y préparer en engageant sans tarder une transition énergétique. Les économistes classiques de l'énergie ajouteront que la rareté physique d'une ressource se traduit par l'apparition de hausses de prix qui ont le triple effet d'inciter à l'économie des usages, de faciliter les substitutions et de doper les investissements de recherche et d'exploration. Chacun peut du reste constater combien le relèvement du prix du pétrole a déclenché dans le monde une fièvre nouvelle d'exploitation dont les fers de lance ne sont plus seulement les acteurs classiques du monde pétrolier – compagnies multinationales et États producteurs –, mais aussi de nouveaux entrants chinois, brésiliens, etc. Difficile de croire que cette vague d'investissement sans précédent ne va pas à nouveau déboucher sur nombre de découvertes inattendues dans le futur.

Si nos sociétés semblent incapables de retrouver le chemin de la croissance, il est tout à fait aventureux d'en attribuer la cause principale à la rareté des matières premières et donc à leur renchérissement prévisible. D'ailleurs, tout un chacun peut constater le dynamisme des économies émergentes asiatiques, Chine, Corée, Inde, qui ne peut pas, à l'évidence, s'expliquer par leur disponibilité en matières premières : ils en sont devenus en quelques décennies des importateurs majeurs ! Ne serait-ce pas plutôt du côté d'une autre ressource qu'il faut chercher les risques d'un essoufflement durable de notre croissance : celui de nos capacités d'adaptation et d'innovation ?

C'est la thèse de l'économiste américain Robert Gordon, dont les analyses annoncent un tel épuisement de la croissance aux États-Unis[9]. D'après Gordon, le potentiel d'expansion américain n'a cessé de baisser durant les dernières décennies pour converger vers un état de l'économie quasi stationnaire (0,2 % de croissance du PIB par habitant durant les prochaines décennies). Plus fondamentalement, Gordon rappelle que « la croissance économique n'existait pratiquement pas avant 1750 et que le rapide progrès réalisé au cours des 250 dernières années pourrait bien n'avoir été qu'un épisode unique dans l'histoire humaine ».

Gordon rattache la fermeture de cette parenthèse historique de la période de croissance à l'absence de nouvelles innovations de rupture. D'après lui, l'« anomalie » de la croissance du XXe siècle prend sa source dans les mutations provoquées par trois innovations majeures, intervenues entre 1880 et 1900 : la maîtrise de l'électricité (dans sa production, sa distribution et ses usages), la mise au point du moteur à combustion interne, le développement de l'eau courante et de l'assainissement. Autrement dit, trois grappes d'innovation directement liées à l'utilisation nouvelle de ressources naturelles existantes.

D'après Gordon, ces moteurs issus d'innovations apparues dès la fin du XIXe siècle ont alimenté la croissance des pays développés jusque vers 1970. Depuis, ils ont tendance à s'essouffler parce que les nouveaux biens et services issus de ces innovations se sont largement diffusés sans que de nouvelles innovations parviennent à prendre le relais. Gordon, avec perspicacité, montre notamment dans son analyse de la révolution numérique pourquoi les nouvelles technologies de l'information ne produisent pas de ruptures comparables à celles provoquées par l'électricité, le moteur à combustion interne et la généralisation de l'accès à l'eau potable dans les villes. Il considère enfin la contrainte énergie-climat comme l'un des paramètres qui va durablement obérer la croissance américaine, au même titre que la hausse des inégalités ou de la dette : le dynamisme économique plombé par les politiques climatiques ? Une mauvaise nouvelle pour les avocats de la croissance verte !

Le fil conducteur de cet ouvrage repose au contraire sur l'idée que la bonne prise en compte du capital naturel peut permettre à nos sociétés de retrouver un véritable regain économique. D'où peuvent en effet provenir les innovations de rupture conduisant à redynamiser la croissance ? Comme le montre Gordon, on ne les fera pas émerger en continuant d'accroître la puissance de nos ordinateurs et d'élargir les fonctionnalités de notre smartphone, ou en inventant des fusées ou des vecteurs ultrarapides de transport futuristes comme les imaginait déjà Jules Verne ! La prise en compte de l'environnement peut en revanche devenir le principal creuset qui produira ces grappes d'innovation. Mais la transition vers ces nouveaux modes de croissance est un chemin largement inconnu, sur lequel la majorité des acteurs hésite à s'engager en préférant s'agripper aux cadres établis.

Pour les éclairer, il convient en premier lieu de se pencher sur la manière dont nous exploitons les ressources naturelles, ce capital qui n'a pas été constitué à l'origine par des investissements humains. Dans une vision naïve, ce capital est associé à un don de la nature dans lequel nous n'aurions pas besoin d'investir puisqu'il s'est constitué indépendamment de nos efforts passés d'épargne et d'investissement. Il est pourtant clair qu'en l'absence de tout investissement, ce capital risque d'être dilapidé, ne serait-ce que par épuisement des matières premières non renouvelables ou par le non-entretien de celles qui peuvent l'être. Pour apprécier le type d'investissement dont nous avons besoin, il convient de se pencher d'un peu plus près sur cette notion de « capital naturel ». Qu'entendent donc les économistes lorsqu'ils tentent d'intégrer cette notion dans leurs raisonnements ?

CHAPITRE 2

Le « capital naturel » revisité

Depuis le début de la révolution industrielle, de multiples voix ont annoncé que le processus de croissance allait se briser sur le mur des raretés : terres arables, énergie fossile, eau, stocks de poisson, métaux extraits des « terres rares », etc. Les plus grands noms de l'économie politique n'ont pas été avares de prédictions ensuite déjouées par les faits. Malthus, dans son *Essai sur le principe de population* (1798), pense que la croissance démographique va buter sur la rareté des terres agricoles, David Ricardo, dans *Principes de l'économie politique et de l'impôt* (1817), indique que les limites de la Terre, en quantité finie et avec une fertilité décroissante, imposent une borne à la croissance. William Stanley Jevons explique, dans *La Question du charbon* (1865), que l'épuisement de cette ressource, avec la croissance de la population et l'absence de substituts, conduit au même résultat. Un peu plus d'un siècle plus tard, le rapport Meadows (1972) tire à nouveau le signal d'alarme en soulignant les limites physiques à la croissance dans des termes que n'auraient pas désavoués ses éminents prédécesseurs.

La vision standard du capital naturel en économie

Dans tous les cas de figure, le raisonnement se fonde sur une vision commune du capital naturel défini comme un ensemble de ressources rares, renouvelables ou non, dont la disponibilité risque d'être mise à mal par le type de développement engagé.

C'est en se basant sur la même notion de ressources rares que les contradicteurs des partisans de la thèse de l'épuisement vont chercher leurs arguments. L'un des plus fameux pourfendeurs de ces thèses n'est autre que l'économiste américain Solow, le père de l'approche néoclassique de la théorie de la croissance. Dans plusieurs articles, Solow explique ainsi que les contributions du type Club de Rome sous-estiment les substitutions possibles au sein du processus de production qui permettront, si on manque d'une ressource rare, d'investir dans une autre pour en trouver un substitut[1]. Comme on le verra plus en détail au chapitre 3, l'approche de Solow a été reprise par certains économistes qui montrent comment on peut imaginer, à partir de ces substitutions, une croissance infinie reposant sur des ressources naturelles finies ! Cette controverse sur la plus ou moindre grande substituabilité du capital naturel a donné lieu à une déclinaison de la notion de développement durable au sens fort ou au sens faible. Elle nous semble difficile à trancher en l'état car elle repose sur une vision standard, partagée par ses différents protagonistes, du capital naturel défini comme une simple agrégation de ressources rares.

Or cette vision du capital naturel semble de plus en plus en décalage avec la montée des problématiques environnementales contemporaines. Reprenons l'exemple des ressources pétrolières et gazières introduit au chapitre précédent. Il est clair qu'en 1973, comme en 2013, le débat d'experts sur les ressources d'hydrocarbures mobilisables n'est pas près d'être tranché et porte en réalité sur le calendrier : les tenants de la doctrine du *peak oil* considèrent l'épuisement des ressources pétrolières comme imminent, alors que leurs opposants mettent le projecteur sur les ressources nouvelles, conventionnelles ou non, qui permettent de prolonger l'aventure pétrolière et gazière. Dans cette discussion sur la quantité d'énergie potentiellement exploitable à partir des gisements du sous-sol, une dimension semble totalement occultée : le changement climatique !

Absente des préoccupations en 1973, cette dimension s'est pourtant hissée au cœur du débat à partir des années 1990. Elle ne pose plus la question du risque d'épuisement de telle ou telle matière énergétique, mais celle de la capacité de l'atmosphère à assurer la stabilité du climat. Ce faisant, nous sommes passés d'une vision du capital naturel défini comme une agrégation de ressources rares (la définition classique des économistes depuis Malthus) à une autre où ce capital est un ensemble complexe assurant une fonction de régulation essentielle : la stabilité du climat. Or les progrès de la science du climat montrent qu'un dérèglement de cette fonction de régulation risque d'affecter, *via* les impacts du réchauffement climatique, la résilience des écosystèmes en menaçant leur diversité. Le système climatique est donc lié à un système plus global de régulation naturel.

Des systèmes de régulation naturels fragilisés par la course aux matières premières

L'exemple du pétrole est biaisé, diront certains. Pas si sûr ! Conditionnée par celle des économistes, la vision courante tend en effet à ramener à des affaires de rareté et de coûts des questions qui concernent plutôt le bon fonctionnement des systèmes de régulation naturels. On nous alerte sur la réduction du nombre de pandas dans les forêts asiatiques ou des stocks de poissons dans l'océan sans clairement identifier ce qui est en cause : la dégradation des écosystèmes qui leur permettent de se reproduire. L'eau devient rare et de plus en plus coûteuse ?

Sa quantité totale disponible sur la planète est pourtant rigoureusement identique à ce qu'elle était il y a plusieurs millions d'années ; notre mode de développement tend en revanche à perturber de façon croissante son cycle naturel en réduisant parfois drastiquement son accessibilité ou sa qualité. Risque-t-on demain de manquer de blé ou de riz pour nourrir 9 milliards d'habitants ? De nouveaux investisseurs surgissent, prêts à acheter ou défricher des millions d'hectares agricoles au détriment de forêts ou de milieux humides ; les voies d'une agriculture écologiquement intensive reposant sur une meilleure valorisation du capital naturel sur les terres déjà exploitées sont à peine esquissées.

Dans tous ces exemples, on part de la vision standard du capital naturel défini comme une somme de dotations en ressources rares provenant de la nature, puis rapidement on entrevoit que ce capital ne se réduit pas à une simple agrégation de ressources rares, mais qu'il intègre également un ensemble de systèmes de régulation. Ces systèmes conditionnent en particulier la reproduction de ressources hier considérées comme « libres », c'est-à-dire utilisables gratuitement et sans limites par les sociétés : l'eau, l'air, le climat, la diversité du vivant... Pour reproduire ce capital naturel, il faut bien sûr veiller à ne pas épuiser les ressources rares tant qu'on ne leur a pas trouvé de substitut. Mais il faut également s'assurer que le développement de nos sociétés n'altère pas les grandes fonctions régulatrices inhérentes à ce capital, notamment du fait des multiples efforts déployés pour déplacer les murs classiques de la rareté des matières premières.

Or, si l'ingéniosité des hommes repousse les limites physiques de la croissance, elle ne contribue pas pour autant à la préservation du capital naturel considéré comme un système global de régulation. À partir de certains seuils, les investissements croissants destinés à l'exploitation des matières premières semblent au contraire s'opérer au détriment de ces fonctions de régulation. Nous l'avons vu pour le changement climatique. Cela s'applique également à la biodiversité, ainsi que le note Bernard Chevassus-au-Louis, l'un des grands spécialistes de la question : « Lorsqu'on aménage un écosystème pour en tirer plus de produits commercialisables (par exemple le développement d'élevages de crevettes en zones côtières tropicales ou l'aménagement de forêts pour la production de bois de qualité), la valeur totale des services rendus diminue, de manière souvent considérable[2]. »

Au cours des quatre dernières décennies, l'élargissement de la croissance dans le monde a démultiplié la capacité de nos sociétés à repousser les limites à la croissance posées en termes de rareté physique des ressources naturelles. Le renchérissement des cours sur les marchés mondiaux puis le choc de la récession de 2009 ont rappelé les pressions qui continuent de s'exercer sur ces ressources. Ils ont déclenché des stratégies d'investissement visant à sécuriser les approvisionnements dans lesquels les pays émergents occupent une nouvelle place pivot, à côté des pays développés. Comme le montrent la montée du risque climatique et les menaces sur la biodiversité, cette course aux matières premières démultiplie les moyens engagés pour utiliser ces ressources, au détriment de fonctions régulatrices essentielles du capital naturel.

Au total, l'analyse historique donne un fil pour qualifier le capital naturel, non pas comme une simple agrégation de ressources finies, mais aussi comme un ensemble de fonctions régulatrices que certains modes de croissance peuvent perturber et d'autres renforcer.

Pour une approche systémique du capital naturel

Comment définir cet ensemble de fonctions régulatrices ? À la suite des travaux de l'Institut de la résilience de Stockholm[3], on peut identifier neuf frontières (appelées « frontières planétaires ») qui ont été définies par les scientifiques à partir des risques d'irréversibilité. L'idée est que, au-delà d'un certain seuil, toujours estimé avec grande difficulté, l'une des grandes fonctions régulatrices du système naturel n'est plus assurée. Le franchissement du seuil fragilise alors la reproduction de l'ensemble du capital naturel. L'irréversibilité apparaît car les sociétés humaines, en dépit du progrès général des connaissances et des techniques, ne savent pas comment reconstituer de tels systèmes complexes. Plus que dans la rareté des ressources, c'est dans ces frontières planétaires qu'il faut chercher les limites à nos modes de croissance. Elles se décomposent en deux sous-ensembles.

a) Dans le cas de la couche d'ozone, du système climatique et de l'acidité des océans, la frontière ne peut être définie qu'au plan global. Une grande fonction régulatrice planétaire est altérée par une accumulation de rejets, sans qu'aucun seuil local ou régional puisse être calculé de façon scientifique. Dans le cas du changement climatique, il s'agit de l'accumulation des gaz à effet de serre qui menace la stabilité du climat ; dans celui de la couche d'ozone, il s'agit des émissions de composés chlorés qui éliminent la défense naturelle qu'apporte l'ozone présent dans la stratosphère en filtrant les rayons ultraviolets en provenance du soleil ; dans le cas des océans, la frontière se définit comme le degré d'acidité des eaux superficielles à partir duquel le développement d'êtres vivants à l'amont de la chaîne alimentaire (planctons, coraux, coquillages...) est gravement perturbé.

Parmi ces trois premières frontières définies au plan global, le changement climatique occupe une place centrale du fait des interdépendances entre systèmes de régulation ; certains gaz à effet de serre fluorés exercent également une action de destruction sur la couche d'ozone ; la première cause de l'acidification des océans est l'accroissement des émissions anthropiques de CO_2, également à l'origine du réchauffement climatique. Les trois seuils ne sont donc pas indépendants les uns des autres. Le fait qu'ils ne puissent être définis qu'au plan mondial pose un problème récurrent pour la mise en œuvre d'actions correctrices, bien connu dans le monde de la négociation climatique internationale : aucun acteur ne tire le moindre bénéfice particulier d'une action unilatérale conduite face à ce type de risque environnemental.

b) Six autres frontières ont été définies par les chercheurs de l'institut de Stockholm, à partir de seuils qui peuvent se calculer à différentes échelles géographiques[4]. Elles concernent notamment la concentration atmosphérique d'aérosols, ces particules, d'origine naturelle (par exemple, les nuages ou les poussières des éruptions volcaniques), ou d'origine anthropique (par exemple, les composés à base de soufre ou les poussières s'échappant d'une chaudière), présentes dans l'atmosphère ; le maintien de la biodiversité dont l'érosion peut s'apprécier à partir du nombre d'espèces vivantes en extinction ; la conservation de la fertilité des sols ; le cycle de l'eau douce ; l'accumulation des produits chimiques ; le cycle d'absorption biochimique du phosphate et de l'azote.

Pour chacun de ces systèmes, la frontière planétaire résulte de multiples seuils définis aux échelles locales ou régionales, comme dans le cas des pollutions classiques. Mais leur agrégation indique un risque d'irréversibilité au plan global en réponse au régime de croissance des activités humaines. Par exemple, la pollution d'une rivière a des conséquences à l'échelle locale et représente un coût, parfois difficilement réversible, pour ses riverains. Mais ces seuils de pollution locale peuvent s'amplifier ou au contraire se réduire à l'échelle du bassin-versant de la rivière qui tient compte de toutes les interdépendances affectant le système hydrologique régional. Les interdépendances ne s'arrêtent pas là, car à l'aval de ce bassin, la nature des rejets va à son tour influencer l'écosystème marin où se jette la rivière. Au plan global, c'est par conséquent l'ensemble du cycle de l'eau sur la planète qui peut être affecté par nos comportements. Parmi ces multiples interdépendances, la frontière qui retiendra le plus notre attention est celle constituée par l'érosion de la biodiversité. À peu près toutes les formes de pollution peuvent en effet s'interpréter comme une atteinte à la reproduction des espèces vivantes et donc comme une altération de la diversité du vivant.

À partir du moment où on définit le capital naturel comme un ensemble recouvrant, d'un côté les ressources rares présentes à l'état naturel, de l'autre les systèmes de régulation naturels assurant la reproduction du climat et du vivant, la notion d'« économie verte » devient plus intelligible : il s'agit d'une économie qui prend appui sur ces systèmes de régulation en les considérant comme de véritables facteurs de production dans lesquels il convient d'investir. Dans une telle approche, l'économie verte n'est plus vue comme une sorte de retour à un pseudo-état naturel où il faudrait réapprendre le mode de vie de nos ancêtres, mais comme un système de plus en plus complexe à gérer à mesure que les prélèvements sur les ressources naturelles classiques mettent à mal le système climatique et la biodiversité. Comme on va le voir par la suite, inclure ces deux systèmes de régulation naturels dans la définition du capital naturel modifie assez radicalement la façon dont doit fonctionner l'ensemble de l'économie. En effet, les règles classiques de fonctionnement de l'économie savent parfaitement donner une valeur de rareté aux ressources naturelles en leur affectant une rente. En revanche, elles sont encore largement incapables de donner une valeur équivalente aux grands systèmes de régulation constituant l'ossature du capital naturel.

CHAPITRE 3

Hotelling nous emmène au-delà du mur

Depuis le début de la révolution industrielle, l'ingéniosité des hommes déplace sans cesse les limites physiques de la croissance, pourtant considérées au démarrage comme intangibles. Le phénomène s'est amplifié ces dernières décennies, du fait de l'élargissement de la croissance dans le monde. Avec la révolution du numérique, certains annonçaient l'avènement de l'économie dématérialisée. Jamais dans l'histoire, autant de capitaux n'ont pourtant été mobilisés pour repousser le mur de la rareté des matières premières : renforcement de la course aux matières énergétiques ; amorce de l'exploitation des hydrocarbures non conventionnels ; achats de terres agricoles par des capitaux étrangers ; compétition à couteaux tirés pour l'accès aux « terres rares[1] », etc.

Un puissant mécanisme économique explique cette accumulation de capitaux : celui de la rente qui peut être définie comme une valeur supplémentaire s'associant à un phénomène de rareté physique. S'il s'agit de rareté de l'espace, on parlera de rente foncière : un mètre carré vaut plusieurs dizaines de milliers d'euros sur l'avenue des Champs-Élysées, quelques centimes sur le plateau du Larzac et zéro au cœur du Sahara. S'il s'agit de rareté du sous-sol, on parlera de rente minière : un baril de brut se vend de 80 à 120 dollars, suivant la fluctuation des cours, depuis les terminaux pétroliers situés sur la mer Rouge ; son coût d'extraction sur le champ saoudien de Ghawar situé à quelques kilomètres ne dépasse pas 2 dollars !

Si David Ricardo fut le premier économiste à saisir de façon prémonitoire le rôle de la rente dans la croissance économique, c'est le nom d'un économiste statisticien américain, Harold Hotelling, qui est associé à la littérature de l'économie des ressources épuisables. Sa théorie nous explique comment le fonctionnement des marchés classiques a conduit nos sociétés dès l'origine à franchir les différents murs de rareté successivement annoncés. Cependant, ces multiples déplacements ne contribuent pas à la préservation du capital naturel considéré comme un système global, extrêmement sophistiqué, dont nos trajectoires de croissance menacent les capacités régulatrices de base. Or un nombre croissant de scientifiques nous indique que plus nous repoussons le mur des raretés physiques, plus le risque de dérèglement de ces fonctions régulatrices augmente. En nous aidant à franchir le mur, Hotelling ne nous exposerait-il pas à des périls encore plus grands ?

Combien de temps avant de heurter le mur ? Ne pas confondre réserve et ressource !

Nombreuses ont été les alertes dans le passé nous mettant en garde contre les risques d'une interruption de la croissance liée à l'épuisement des ressources naturelles : rareté des terres arables, de l'énergie fossile, de l'eau, des stocks de poissons, des métaux rares... L'une des limites du raisonnement en termes de limite physique à la croissance est qu'il confond réserve et ressource.

La notion de ressource englobe tous les gisements découverts ou non (spéculatifs, présumés, probables ou prouvés), alors que celle de réserve est restreinte aux ressources identifiées (probables ou prouvées, évaluées ou mesurées) et économiquement exploitables. La plupart du temps, lorsque nous tentons d'estimer la durée résiduelle d'exploitation d'une ressource, nous nous basons en fait sur la notion de réserve, évaluée à un moment donné du temps à conditions économiques d'exploitation données et connaissances géologiques figées.

Les calculs d'épuisement d'une ressource se basent généralement sur un ratio entre réserves prouvées (ressources découvertes et récupérables avec une certitude raisonnable et économiquement exploitables compte tenu des prix courants et de la technologie disponible) et la production ou la consommation. Un calcul plus généreux consiste à prendre en compte une extrapolation de ressources potentielles (basée sur la connaissance des formations géologiques et de leur lien avec la ressource). Dans les deux cas, pour un stock donné, une simple division nous indique le temps qu'il nous reste avant sa disparition.

Un calcul plus sophistiqué, notamment utilisé dans le travail dirigé par Meadows, consiste à tenir compte d'un taux d'évolution de la demande dans le temps. Typiquement, nous avons besoin de connaître le niveau « initial » de consommation (un niveau de référence à une date donnée) de la ressource en unité physique, la réserve totale disponible de ressource et de faire une hypothèse sur le taux de croissance de la consommation. Il suffit de faire alors la somme de l'ensemble des consommations jusqu'à la date où nous avons une égalité entre l'ensemble des consommations et le stock de ressource.

Ces calculs négligent les ressources présumées (ressources non découvertes mais qu'on suppose pouvoir trouver un jour dans les sites connus et déjà explorés), les ressources spéculatives (ressources non découvertes dans des sites non encore exploités mais où on sait pouvoir la trouver) et les ressources non encore soupçonnées. Cette ignorance, en changeant la quantité de ressources disponibles, peut avoir des effets majeurs sur l'évaluation du temps restant pour l'exploitation ou à la consommation. Il y a vingt ans, aurions-nous imaginé trouver du pétrole dans le sable au Canada ou du gaz de schiste en quantité si importante aux États-Unis ? En regardant rétrospectivement les chiffres de l'AIE, nous nous apercevons que les réserves de pétrole, de gaz ou même de charbon augmentent au cours du temps. Ainsi, nous pouvons rester des décennies avec environ quarante ans de pétrole disponible et passer le *peak oil* tous les dix ans... C'est très exactement ce qui se produit depuis 1970 !

En ne prenant pour l'instant que la distinction entre réserves et ressources, nous pouvons sans trop de risque dire que les calculs sur le temps d'épuisement des ressources peuvent servir à nous faire un peu peur de temps à autre mais guère plus ! Si, par la suite, nous ajoutons les évolutions technologiques d'exploitation, les évolutions dans l'usage des ressources, les conditions économiques et les progrès dans les connaissances géologiques, le mur de la rareté n'est probablement pas celui dont il faut le plus se méfier.

Les économistes ont très tôt pris en compte la limitation physique des ressources. Au-delà des calculs de durée, la Terre est un espace fini et la question de la finitude de l'exploitation des ressources reste posée. L'un des apports classiques de l'économie est de montrer comment on peut y parvenir de façon optimale : en ajoutant une rente, dite de « Hotelling », aux rendements normaux des capitaux par ailleurs investis dans l'économie. Si les marchés classiques fonctionnent bien, leur « main invisible » va donc naturellement prolonger les périodes d'utilisation des ressources les plus rares en déjouant les pronostics pessimistes du type *Halte à la croissance !*.

Comment aller dans le mur de manière optimale ?

La réponse à cette étrange question est à rechercher du côté des travaux de Hotelling et notamment dans son fameux article « The economics of exhaustible resources », publié en 1931[2]. Il y présente le modèle fondateur de l'exploitation optimale d'une ressource épuisable. La question posée était la détermination du taux optimal de destruction, ou taux optimal d'utilisation, de la ressource.

Le principe est très simple et reste d'actualité dans les recherches récentes. Un stock de ressource épuisable est considéré comme un actif particulier produisant un revenu dans le temps. L'extraction, puis la consommation, d'une unité de ressource implique l'impossibilité d'extraire et de consommer cette unité plus tard puisque le stock (supposé ici fini et connu avec exactitude) est réduit à la suite de cette décision. Par conséquent, extraire une unité aujourd'hui entraîne une perte de revenu futur. Une firme qui cherche à maximiser la valeur actualisée de ses profits est alors placée devant ce coût d'opportunité : renoncer à la valeur de l'unité demain.

La valeur d'extraction d'une unité extraite par la firme est égale à son prix de vente diminué du coût d'extraction. Cette valeur d'extraction est parfois appelée dans la littérature « rente de rareté » ou « coût d'usage ». Si la firme décide de ne pas extraire, c'est que la valeur de la ressource en terre ou « valeur *in situ* » est pour elle plus importante que la valeur d'extraction. Cette « valeur de non-extraction » représente le coût d'opportunité d'épuisement de la ressource. À la marge, c'est-à-dire pour la dernière unité extraite, elle doit être égale à la valeur d'extraction.

Tout se passe comme si vous deviez choisir de vendre un appartement aujourd'hui ou dans un an sur la seule base d'un arbitrage financier. Une vente aujourd'hui permet d'obtenir de l'argent immédiatement et de le placer sur votre livret ; attendre un an implique que vous espérez que la valeur de votre appartement va croître plus rapidement que le rendement du livret. Pour être totalement indifférent dans cet arbitrage purement financier, il faut que le rendement total du placement sur livret soit égal à l'augmentation attendue du prix de votre appartement. Si vous pensez que votre appartement aura une valeur supérieure, vous avez tout intérêt à attendre, sinon vendez-le aujourd'hui !

Ce raisonnement vaut pour l'exploitation d'une ressource épuisable. Par simplicité, nous pouvons supposer dans un premier temps que les coûts d'extraction d'une unité de ressource sont nuls. On considère alors le rendement d'un actif financier et le prix de marché unitaire de la ressource. Un agent qui possède cet actif est assuré, en plaçant cette valeur sur le marché financier, d'avoir comme revenu futur le rendement total de cet actif. Alternativement, il peut extraire plus tard une unité de ressource et la vendre. Par construction, en concurrence parfaite, lorsque tous les arbitrages possibles sont réalisés, notre individu doit être indifférent entre les deux possibilités[3] : i) extraire une unité de ressource aujourd'hui et placer le produit de sa vente sur le marché financier ; et ii) extraire l'unité de ressource à la période suivante et la vendre. L'indifférence entre les deux possibilités implique l'égalité des rendements.

C'est la logique qui prévaut dans la « règle de Hotelling » avec un coût d'extraction nul. Elle implique qu'à chaque période la valeur en terre de la ressource soit égale à sa valeur d'extraction. En dynamique, elle exige que le taux de croissance de la valeur d'extraction entre les différentes périodes, et donc de la valeur en terre, soit égal au prix du temps, c'est-à-dire au taux d'intérêt.

En considérant maintenant un coût d'extraction non nul, on obtient la marge réalisable, et donc le placement possible sur le marché financier. Le prix de marché de la ressource est alors composé de deux termes : son coût d'extraction et sa valeur en terre. L'évolution du coût d'extraction est soumise à deux effets opposés. Le progrès technique permet d'abaisser le coût, mais la ressource est plus difficile à extraire au fur et à mesure de son épuisement, ce qui augmente le coût.

Schématiquement, on peut considérer qu'au début de l'exploitation d'une ressource épuisable, le coût d'extraction reste faible, mais qu'il augmente fortement quand on se rapproche de l'épuisement, et ce quel que soit le progrès de la technologie. Entre les deux, il peut croître ou décroître selon l'effet qui l'emporte. En conséquence, en abaissant les coûts d'extraction, le progrès technique peut conduire à une évolution du prix selon une courbe en U. Une telle courbe a été mise en évidence par Margaret Slade[4] pour plusieurs minéraux sur la période 1870-1978. L'écart entre la valeur de la ressource qui croît aux taux d'intérêt (et suit donc une forme exponentielle) et l'évolution du coût d'extraction constitue la rente de rareté liée à l'exploitation d'une ressource épuisable.

Nous pouvons alors établir sans difficulté le lien avec la fameuse rente ricardienne liée à un effet de rendement décroissant dans la production agricole au fur et à mesure que sont mises en culture des terres moins productives. Cette rente représente la différence entre le coût de production d'une terre fertile et le coût de production d'une terre moins fertile. À quantité de travail identique, la différence de productivité, et donc de production de richesse entre les deux types de terre, produit un écart de rémunération entre les différents propriétaires terriens ou agriculteurs. Le prix de vente de la denrée agricole se fixant au coût de production le plus élevé, il apparaît une rente.

L'exploitation optimale d'une ressource non renouvelable[5] revient en définitive à chercher la somme maximale des rentes dans le temps, en déterminant à chaque instant le niveau d'exploitation correspondant. En concurrence parfaite, la trajectoire optimale est atteinte quand la rente de Hotelling progresse au rythme du taux d'intérêt.

Peut-on passer par-dessus le mur ? Une croissance infinie dans un monde fini…

Le fameux *Halte à la croissance !* aussi bien que les calculs du temps d'épuisement des ressources ont négligé les découvertes de nouveaux gisements, les évolutions dans les technologies d'exploitation et les changements de conditions économiques rendant rentables des exploitations jusque-là impossibles. Ils ont également ignoré les évolutions dans l'usage des ressources.

Si le principe fondamental défini par Hotelling demeure, des économistes tels que Dasgupta et Heal (1974), Solow (1974) et Stiglitz (1974)[6] ont proposé de prendre en compte des effets de progrès technique ou de substitution entre le capital physique et les ressources épuisables. En introduisant dans la fonction de production une ressource épuisable, ils démontrent que les limites de la croissance portent moins sur l'épuisement des ressources que sur la capacité soit du progrès technique soit de la substitution entre les facteurs de production à assurer la croissance. Par ailleurs, la rente de Hotelling stimule les investissements nécessaires en libérant des ressources financières croissantes à mesure que s'épuise le stock de ressources.

Cette approche fondée sur le progrès technique et de multiples observations historiques permet de dépasser le pessimisme des auteurs classiques sur les potentiels de croissance à long terme et notamment la vision simple de la rente ricardienne. En substituant peu à peu la terre par du capital physique (intrants chimiques, mécanisation, irrigation) et humain (agronomie, génétique), l'agriculture semble pouvoir échapper à la limite physique des rendements de la terre.

Dans les approches avec progrès technique, il est possible d'obtenir une croissance infinie même dans le cadre d'une économie dont le développement repose sur une ressource épuisable. En effet, si nous considérons que le progrès technique permet à chaque instant de compenser l'épuisement de la ressource alors une croissance infinie est réalisable. Intuitivement, si nous utilisons 10 litres d'essence pour effectuer 100 kilomètres, et que nos réserves d'essence sont de 100 litres alors sans progrès technique nous pouvons espérer un déplacement maximum de 1 000 kilomètres. En introduisant un progrès technique, nous permettant d'effectuer 500 kilomètres avec toujours 10 litres, nous pouvons parcourir 5 000 kilomètres. Enfin, si à chaque instant nous améliorons nos performances de consommation, alors il deviendra possible d'effectuer n'importe quelle distance avec la dernière goutte d'essence : les progrès de l'intelligence humaine auront trouvé des substituts parfaits pour assurer notre mobilité sans essence. Nous pouvons ainsi, sans trop de difficultés, imaginer une croissance infinie dans un monde fini !

Jusqu'à présent, l'analyse historique semble avoir donné raison à ceux qui pensent pouvoir sauter le mur de la rareté. Si nous pouvons effectivement passer ce mur, qu'allons-nous trouver derrière ? En introduisant les effets de pollution, de saturation de l'écosystème, bref en nous tournant vers les externalités négatives de l'exploitation, n'avons-nous pas en définitive trop de ressources ?

Derrière le mur, ce n'est peut-être pas mieux ?

Paradoxalement, ce n'est sans doute pas la rareté des ressources épuisables qui constitue la principale limite à la croissance économique, mais les conditions de reproduction de l'ensemble des ressources de notre planète. Cette reproduction est menacée par l'accumulation des pollutions résultant de la recherche de toujours plus de ressources épuisables.

Selon le diagnostic de la Commission européenne, l'humanité a altéré plus rapidement et plus largement les écosystèmes au cours des cinquante dernières années que pendant n'importe quelle autre période de son histoire. Cette dégradation a affecté un certain nombre de services environnementaux qui pèsent sur les conditions de la croissance. Il peut s'agir en premier lieu de services de production comme les biens alimentaires, la production d'eau, les biens pharmaceutiques ou les ressources génétiques. Dans ce cas, on peut calculer un manque à produire pour l'activité. Il peut également s'agir de services de régulation environnementale comme la qualité de l'air, l'érosion des sols, le climat ou l'amortissement des effets des aléas naturels (tornades, tsunamis...). C'est alors plus la qualité de la croissance qui est dégradée[7]. Chacun de ces services est impacté négativement *via* une pollution résultant de nos activités d'exploitation, de production ou de consommation.

Le *Millenium Assessment Report*[8] a ainsi montré que les principaux services écologiques rendus par la biosphère sont désormais sous pression. Dans le cas de la biodiversité qui peut se décliner au plan local, il a également mis en exergue les liens directs qui peuvent rattacher l'investissement dans la reconstitution d'un écosystème et les bénéfices économiques pouvant en être tirés. Par exemple, la restauration d'une mangrove dégradée dans un delta africain peut générer de multiples bénéfices pour les populations locales : reconstitution des ressources halieutiques, protection contre les inondations, arrêt de la salinisation des sols et possibilités de nouvelles cultures.

L'exemple de l'énergie et du climat fournit également une bonne illustration du processus d'altération d'un système de régulation naturel. Entre 1973 et 2013, la redistribution géographique de la croissance accélère les rejets de CO_2 dont l'accumulation dans l'atmosphère rejoint en fin de période les seuils considérés à haut risque par la communauté scientifique. Contrairement à une idée tenace, le renchérissement du pétrole consécutif à sa rareté n'a pas conduit à un freinage des émissions de gaz à effet de serre liées à l'énergie. Les gains d'efficacité générés à court terme ont été mangés à moyen terme par des substitutions vers d'autres énergies fossiles (gaz et surtout charbon depuis 2000) et par l'incitation à aller récupérer une part plus importante du stock de pétrole présent dans le sous-sol. Or, comme l'indique la communauté scientifique avec des messages de plus en plus insistants, l'utilisation à des fins énergétiques du stock de carbone accessible dans le sous-sol constituerait, dans le cadre des technologies actuelles, un risque majeur pour la stabilité du climat. Exploiter les ressources fossiles au-delà d'un certain seuil altère la capacité de l'atmosphère à assurer la stabilité de notre climat, l'un des deux systèmes de régulation majeurs du capital naturel avec la biodiversité.

De la rente de Hotelling à l'économie des systèmes naturels

Tant que l'on considère le capital naturel comme une somme de ressources rares, son introduction dans le système économique s'effectue de façon spontanée *via* l'introduction des rentes de type Hotelling sur les marchés classiques de biens et services. À partir du moment où on intègre dans ce capital les systèmes complexes de régulation à la base de la reproduction des ressources, son introduction dans le fonctionnement de l'économie pose des questions nouvelles : comment déterminer la valeur associée aux systèmes de régulation naturels ? Et si on parvient à calculer cette valeur, qui va la payer et qui va en bénéficier ?

Des générations d'économistes de l'environnement ont tenté de déterminer cette valeur et de l'introduire dans le calcul des agents économiques à partir du concept d'« externalité ». Les prochains chapitres montreront les apports de cette approche et en proposeront un dépassement dans une représentation de l'économie et de la croissance où le capital naturel est considéré comme un nouveau facteur de production. Dans les deux cas, il faut trouver des mécanismes suffisamment puissants pour donner une véritable valeur économique à ces fonctions de régulation du capital naturel.

Le domaine du changement climatique est celui dans lequel les travaux sont sans doute les plus avancés. La reprise de quelques grandeurs montre les enjeux de l'incorporation de cette nouvelle valeur, que nous appellerons rente environnementale (la rente carbone dans le cas du climat), dans le système économique.

En s'inspirant des travaux récents, on peut estimer la rente pétrolière à environ 3 000 milliards de dollars en 2012. Ces 3 000 milliards de dollars viennent s'ajouter aux rendements « normaux » des capitaux engagés dans l'économie, ce que l'économiste appelle le taux de profit moyen de l'économie. Dans la réalité, la majeure partie de cette rente est capturée par des systèmes de taxation, aussi bien du côté des producteurs que des consommateurs.

Cette rente, qui est croissante dans le temps avec les perspectives (toujours repoussées dans le temps) du *peak oil*, incite à des investissements croissants d'exploration et de recherche. Chaque fois que ces investissements débouchent sur de nouvelles découvertes apparaît une abondance passagère d'énergie fossile qui interrompt le mouvement séculaire de hausse de la rente. C'est ce qui est apparu lors du contre-choc pétrolier des années 1990 et plus récemment avec l'explosion du gaz de schiste qui a multiplié par quatre l'estimation des réserves mondiales de gaz par l'Agence internationale de l'énergie. Si on représente le capital naturel à partir d'une simple agrégation de ressources non renouvelables, comme dans le modèle de Hotelling, il y a tout lieu de se réjouir de ce nouveau recul du mur de la rareté des matières premières.

Introduisons une fonction régulatrice essentielle du capital naturel : la stabilité du climat. D'après les synthèses du GIEC, il y a dans le sol environ quatre fois plus de ressources (et non pas de « réserves ») de carbone qu'il n'en a été sorti du fait de l'extraction des fossiles. Sous l'angle du climat, il y a par conséquent un risque croissant à poursuivre l'exploitation de ces fossiles en reculant sans cesse le mur initialement estimé de la rareté. Or ce risque systémique du changement climatique n'est pas pris en compte par les rentes hotelliniennes qui tarifient classiquement la rareté des ressources naturelles. Cela signifie concrètement que nos décisions économiques n'intègrent pas aujourd'hui la valeur associée à la fonction régulatrice de l'atmosphère assurant la stabilité du climat.

Comment se définit cette valeur économique associée à la protection du climat ? Concrètement, c'est le prix que nous accepterions de payer pour ne pas envoyer une certaine quantité de gaz à effet de serre dans l'atmosphère. Ce prix est plus communément appelé prix du carbone. Certains pays ou États (par exemple la Californie aux États-Unis ou la Colombie-Britannique au Canada) ont commencé à l'introduire dans l'économie, notamment dans le cadre du protocole de Kyoto. Supposons que l'ensemble des pays du monde se soient mis d'accord pour instaurer un prix au niveau de 25 dollars la tonne d'équivalent CO_2[9]. En 2013, les émissions mondiales de gaz à effet de serre sont estimées à un peu moins de 50 milliards de tonnes d'équivalent CO_2. Avec un prix de 25 dollars la tonne, on cumulerait une valeur totale à l'échelle du monde de l'ordre de 1 250 milliards de dollars. Cette valeur est une nouvelle rente : la rente environnementale associée à la rareté de l'atmosphère dans sa fonction de régulation du climat. Mais à 1 250 milliards, on ne serait qu'à la moitié de la valeur de la rente pétrolière. Et encore, nous n'aurions tarifé que le climat parmi les neuf grandes fonctions régulatrices du capital naturel identifiées par l'Institut de la résilience de Stockholm. On le voit, le temps est encore long avant qu'on ne parvienne à sortir l'économie du paradigme de Hotelling.

CHAPITRE 4

Trop de monde dans le vaisseau ?

Si les « frontières planétaires » précédemment décrites semblent se refermer sur l'espèce humaine, n'est-ce pas un problème de nombre ? Notre espèce est la seule qui ait réussi à étendre son habitat au détriment de l'ensemble de ses concurrentes, systématiquement domestiquées ou refoulées dans des espaces de plus en plus étroits, au risque d'accroître la probabilité de leur extinction. N'y a-t-il pas une limite à cet envahissement de la planète par une espèce dominante ? Dans un article de 1966, l'essayiste Kenneth Boulding[1] introduit cette question avec la formule imagée du vaisseau spatial Terre qui embarque des passagers. Il est l'initiateur du concept de *spaceship* qui a donné lieu à une abondante littérature d'économistes à la recherche d'une définition de la taille « optimale » de la population. Quels enseignements pouvons-nous tirer de cette littérature posant la question du nombre souhaitable d'occupants à mettre dans notre vaisseau spatial commun ?

De moins en moins de place dans le vaisseau

Sur une longue période, les chiffres donnent le vertige. De l'an zéro au milieu du dernier millénaire, la population mondiale passe de l'ordre de 230 millions à environ 440 millions d'habitants. Vers 1500, chaque terrien dispose encore en moyenne de 30 hectares. Durant les trois cents années qui suivent, la population mondiale fait un peu plus que doubler pour avoisiner le milliard d'habitants en 1800, au seuil de la révolution industrielle. L'espace vital de chacun passe en dessous de 15 hectares. Le XIXe siècle connaît une poussée démographique avec la chute de la mortalité dans les pays européens, dans leurs colonies de peuplement et au Japon. Au XXe siècle, le mouvement gagne l'ensemble de la planète malgré le lourd tribut des conflits mondiaux. Le rythme d'accélération de la population mondiale augmente jusqu'à la décennie 1970. Les 6 milliards d'habitants sont dépassés avant la fin du siècle. On en compte un peu plus de 7 milliards en 2012. L'espace vital de chacun d'eux a été ramené à moins de 2 hectares, contre plus de 8 un siècle plus tôt. D'après les projections des démographes de l'ONU, cet espace disponible sera ramené à moins de 1,5 en 2050 !

Ne sommes-nous pas trop nombreux sur la Terre au regard des limites planétaires, de notre consommation de ressources et de l'espace disponible ? D'une manière générale, pour tenter de comprendre combien d'humains peuvent coexister durablement, la question du nombre d'individus ne peut se poser indépendamment de celle du mode de vie. Elle se pose dans ces termes depuis fort longtemps, aussi bien du point de vue des économistes que de celui des philosophes.

Le mercantilisme des XVIe et XVIIe siècles promouvait une population la plus grande possible à travers différentes politiques. Il convient toutefois de ne pas en déduire trop rapidement que ces auteurs négligeaient totalement les difficultés potentielles d'un accroissement de population. En fait, ils trouvaient là un argument en faveur de la migration et donc de la colonisation de nouveaux territoires.

La première réaction à cette vision mercantiliste est venue du philosophe Giovanni Botero qui pose explicitement la question de la taille optimale de la population, dans son essai *Des causes de la grandeur des villes* paru en 1588[2]. Botero souligne le fait que les hommes ont tendance à se multiplier autant que la nature le permet. Cependant, les ressources naturelles sont limitées et l'on ne peut échapper aux ajustements suivants : soit les gens modifient leurs comportements soit il y aura des ajustements automatiques liés aux famines, aux maladies ou aux guerres.

Dans la pensée économique, Richard Cantillon (1755)[3] fournit une autre étude préliminaire du problème du vaisseau spatial. Il met en évidence l'existence d'un arbitrage entre la « quantité de vie » et la « qualité de vie ». Cet arbitrage conduit à une limitation de la taille de la population viable. Selon Cantillon, la subsistance de l'homme exige un espace habitable (espace géographique et espace économique) dont le montant dépend des modes de vie, de sorte que l'arbitrage doit être fait entre quantité et qualité. Alors même que Cantillon n'a pas résolu ce dilemme, il a montré que, contrairement aux croyances mercantilistes, plus d'individus n'est pas toujours mieux que moins.

Une autre contribution majeure à la question du *spaceship* fut celle de Thomas Malthus (1798)[4], qui argumente que la taille de la population connaît forcément des limites. L'idée est que la population, en l'absence de contrainte de ressource, évolue naturellement suivant une marche géométrique alors que la production des moyens de subsistance ne peut suivre au mieux qu'une marche arithmétique en raison de la finitude de la terre. La population doit par conséquent, à un moment donné, être compatible avec l'espace existant. Malthus envisage alors deux moyens de rendre compatible la taille de la population avec celle de la terre : soit par un contrôle « positif » (décès), soit par un contrôle « préventif » (moins d'enfants). Les préconisations de Malthus en termes de politique démographique sont donc orthogonales avec celles des mercantilistes.

Le recul historique montre la fragilité de toute recommandation simpliste visant à contenir la croissance de la population en raison de la taille limitée du vaisseau. Lorsque paraît le fameux *Essai sur le principe de la population*, le Royaume-Uni abrite 20 millions d'habitants et la planète un milliard. Malthus pense alors que la croissance démographique va rapidement buter sur la rareté des terres agricoles. Le Royaume-Uni compte aujourd'hui 61 millions d'habitants et la planète 7 milliards, bien mieux nourris en moyenne qu'à l'époque. Dans l'intervalle, les hommes ont développé des progrès techniques inimaginables à l'aube du XIXe siècle. Serions-nous devenus plus clairvoyants, capables d'anticiper les ruptures technologiques du XXIe siècle ?

À la recherche du nombre optimal d'occupants

Si les approches positives développées par Botero, Cantillon et Malthus soulignent les contraintes imposées à la taille de la population par la finitude de la Terre, celles-ci laissent ouverte la question normative de la population optimale. Cette question a été largement étudiée par l'approche utilitariste. Jeremy Bentham (1789)[5], le fondateur de l'utilitarisme classique, indique que le nombre optimal de personnes est celui qui produit « le plus grand bonheur du plus grand nombre ». Pour calibrer cette population il utilise le critère de bien-être total, obtenu par agrégation des utilités, ou niveaux de bien-être, de chaque individu la composant. Un siècle plus tard, Sidgwick[6] propose d'introduire un second critère, celui de l'utilité moyenne, en considérant que l'objectif n'est pas la maximisation du bien-être total, mais celle du bien-être moyen.

Ces deux approches diffèrent bien sûr par le nombre optimal d'individus. Comme le montre Parfit (1984)[7], elles aboutissent à des conceptions éthiques peu satisfaisantes et soulèvent ce que la littérature appelle le *mere addition paradox*. Ce paradoxe consiste à considérer la simple addition des bien-être individuels légèrement inférieurs à la moyenne initiale comme indésirable, même si le bien-être de la population initiale n'est pas affecté. Autrement dit, si nous considérons les habitants d'une île totalement isolée et nous calculons le niveau moyen de bien-être sur cette île, la découverte d'une population sur une autre île tout aussi isolée n'est pas souhaitable si le bien-être est légèrement inférieur à la première. Nous comprenons alors que même en l'absence d'interaction entre les deux populations, le principe de simple addition n'est pas souhaitable. L'approche par la moyenne viole donc ce principe simple d'addition, selon lequel, *ceteris paribus*[8], l'ajout de personnes avec un bien-être positif est souhaitable pour arriver à la population optimale.

Dans sa *Théorie de la justice* (1971), le philosophe américain John Rawls propose de dépasser cette conception utilitariste. Il retient une approche par le bien-être moyen, mais propose une classification des utilités en fonction de la position des différents individus dans la société. Pour les plus vulnérables d'entre eux, il remet en cause les règles d'additivité classiques. Cette approche a alimenté des travaux d'économistes, reprenant en particulier l'idée d'un niveau minimal de bien-être devant être associé à chaque individu de la société. Le classement des utilités pose cependant un sérieux problème d'identification des individus et manque cruellement d'intuition. Force est donc de conclure que les économistes ne sont pas en mesure d'avancer des recommandations claires et consensuelles sur le plan de l'éthique en matière de cible de population optimale. Il nous semble donc particulièrement hasardeux de ne mobiliser que la doctrine économique pour justifier telle ou telle orientation de politique démographique.

Comme l'a souligné Broome (2004)[9], la question du nombre optimal de personnes n'est pas indépendante de celle de la durée optimale de vie. Certes, une personne qui est déjà née et une personne à naître sont, d'un point de vue moral, deux individus distincts. Mais elles ont toutes deux une influence forte sur le nombre d'individus à un moment donné dans le temps, de sorte que les deux extrémités de la chaîne démographique sont pertinentes pour l'étude du problème du vaisseau spatial.

Supposons que la population, qui se soucie de vivre une vie longue dans un grand espace de vie, doive partager cet espace de dimension finie. Comment considérer la population optimale en termes de taux de fécondité et de longévité ? Pour répondre à la question, il faut considérer les effets de congestion susceptibles de réduire le bien-être du fait des pressions sur les ressources naturelles. Le problème se rapporte alors au choix de la population à embarquer sur le vaisseau. Par l'expression « le choix d'une population », nous entendons le choix non seulement d'un premier groupe de personnes (les « pionniers ») à être embarqué, mais aussi le choix des conditions de leur survie, comme la longévité individuelle et la fécondité, compte tenu de la finitude du vaisseau.

La congestion n'est pas neutre pour la longévité, parce que la surpopulation peut interdire l'accès aux ressources vitales (par épuisement, pollution ou d'autres phénomènes). Ainsi, en fonction de la taille initiale plus ou moins grande du groupe de pionniers, chaque individu aura, compte tenu de la finitude du vaisseau spatial, une vie plus ou moins brève. Il apparaît alors un arbitrage entre le nombre et la longévité. Un arbitrage dont tous les démographes disent qu'il est à la base d'une des observations les plus importantes de leur discipline : la « transition démographique » qui résulte de l'adaptation à la baisse du taux de fécondité en réaction à l'augmentation de l'espérance de vie[10].

L'ajustement de la fécondité à l'espérance de vie

Les pays les plus avancés dans la transition démographique sont les pays industrialisés. La chute de la fécondité des femmes y a entraîné une contraction de la base de la pyramide des âges qui annonce un recul du volume de la population en l'absence d'apport migratoire net. Face à cette tendance lourde, les orientations plus ou moins natalistes des politiques démographiques n'ont eu qu'un impact limité.

La transition démographique a également été engagée dans les pays émergents et, avec des décalages dans le temps, dans les pays moins avancés. Ici encore, l'élément déclencheur de la baisse de la fécondité a été l'amélioration des conditions économiques et sanitaires, associée à une meilleure éducation notamment des femmes. Quand elles ont été appliquées à grande échelle avec un niveau de contrainte élevé comme en Chine avec la règle de l'enfant unique, les politiques démographiques ont peut-être accéléré le mouvement spontané de baisse de fécondité qui se serait de toute façon produit. Leur efficacité dans une optique de croissance à long terme est cependant douteuse : le resserrement trop rapide de la base de la pyramide des âges conduira la Chine à affronter d'ici quelques décennies un vieillissement brutal de sa société, combiné à un recul de la population estimé par les démographes de l'ONU à environ 50 millions d'habitants pour la seule décennie 2040-2050.

Ce lien observé entre l'accroissement de l'espérance de vie et la réduction de la natalité remet en cause le postulat de base de Malthus et de tout le courant de pensée qu'il a initié. Si la natalité réagit, avec un décalage d'une ou deux générations, à l'accroissement de l'espérance de vie, le régime de croissance démographique s'écarte de la marche géométrique décrite par l'économiste classique : le ralentissement du rythme de croissance démographique freine la progression du nombre d'occupants du vaisseau spatial. La forme supposée géométrique de sa progression peut même se transformer en logistique (une forme de U inversé), si le taux de croissance de la population tend à long terme vers zéro.

C'est une telle forme que retiennent les démographes des Nations unies dans leur projection de la population mondiale. D'après les observations historiques, le rythme d'accroissement des habitants du vaisseau Terre a atteint son apogée durant la décennie 1970, dépassant 2 % l'an, soit un doublement tous les trente ans. Du fait de la baisse observée de la fécondité, ce taux est passé à 1,2 % durant la première décennie du XXIe siècle. En 2050, il devrait atteindre 0,4 % pour un équipage du vaisseau de l'ordre de 9 milliards d'habitants. À ce rythme, il faudrait cent soixante-dix ans pour doubler la population. Mais les démographes prolongent la baisse de la fécondité pour aboutir à une quasi-stagnation de la population mondiale un peu au-dessus de 10 milliards d'habitants à la fin de ce siècle.

S'il est incontestable qu'une population de 10 milliards d'habitants exerce plus de pression sur les ressources naturelles, à mode de vie comparable, qu'une population de 230 millions (celle estimée pour l'an zéro), la préconisation malthusienne en termes de limitation de la population ou de décroissance ne semble pas pertinente. La recherche d'une taille optimale de la population se heurte à des difficultés conceptuelles que ni l'utilitarisme des économistes, ni la recherche de règle d'équité de la philosophie morale ne permettent de résoudre de façon opérationnelle. L'efficacité des politiques démographiques pour inciter ou freiner la natalité semble par ailleurs bien faible au regard de l'évolution de l'espérance de vie.

Pour éviter les famines, Malthus, par ailleurs pasteur anglican de son état, recommandait aux pauvres de s'abstenir de faire des enfants. Il semblait ignorer que le problème de la société britannique de l'époque était précisément le nombre de pauvres sécrétés par les premières étapes de l'industrialisation. La question du nombre d'habitants logeables dans le vaisseau spatial au XXIe siècle n'est pas différente. Elle dépend au premier chef de la capacité des sociétés à diffuser plus largement la richesse et l'éducation au sein des spationautes embarqués. Autrement dit, elle pose la question de la distribution des fruits de la croissance qui est l'un des volets les moins traités mais les plus stratégiques de la transition écologique.

CHAPITRE 5

La décroissance verte : bonnes questions, mauvaises réponses !

Une autre piste pour allonger la croisière du vaisseau spatial consiste à agir non plus sur le nombre de ses occupants comme le préconisa très tôt Malthus, mais sur la richesse moyenne de chacun d'entre eux. C'est la voie explorée par les adeptes de la décroissance. Au nom de la protection de l'environnement, faut-il s'orienter vers la décroissance verte ?

Ici encore, cette voie fut défrichée très tôt par les économistes classiques. Cinquante ans après la parution de l'ouvrage de Malthus, John Stuart Mill publie ses *Principes d'économie politique*. Il s'y écarte du pessimisme malthusien en discutant en particulier l'hypothèse retenue de faible potentiel de croissance des moyens de subsistance. Cela n'empêche pas Mill de montrer une grande circonspection à l'égard de la croissance et de vanter les mérites d'un « état stationnaire ». Contrairement à Malthus, Mill ne se résigne pas à cet état stationnaire à cause de la rareté des espaces cultivables. Il le revendique au nom de la recherche du bien-être de la collectivité. En effet, dans cet état stationnaire, « il y aurait bien plus de place pour toutes sortes de progrès culturels, sociaux et moraux ; et une bien plus grande probabilité pour améliorer l'art de vivre sitôt que les esprits cesseraient d'être accaparés par l'art d'accumuler[1] ». La vision de Mill est prémonitoire. On peut le considérer comme le premier « objecteur de croissance ».

La décroissance comme antidote à l'optimisme technologique ?

La décroissance est à la fois un courant de pensée et un mouvement de contestation du système capitaliste. Ses fondements théoriques ont été posés après guerre par l'économiste d'origine roumaine Nicholas Georgescu-Roegen. Pour lui, la loi physique de l'entropie, qui précise que tout système fermé n'évolue qu'en se désorganisant un peu plus et en rendant inutilisable une partie de l'énergie qu'il contient, s'applique à notre système économique. Elle le condamne à terme du fait de l'épuisement des flux d'énergie et de matière. Il préconise donc d'économiser ces flux grâce à la décroissance pour gagner du temps relativement à l'issue fatale.

Ainsi formulée, la doctrine de la décroissance rappelle la formule célèbre de Keynes suivant laquelle « à long terme nous sommes tous morts ». Rappel tout à fait utile pour la conduite de nos vies personnelles, mais un peu décalé pour l'analyse des systèmes économiques.

Plus proches de nos préoccupations, les partisans de la décroissance, représentés en France par des auteurs comme Serge Latouche, Jean Gadrey ou Paul Ariès, nous rappellent qu'une grande partie des gains d'efficacité environnementale sont « mangés » par la croissance. En 2010, une voiture de cylindrée moyenne du parc français consomme moitié moins de carburant qu'en 1970 : une belle performance technique ! Mais le gain pour l'environnement a été plus que compensé par la multiplication par 2,4 du parc durant la période et par l'augmentation de 20 % du kilométrage parcouru par véhicule. On peut multiplier les exemples de cet effet rebond. Ils vont tous dans le même sens : la quantité d'énergie, d'émissions de gaz à effet de serre, de nuisances environnementales, nécessaire pour produire chaque unité de richesse diminue (au moins dans les pays riches). Mais les effets de ce découplage sur l'environnement disparaissent du fait de l'accroissement de la richesse produite. Pour sortir de cette impasse, les économistes orthodoxes indiquent qu'il faut accélérer encore le rythme des progrès techniques. Les tenants de la décroissance leur rétorquent que leur confiance aveugle dans le progrès les emprisonne dans une forme irresponsable d'« optimisme technologique » : la bonne voie est bien celle de diminuer la richesse produite !

Les tenants de la décroissance mettent en doute les bénéfices du progrès technique. Georgescu-Roegen n'imagine pas un seul instant que l'amélioration des connaissances conduise à des innovations susceptibles de retarder significativement les lois de l'entropie. À sa suite, les objecteurs de croissance remettent en cause l'optimisme technologique et sa longue liste de promesses révolutionnaires : l'énergie nucléaire, longtemps présentée comme abondante et sans risque, permettant de résoudre « définitivement » la question énergétique ; les semences miracles issues de manipulations génétiques, remède inespéré à la faim dans le monde ; les couches minces de cellules photovoltaïques de future génération qu'on pourra coller sur sa maison comme un film plastique ou même envelopper autour de ses vêtements comme un manteau qui convertirait les rayons solaires en électricité ; les plantes miracles qui feront des biocarburants propres et non concurrents de la production alimentaire ; l'incroyable panoplie de la géo-ingénierie qui nous permettra de prévenir directement le réchauffement climatique, par exemple en protégeant la Terre grâce à une myriade de miroirs géants reflétant les rayons solaires ou en ensemençant l'océan de sulfate de fer pour accroître sa capacité d'absorption de carbone, etc.

Cet optimisme technologique accompagne souvent la démission des décideurs politiques face à un problème qu'ils ne savent ou n'osent pas traiter : faut-il s'étonner du regain d'intérêt porté à la géo-ingénierie quand la perspective d'un accord sur le changement climatique s'éloigne ? Quant à résoudre la faim dans le monde grâce à des semences génétiquement modifiées, on est en plein délire : la malnutrition ne résulte pas d'une capacité insuffisante de production alimentaire, mais de la pauvreté. Que les récoltes soient bonnes ou mauvaises, il suffit que les prix des denrées alimentaires de base s'envolent comme en 2008 et le nombre de malnutris augmente dramatiquement (100 millions de victimes supplémentaires cette année-là d'après la FAO et le département de l'Agriculture américain).

Un autre intérêt de l'optimisme technologique est d'éluder toute remise en question du modèle actuel de développement économique. L'approche permet d'imaginer le monde de demain comme le prolongement de celui d'aujourd'hui, mais avec l'introduction de ruptures technologiques résolvant comme par miracle les questions environnementales. L'AIE propose ainsi des scénarios de production et de consommation d'énergie en 2050 avec beaucoup moins de CO_2 émis dans l'atmosphère grâce à des percées technologiques. Mais quels sont les changements sociaux qui ont été nécessaires ? Quels acteurs ont gagné et perdu ? Quelles sont les forces sociales et politiques qui ont agi pour créer les conditions de telles avancées ? Les penseurs de la décroissance ont tout à fait raison de critiquer ce type d'approche où la technique résout miraculeusement tous les problèmes tel un *Deus ex machina*.

La décroissance verte est-elle pour autant le bon antidote ? La critique de l'optimisme technologique par ses partisans risque fort d'aboutir à une diminution des efforts de recherche et développement. Or le passage à l'économie verte réclame une démultiplication des innovations qui ne tomberont pas du ciel mais exigent un renforcement des investissements en matière de recherche et développement. Ceci s'applique à l'industrie et aux services, mais également aux activités agricoles.

Dans une vision de décroissance, l'agriculture deviendrait plus respectueuse de l'environnement en revenant à des mises en valeur plus extensives, notamment par la réduction voire la suppression de l'usage des produits chimiques. Il s'agirait presque d'opérer une sorte de retour en arrière, vers des techniques éprouvées dans le passé. Compte tenu de la démographie, orienter l'agriculture sur de tels schémas extensifs serait la façon la plus sûre d'accroître la pression sur les espaces non cultivés en commençant par les milieux boisés et humides les plus accessibles qui sont de précieux réservoirs de carbone et de biodiversité. La voie d'avenir des systèmes d'agriculture biologique ou raisonné passe au contraire par une intensification reposant sur des nouveaux schémas techniques. L'agronome Michel Griffon a bien montré combien le développement de cette « agriculture écologiquement intensive » impliquait un investissement considérable en recherche et développement[2]. Pour les agriculteurs et les éleveurs, adopter des techniques vertes reposant sur les complémentarités entre éléments du capital naturel est en effet infiniment plus complexe que d'adopter les normes d'épandage d'engrais et de produits phytosanitaires fournies par la coopérative locale !

Pour la décroissance du superflu et des gaspillages : le cas de la malbouffe

Une autre analyse pertinente des partisans de la décroissance concerne les formes aliénantes du consumérisme qui emprisonne les individus dans une « cage de fer » (*iron cage*), suivant l'expression de Tim Jackson dans l'une des critiques les plus convaincantes de nos modes de croissance[3]. Jackson y démonte avec brio l'aptitude du capitalisme à exacerber de façon artificielle les besoins du consommateur qui finit par élargir malgré lui le marché de la consommation de masse sans pour autant accroître son bien-être et en subissant même comme une frustration maladive le fait de ne pas pouvoir se hisser aux sommets de l'hyperconsommation. L'insatisfaction devient alors l'un des moteurs de la consommation et le marché une gigantesque machine à créer cette insatisfaction.

Il n'est pas besoin de chercher longtemps pour trouver mille exemples de ces achats superfétatoires de biens à l'utilité douteuse et à l'obsolescence accélérée. Mais il est un domaine où les coûts de ce type de gaspillage sont particulièrement choquants, c'est l'alimentation.

Historiquement, la diversification d'une ration alimentaire initialement basée sur un nombre limité de produits de base peu coûteux du type féculent ou céréale a puissamment contribué à l'augmentation de l'espérance de vie et au bien-être. Mais ce passage de la rareté à l'abondance a généré de nouveaux problèmes. La poursuite de l'enrichissement de l'alimentation, avec une surconsommation de viandes, de graisse et de sucre, est devenue dans nos sociétés l'une des principales sources de morbidité et de mortalité. Les modèles alimentaires dominants y produisent l'obésité, le diabète, les maladies cardiovasculaires et toutes autres sortes de problèmes sanitaires. À l'autre bout de la chaîne, ils exercent des pressions croissantes sur les ressources car ils exigent bien plus de surface, d'eau et d'énergie pour assurer les approvisionnements. Simultanément, les files d'attente s'allongent chaque année aux Restos du cœur, car l'élargissement de l'éventail des revenus rend ce modèle inaccessible aux cohortes d'individus situés au bas de l'échelle.

Faire décroître le superflu, l'ostentatoire, le gaspillage est évidemment un objectif socialement et économiquement souhaitable. Mais où trouver le juge de paix fixant la limite entre l'utile et le superflu ? Et par quels moyens pourra-t-il imposer de faire décroître le second pour élargir la disponibilité du premier ? L'époque où l'on faisait confiance en la matière à un planificateur centralisé dictant au consommateur ce qu'il doit acheter ou pas est révolue. Certains, comme Jean Gadrey, en appellent à une planification participative dont l'articulation avec la démocratie représentative reste à préciser et dont les critères de décision ne sont pas toujours explicites, au-delà d'une remise en question de principe des notions classiques de richesse et de croissance.

La vérité est qu'on ne voit pas concrètement comment ce type de démarche aiderait nos sociétés à mieux guider nos modes alimentaires vers des choix qui réduisent les gaspillages tant du côté de la demande que de l'offre. La voie que nous proposons ici consiste à analyser le fonctionnement actuel des marchés en visant à l'améliorer grâce à une série d'actions destinées, non à bloquer la croissance, mais à la réorienter par de nouvelles incitations. Quatre règles sont retenues : a) les marchés doivent être ouverts, transparents et véhiculer une information non biaisée ; b) ils doivent tarifer l'ensemble des nuisances environnementales et sanitaires ; c) ils sont impropres à se substituer aux pouvoirs publics pour les choix d'infrastructure qui conditionnent les modes de vie ; d) on ne doit pas leur laisser édicter les règles de répartition des revenus et d'accès aux biens essentiels. Voyons rapidement comment ces quatre règles pourraient s'appliquer à l'alimentation.

Dans la vision économique orthodoxe, les biens alimentaires sont considérés comme des biens de première nécessité, autrement dit des biens dont la demande réagit peu aux variations de prix[4]. Par ailleurs, la consommation alimentaire ne peut *a priori* augmenter indéfiniment du fait du « mur des estomacs » : une fois rassasié, le consommateur devrait consacrer son budget à d'autres achats. Du coup, on s'attend à voir décliner la part de l'alimentation dans les dépenses des ménages, ce qui ne s'observe pratiquement pas dans les enquêtes de consommation (surtout si on tient compte des repas pris en dehors du foyer). La consommation alimentaire incorpore toujours plus de transformation, de transport, de conditionnement et de conservation. Or la capacité d'ingestion de l'estomac ne limite en aucune façon les milliers de kilomètres parcourus par l'aliment ni celui des jours qu'il a passés en congélation. Il faut donc enrichir la panoplie traditionnelle de l'économiste pour comprendre la dynamique de ces marchés et envoyer les bonnes incitations :

a) La qualité de l'information effectivement transmise au consommateur, notamment en matière nutritionnelle, est un volet majeur. Elle est liée à la structure des marchés sur lesquels des opérateurs privés dominant certains segments peuvent véhiculer des messages qui modifient les comportements dans un sens favorable à leurs intérêts, mais néfaste pour la santé publique. Les études américaines sur l'obésité montrent à cet égard l'influence qu'ont eue aux États-Unis les opérateurs de restauration rapide et les fabricants de sodas[5]. Par ailleurs, l'ouverture des marchés à de nouvelles filières courtes est une condition pour aller vers une plus grande diversification de l'alimentation recommandée par les nutritionnistes.

b) Les marchés doivent tarifer correctement les coûts environnementaux et sanitaires de l'alimentation. Dans leur organisation actuelle, les coûts environnementaux d'un quartier de bœuf produit sur une parcelle défrichée dans l'État du Para en Amazonie, congelé dans les installations du port de Belém, transporté à Rotterdam et servi dans un hamburger à Maastricht ne sont pas intégrés dans la valeur du produit. La tarification des biens alimentaires reflète par ailleurs mal les priorités sanitaires. Tout un chacun peut constater que les produits gras sont devenus meilleur marché que les produits maigres dans les linéaires de nos hypermarchés, envoyant une incitation strictement opposée à la diététique. La nutritionniste Marion Nestle indique qu'il en coûterait 400 dollars par an à chaque Américain pour juste se mettre en conformité avec les recommandations nutritionnelles du gouvernement fédéral[6].

c) Le fossé entre la quantité de biens alimentaires que nous ingurgitons et nos besoins nutritionnels renvoie aussi aux modes de vie qui limitent notre activité physique. Ici interviennent les infrastructures qui conditionnent nos comportements : aux États-Unis, l'obésité est par exemple plus répandue dans les villes éclatées où les habitants passent une plus grande partie de leur semaine assis dans leur véhicule. L'autre grand facteur de prise de poids est la multiplication des écrans devant lesquels on reste en position assise, avec trop souvent un paquet de snacks à portée de main ! Les infrastructures de transport et de communication jouent un grand rôle dans la montée de nos problèmes nutritionnels.

d) La surabondance des biens alimentaires n'est pas parvenue à éradiquer le manque. Du fait de l'élargissement des inégalités, la pyramide des revenus déborde aux deux bouts. Les hyperriches exposent leurs vies et leurs consommations superfétatoires dans les magazines *people*. Les hyperpauvres allongent la queue aux Restos du cœur. Cette montée des inégalités alimentaires se retrouve, à une échelle bien plus grande, dans les pays émergents. Un pays comme l'Inde doit simultanément faire face à la sous-nutrition qui touche plusieurs centaines de millions de ruraux et à la montée des dégâts sanitaires provoqués par la surabondance alimentaire des nouvelles classes moyennes des villes. Des instruments spécifiques doivent traiter cette question d'équité qu'on ne doit pas laisser aux mains des marchés.

Décroître au Nord pour mieux croître au Sud

La critique des méfaits de la croissance passe plus facilement dans les pays riches que dans les pays les moins avancés où la majorité de la population n'a pas accès aux biens essentiels ou même dans les pays émergents où une course-poursuite est engagée pour en faire bénéficier le plus grand nombre. C'est la raison pour laquelle un auteur comme Jackson préconise l'arrêt de la croissance pour les seuls pays riches. Mieux, il imagine un jeu de vases communicants dans lequel la décroissance au Nord devient un levier de développement pour le Sud : « Une motivation clef pour repenser la prospérité dans les économies avancées est de faire de la place pour la croissance si nécessaire dans les nations plus pauvres[7]. »

Si arrêter la croissance des riches permet automatiquement d'accélérer celle des pauvres, il n'y a pas à hésiter : il faut rapidement mettre en place une politique d'interruption de croissance chez nous, en l'expliquant au corps social pour obtenir son adhésion. Première difficulté : comment répartir chez nous le coût de cette décroissance ? Sans une puissante politique correctrice, il y a fort à parier que ce ne seront pas les élites mais les pauvres qui en pâtiront le plus, c'est-à-dire, ceux au nom de qui, au plan international, on a justifié d'arrêter le processus !

Supposons que ce premier problème soit résolu. Deuxième difficulté : jusqu'où doit-on accorder un crédit de croissance aux pays pauvres ? Et qui décide de la limite ? Le précédent de la négociation climatique mérite d'être médité. Au nom du principe de « responsabilité commune mais différenciée » énoncé dans le cadre de la convention-cadre des Nations unies sur le climat signée en 1992, on a partagé le monde entre « riches » et « pauvres » suivant le critère de l'appartenance à l'OCDE en 1990. Le résultat est que des pays comme Singapour ou la Corée sont en 2013 du côté des pauvres quand la Grèce est perdue dans le groupe des riches. Et tout négociateur du climat sait combien les pays émergents sont opposés à toute remise en question de cette frontière historique par des représentants des vieux pays riches !

La vérité est que le processus de croissance est fondé sur un jeu complexe d'interdépendances qui diffusent les innovations, ouvrent les marchés, portent les investissements. Si on casse l'un de ses moteurs principaux par une politique d'interruption de croissance au Nord, l'effet sera un recul violent au Sud et non pas le résultat du jeu des vases communicants espéré. La vraie question posée par Jackson est celle du creusement des inégalités qui a accompagné les choix des dernières décennies. Ces inégalités sont désormais considérées comme un obstacle à la poursuite de la croissance, non seulement par l'économiste américain Gordon, mais par un magazine aussi peu suspect de complaisance à l'égard des thèses de gauche que *The Economist*[8]. Comme nous le verrons dans les prochains chapitres, la transition vers l'économie verte peut accentuer ou réduire ces inégalités suivant les choix retenus.

Si l'approche de la décroissance pose de bonnes questions, elle n'apporte pas les bonnes réponses. Pire, elle risque d'enfermer la société dans un mauvais dilemme : l'écologie ou la croissance ? Dans le contexte de crise économique et de montée du chômage que nous connaissons depuis 2008, l'arbitrage entre les deux termes est vite rendu ! Ce qu'il faut viser, c'est un redéploiement de la croissance qui intègre l'objectif de protection du capital naturel et stimule la recherche, l'investissement et l'innovation. Au nom de l'écologie, il ne faut pas arrêter la croissance mais plutôt la changer.

CHAPITRE 6

Introduire l'environnement dans le calcul de la richesse

Grand jour d'affluence en ce 14 septembre 2009 à la Sorbonne ! Plusieurs Nobel d'économie se succèdent dans le grand amphi plein à craquer. Au premier rang, on peut remarquer un auditeur particulièrement attentif : Nicolas Sarkozy, le président de la République en personne. Dans une opération économico-médiatique remarquablement orchestrée, la commission Stiglitz-Sen-Fitoussi présente les résultats de ses travaux sur « la mesure des performances économiques et du progrès social[1] » : un épais document de plus de 300 pages (avec les annexes) que les rapporteurs de la commission ont mis une bonne année à produire. Pendant quelques jours, l'ensemble des médias découvre que le fameux produit intérieur brut (PIB) n'est pas un indicateur de bien-être et semble subitement se passionner pour les méthodes d'enrichissement de la compatibilité nationale. En changeant l'instrument de mesure de la croissance, on va spontanément enrichir les politiques économiques en intégrant les objectifs de développement durable, n'hésitent pas à affirmer les commentateurs les plus audacieux.

Quelques années plus tard, que reste-t-il de cette agitation ? Comme on l'a vu en introduction, l'horizon des décideurs s'est dramatiquement rétréci avec la crise économique. Quels que soient les mérites du rapport, ce n'est pas lui qui a pu différencier sous cet angle la France des autres pays. Et on ne voit guère comment des changements de calcul du PIB auraient de tels impacts. La commission des Nations unies pour le développement a ainsi introduit un indicateur du développement humain (IDH), publié chaque année depuis 1990 pour l'ensemble des pays du monde afin de compléter les classements des pays basés sur le PIB. Sans surprise, on y découvre que les États pétroliers comme le Qatar ou l'Angola, ou à très forte inégalité comme l'Afrique du Sud, ont des performances en termes de qualité de vie et de bien-être en retrait sur leur niveau de PIB ; symétriquement les pays nordiques, et à un moindre degré la France, font mieux que le PIB grâce à leurs filets de protection sociale. Les statistiques corroborent l'intuition. Les politiques de développement mises en œuvre dans le monde n'ont pas été modifiées pour autant à la suite de la diffusion de ces nouveaux indicateurs.

Le rapport Stiglitz-Sen-Fitoussi a-t-il modifié la façon dont on calcule la richesse nationale ou le bien-être ? Comme les fonctionnaires sont des gens disciplinés, le Conseil national de l'information statistique, l'instance suprême en matière de méthodes de comptabilité nationale, a fait siennes les recommandations d'une commission créée à la demande du président de la République. Mais quatre ans après sa publication, aucune modification n'a été apportée au calcul du PIB ni aux méthodes utilisées pour établir les comptes satellites de l'environnement. L'opinion publique ne se soucie guère de la façon dont on calcule le PIB. En revanche, elle sait fort bien que sa croissance est directement corrélée à deux de ses préoccupations principales : l'emploi et le pouvoir d'achat. C'est pourquoi son addiction au PIB a peu de chances de diminuer, quel que soit le nombre de prix Nobel réunis à la Sorbonne pour en discuter les limites !

Synthèse très complète des travaux existants, le rapport Stiglitz-Sen-Fitoussi a-t-il introduit des innovations majeures ? Concernant les liens entre calcul du PIB et bien-être, l'article fondateur[2] a été écrit par deux économistes américains, William Nordhaus et James Tobin qui ont proposé dès 1973 de calculer deux indicateurs de bien-être à partir de la consommation des ménages, le second introduisant une mesure des prélèvements sur le capital naturel. Concernant l'environnement, le rapport Stiglitz-Sen-Fitoussi recommande de réunir un ensemble de données physiques sous forme d'un tableau de bord dont la nomenclature reste à préciser. Il rappelle les difficultés à construire des indicateurs synthétiques, encore plus à les introduire de façon monétaire dans un schéma de comptabilité nationale. Examinons de plus près ce volet environnemental, en construisant rapidement un tel tableau de bord rétrospectif sur l'état du monde.

Pollutions locales : des progrès inégaux, positivement liés à la richesse

Comme le rappelle justement le rapport Stiglitz-Sen-Fitoussi, le problème pour celui qui s'intéresse à l'écologie est plutôt le trop-plein que la pénurie d'information. Dans le but de sensibiliser l'opinion publique, les organisations internationales spécialisées fournissent à intervalles réguliers des tableaux de bord très complets sur l'« état de la nature », avec généralement des projections à l'appui. Une excellente synthèse en est fournie dans l'ouvrage d'Edward Barbier et Anil Markandya, *A New Blueprint for a Green Economy*[3] qui a actualisé vingt ans après une première édition coordonnée par le regretté David Pearce. Ces auteurs distinguent judicieusement l'évolution des pollutions locales des atteintes globales à l'environnement.

Le bilan des trois dernières décennies est contrasté en ce qui concerne les pollutions locales. La qualité de l'air dans les villes, mesurée par sa concentration en microparticules, s'est améliorée de plus d'un tiers sur le dernier quart de siècle. Les progrès ont été bien plus rapides dans les villes des pays riches creusant un écart vis-à-vis des pays du Sud (avec une pollution maximale dans les villes des pays venant juste de décoller du seuil de pauvreté le plus bas). Autre indicateur important de la qualité de l'air, la teneur en dioxyde de soufre (SO_2) a fortement diminué dans les pays riches où la lutte contre les pluies acides a été une priorité, tandis qu'elle a augmenté dans nombre de pays émergents, comme la Chine ou l'Inde.

Même vision contrastée en ce qui concerne les pressions exercées sur l'eau. La qualité de l'eau des rivières s'est généralement améliorée dans les pays développés (à l'image de la Seine à Paris). Cette qualité s'est le plus souvent détériorée dans les pays en développement où elle pose des problèmes sanitaires majeurs (comme en Inde avec la pollution croissante du Gange). Si des progrès rapides sont réalisés depuis dix ans en matière d'accès des populations les plus pauvres à l'eau douce, il n'en est pas de même en matière de traitement et d'évacuation des eaux usées. Sous l'angle quantitatif, le nombre de personnes vivant en situation de « stress hydrique » s'est fortement accru depuis 1970, et treize pays, tous situés dans le club des pays en développement à l'exception d'Israël, prélèvent chaque année plus d'eau dans leurs ressources qu'ils n'en restituent.

Ces progrès à géométrie variable suivant le niveau de richesse des pays rappellent la forme en cloche de la courbe dite de « Kuznets » proposée en 1995 par Grossman et Krueger[4]. Ces deux auteurs ont tenté de rattacher les dommages environnementaux au développement économique en retrouvant une relation du même type que celle que Kuznets établit en son temps entre développement et inégalités économiques : à ses premiers stades, la croissance de la richesse d'un pays s'accompagne d'une pression accrue sur l'environnement avec des conséquences négatives sur les ressources naturelles et la santé publique ; un sommet finit par être atteint à partir duquel les pollutions commencent à décroître. Grossman et Krueger ne postulent aucun déterminisme en la matière, mais rattachent cette forme en cloche au changement d'échelle des valeurs de la population. À partir d'un certain niveau de richesse, l'utilité accordée aux biens alimentaires et manufacturés décroît alors qu'augmente celle des biens environnementaux. Les ménages ont alors un consentement croissant à payer pour protéger leur environnement par le biais de politiques publiques. Un schéma similaire semble également s'appliquer aux mécanismes de la déforestation : au cours des dernières décennies, les forêts boréales et tempérées situées dans les pays riches qui ont été historiquement les premiers à défricher les forêts primaires ont vu leur superficie s'élargir ; simultanément, les massifs tropicaux d'Amérique latine, d'Afrique et d'Asie ont subi une accélération de la déforestation.

L'observation des pollutions locales classiques et de la déforestation corrobore plutôt la courbe environnementale de Kuznets et l'idée qu'à partir d'un certain niveau de richesse, les transformations de la société conduisent à mieux prendre en charge les questions écologiques. Mais cette somme de visions partielles est trompeuse. En premier lieu, elle mésestime les possibles délocalisations de certaines sources ou industries polluantes du fait de la montée de la préoccupation environnementale au Nord. Surtout, elle ne tient pas compte des atteintes portées par nos modes actuels de croissance aux deux grands systèmes de régulation assurant la diversité des écosystèmes et la stabilité du système climatique.

La perturbation des systèmes de régulation : biodiversité et stabilité du climat

La diversité des espèces vivantes est une caractéristique majeure des écosystèmes qui fournissent une multitude de services « gratuits » aux activités humaines en favorisant la régénération des ressources. Plusieurs vagues d'extinctions ont pu être reconstituées dans les ères géologiques du passé, la plus connue (mais non la plus importante en terme de biodiversité) étant celle qui au seuil de l'ère tertiaire, vit l'extinction des dinosaures il y a 65 millions d'années. Ces vagues ont généralement été rattachées à des changements climatiques et/ou à des phénomènes exceptionnels du type éruptions volcaniques ou chutes de météorites. Une nouvelle vague d'extinctions a commencé dans un temps historique très court comparativement aux ères géologiques. Par opposition à celles reconstituées dans le passé lointain, elle a une cause tout à fait nouvelle : la domination d'une espèce vivante, l'homme, qui, pour son développement élimine ou domestique nombre d'espèces concurrentes.

Les mesures des atteintes à la diversité des écosystèmes ne laissent aucun doute sur l'ampleur du phénomène : notre ère historique produit une extinction des espèces vivantes beaucoup plus rapide que celles reconstituées durant les ères géologiques du passé[5]. L'indice de la planète vivante calculé par le WWF, le plus médiatisé, présente un recul de près d'un tiers de la diversité de 800 populations regroupant plus de 2 500 espèces vertébrées depuis 1970. L'indicateur d'« abondance moyenne des espèces » mesure la pression exercée par l'homme sur les écosystèmes[6]. Sur le dernier siècle, l'indicateur global a reculé de 21 %, la diminution atteignant 12 % sur la seule période 1990 à 2000. Aucune zone du monde n'a été épargnée par le phénomène qui a atteint son rythme maximal dans les forêts tempérées.

Face à ce phénomène dont les conséquences sont multiformes et les risques associés élevés, les premières actions correctives mises en œuvre ont consisté à développer des aires protégées, du type des zones classées Natura 2000 en Europe. L'idée est de constituer des sortes de « réserves » de biodiversité, tenues plus ou moins à distance des zones d'expansion économique humaine et de ses méfaits. Il est clair que ces modes de défense sont à terme à peu près aussi efficaces que de construire des digues pour protéger des villes côtières contre la montée du niveau de la mer sans agir sur ses causes. L'un des enjeux clefs de la transition écologique est de trouver les bonnes incitations pour intégrer la valeur de la diversité du vivant dans le fonctionnement de l'économie. Comme on le verra plus en détail par la suite, cela est complexe en raison de la multiplicité des modes d'atteinte à la biodiversité et de la difficulté à établir une métrique commune.

Le réchauffement du climat est l'un des leviers par lesquels l'action de l'homme altère les conditions de reproduction des autres espèces vivantes. Le réchauffement pourrait devenir à terme une cause majeure de réduction de la biodiversité par de nombreux biais. Il perturbe en premier lieu les aires d'habitat traditionnel en les morcelant et en poussant nombre d'espèces vers le nord ou en altitude : sur les vingt dernières années, on évalue par exemple à plus de 200 kilomètres la remontée des niches des papillons diurnes européens et des oiseaux nicheurs français. La fréquence accrue des événements extrêmes liée au réchauffement exerce un impact souvent méconnu sur la biodiversité : l'une des atteintes les plus dangereuses pour les écosystèmes fluviaux est un violent orage d'été lessivant les sols et charriant dans la rivière toutes sortes de pollutions. Les risques d'assèchement des zones humides portent sur les écosystèmes parmi les plus riches du monde (Amazonie et Afrique de l'Ouest). Ajoutons enfin les risques de redéploiement d'agents pathogènes (remontée de la dengue et du paludisme vers le nord) et la menace que l'acidification de l'océan fait peser sur les écosystèmes marins.

La prise de conscience du risque climatique est sans conteste la préoccupation environnementale qui a pris le plus de poids au cours des trois dernières décennies. Contrairement au cas de l'appauvrissement de la biodiversité, l'action contre le dérèglement climatique dispose d'un étalon commun : le pouvoir de réchauffement d'une tonne de CO_2 rejetée par les hommes dans l'atmosphère auquel on peut ramener les autres gaz à effet de serre. L'existence d'un tel étalon a facilité la mise en place d'instruments de tarification des émissions, par des taxes ou des marchés de permis, tant au plan international que national (ou européen). On parle ainsi désormais couramment de « prix du carbone » ou de « valeur carbone ». Il faut cependant avoir bien conscience que cette valeur ne concerne que l'une des grandes fonctions régulatrices du capital naturel. Construire une stratégie de transition vers l'économie verte basée sur la seule valeur carbone pourrait ainsi exposer à de graves déconvenues, notamment en termes de biodiversité : ne prendre en compte que la valeur énergétique d'une forêt, pour substituer de la biomasse à des énergies fossiles, conduit par exemple à des modes d'exploitation très dommageables pour la diversité des écosystèmes forestiers !

Au terme de ce rapide tableau de bord des pressions environnementales, il est tentant de chercher un indicateur de synthèse. Qu'il s'agisse de l'air, de l'eau, de la biodiversité, des réserves de ressources épuisables ou du changement climatique, les données de base sont fournies en quantités physiques et ne peuvent donc être directement agrégées. La notion d'« empreinte écologique[7] » mise au point par William Rees et Mathis Wackernagel vise à opérer une agrégation à partir d'une unité de surface : l'hectare. L'idée est de calculer la surface nécessaire d'un territoire pour que la population qui l'utilise puisse renouveler indéfiniment son capital naturel. Par agrégation, on obtient ainsi l'empreinte globale qui mesure la totalité des consommations de ressources renouvelables prélevées sur les écosystèmes pour la consommation directe de matières (agricoles, fibres, eau, etc.), le recyclage de leurs déchets et l'absorption de leurs nuisances. Cette empreinte peut ensuite être comparée à la biocapacité physique de la planète. L'évolution de cet indicateur a été popularisée par le WWF qui le diffuse régulièrement dans le cadre de son rapport *Planète vivante*. Le principal message véhiculé par l'organisation est que la consommation de ressources telle qu'elle est appréhendée par l'indicateur dépasse la biocapacité de la planète depuis le milieu des années 1970. Ce qui fait dire au WWF que nous consommons à l'heure actuelle environ 1,6 planète !

Une observation plus fine de l'indicateur révèle cependant que l'essentiel de l'accroissement de l'empreinte écologique résulte des émissions de gaz à effet de serre qui sont converties en hectares sur la base d'un coefficient très simplifié mesurant la capacité d'absorption de CO_2 atmosphérique par les sols et les forêts. On arriverait à des conclusions très différentes en modifiant ces coefficients ou en utilisant d'autres systèmes d'agrégation. Une difficulté majeure de l'établissement d'indicateurs exprimés en grandeurs physiques est la définition d'une unité commune et d'un système d'agrégation.

Introduire la valeur du capital naturel dans la comptabilité microéconomique

La voie la plus courante pour agréger les coûts et bénéfices environnementaux consiste à leur imputer une valeur monétaire suivant une méthode extrêmement simple dans son principe. Le capital naturel peut être considéré comme une partie du stock de capital utilisé pour la production, au même titre que les biens d'équipement, les technologies disponibles et les connaissances humaines. La variation de ce stock représente les changements intervenant entre deux « états de la nature ». Elle est obtenue en agrégeant les flux entrants (amélioration des capacités de régénération des systèmes naturels, investissements de protection de l'environnement) et les flux sortants (surexploitation des ressources, altération des capacités de régulation des systèmes naturels). Si on est économiste, on appelle les flux entrants « investissement » et les flux sortants « amortissement » !

À partir des travaux fondateurs de Nordhaus et Tobin (1973), des méthodes ont été mises au point pour intégrer la valeur de ces flux d'investissement et d'amortissement du capital naturel dans la comptabilité nationale. L'une des applications les plus pertinentes a consisté à mettre au point un « indicateur de la richesse véritable » qui intègre les coûts estimés des dommages environnementaux présents et futurs exercés par l'activité. L'observation de cet indicateur aux États-Unis révèle une déconnexion entre l'évolution du PIB par habitant et celle de la « richesse véritable par habitant » : à partir du début des années 1980, le premier continue de croître tandis que la seconde régresse légèrement, principalement en raison de la hausse des coûts environnementaux (pollutions locales, consommation de ressources épuisables, émissions de gaz à effet de serre, etc.). Ces coûts représentent un prélèvement de 60 % lorsqu'on les impute à la consommation des ménages mesurée en comptabilité nationale. Les autres éléments qui expliquent l'écart entre la « richesse véritable » et le PIB sont la montée de l'endettement et le creusement des inégalités.

La démarche de la Banque mondiale qui calcule un indicateur d'« épargne véritable » pour les différents pays du monde depuis 2004 procède de la même veine et utilise nombre de conventions similaires. Elle s'applique simplement à l'épargne qui est, en comptabilité nationale, le complémentaire de la consommation par rapport au revenu. Cet indicateur présente notamment l'intérêt de bien mettre en relief l'illusion donnée à court terme par la captation de rentes minières. D'après cet indicateur, un pays comme l'Arabie saoudite, qui affiche en comptabilité nationale un taux apparent d'épargne élevé, est en réalité en situation d'épargne réelle négative, ce qui traduit le caractère éphémère de son mode de croissance. D'après ce même indicateur, l'épargne réelle de la France ne serait que de l'ordre de 8,5 % en 2010 (contre près de 20 % pour le taux d'épargne brut classique) et celle des États-Unis pratiquement nulle.

On peut désormais facilement trouver les éléments nécessaires au verdissement du calcul du PIB dans les comptes satellites de l'environnement. Ces éléments restent cependant à la périphérie des cadres centraux de la comptabilité nationale qui continuent de privilégier le PIB comme indicateur de la richesse. Ce choix est justifié par le fait que la comptabilité nationale classique repose sur les mêmes conventions que la comptabilité microéconomique qui est un cadre normé et contraignant dans lequel évolue l'ensemble des acteurs économiques. Le rôle du comptable national est par conséquent de simplement agréger les mesures des richesses données par les multiples comptabilités microéconomiques qui servent par ailleurs à l'établissement des bases fiscales.

L'argument est contesté par nombre d'organisations écologistes ou altermondialistes dont certaines militent activement pour la redéfinition des concepts utilisés pour calculer le fameux PIB qui donne une vision faussée de la richesse. Ce faisant, elles se trompent sans doute de combat. Le véritable enjeu de la construction de nouveaux indicateurs se situe bien plus au plan microéconomique. Plutôt que de discourir sur les limites de l'indicateur du PIB, il est infiniment plus utile de faire entrer graduellement la valeur du capital naturel dans la comptabilité microéconomique : celle que nous utilisons dans nos choix quotidiens pour gérer nos entreprises et prendre nos décisions. Cela peut se faire de deux façons : en incluant dans le plan comptable des mesures du capital naturel dans le compte de bilan, ou en affectant un prix aux valeurs environnementales sur le marché des biens et services. Sitôt qu'on intègre la valeur de l'environnement dans leurs comptes de résultat, les choix des agents sont modifiés et le problème de l'indicateur macroéconomique ne se pose plus. Quand les dommages de la pollution ou de la surexploitation des écosystèmes sont correctement imputés, le statisticien les intègre sans même s'en rendre compte dans les comptes nationaux !

CHAPITRE 7

La nature n'a pas de prix !

« Quel que soit le prix que l'on donne à *La Joconde*, cela ne dirait rien de sa valeur[1]. » La formule de l'économiste et anthropologue Jacques Weber exprime bien la perplexité de l'économiste face à la question de la valorisation du capital naturel. La comparaison avec une œuvre d'art, par essence unique et non reproductible, est très pertinente : sur le marché de la reproduction, des milliers d'exemplaires de *La Joconde* se vendent chaque année dans la boutique du Louvre (et ailleurs), à des prix qui varient suivant la qualité de la reproduction, sa taille, ses coûts de stockage, etc. Ce sont des marchandises comme les autres. *La Joconde*, elle, n'a pas de prix : sa valeur est inestimable comme l'est celle de Notre-Dame de Paris, de l'œuvre de Victor Hugo ou de William Shakespeare et... celle de la nature ! Non reproductible, la nature est également un bien public, autrement dit un bien que nous avons en commun, non divisible. Pas plus qu'on ne peut imaginer découper *La Joconde* en petits carrés, comme des échantillons de moquette dont on ferait ensuite commerce, on ne peut saucissonner la nature pour organiser l'échange de ses démembrements sur un marché.

Il est pourtant des situations où nos sociétés éprouvent le besoin de donner une valeur à la nature. En mars 1989, le pétrolier *Exxon Valdez* faisait naufrage dans le détroit du Prince-William en Alaska et déversait 42 000 tonnes de pétrole brut dans l'océan Arctique, déclenchant une marée noire qui a gravement affecté un écosystème très fragile. Cinq ans après la catastrophe, Exxon Mobil était condamné à une amende de 5 milliards de dollars. Après un recours, la Cour suprême des États-Unis a réduit en 2008 la somme au titre des dommages et intérêts à payer à 500 millions de dollars. Finalement, Exxon a dépensé près de 3,4 milliards de dollars pour le nettoyage des côtes et de la faune et le dédommagement des pêcheurs.

Pourquoi 500 millions au lieu de 5 milliards ? Et pourquoi pas plutôt 50 milliards ou zéro ? Dans les deux cas, la décision du juge a été précédée par un travail d'expertise des dégâts, de la valeur de la nature, des coûts de sa dégradation. Mais on voit bien qu'on est loin de savoir tarifer les dommages environnementaux, car fondamentalement, il n'y a pas un consensus sur les approches retenues pour donner une valeur à la nature ou du moins à sa protection. Voyons ce que l'économiste peut en la matière faire et ne pas faire.

Du monde enchanté de l'équilibre général à la « tragédie du bien commun »

Dans le monde enchanté de la théorie économique, les prix sont au centre. Ils reflètent les valeurs d'usage et permettent d'évaluer les gains ou les pertes de bien-être que la consommation ou la production d'un bien apporte à un individu ou à la collectivité. Si je décide d'acheter une « baguette-tradition » à 1,15 euro au lieu d'une baguette ordinaire à 0,90 euro, c'est non seulement que mon budget me le permet, mais aussi que le bien-être tiré de la dégustation de ce type particulier de baguette vaut au moins 0,25 euro ! S'il vaut plus, je réalise un surplus et s'il vaut moins, je me replie sur la baguette ordinaire. Mon boulanger fixe le prix de cette baguette en fonction de ses coûts, des conditions de marché et de ce qu'il pense de mon consentement à payer. Les agents fondent en définitive leurs calculs économiques sur le système de prix. La théorie économique se réfère alors à deux théorèmes fondamentaux du bien-être pour montrer à quelles conditions la société peut maximiser son bien-être[2]. Nous n'utilisons ici que le premier, reportant au chapitre 17 la présentation du second.

Le premier théorème du bien-être nous dit que si tous les agents se comportent de manière concurrentielle sur des marchés où circule une information parfaite, alors l'équilibre du marché conduit à une situation où il est impossible d'améliorer la situation d'un ou plusieurs agents sans réduire celle d'au moins un autre. On est alors à l'optimum de Pareto, du nom du célèbre économiste italien Vilfredo Pareto. L'optimum de Pareto représente dès lors un critère d'efficacité dans l'utilisation des ressources de l'économie. Il est à noter que ce critère ne nous dit absolument rien sur les notions d'équité ou de justice sociale[3].

Les conditions de réalisation de cette efficacité dans l'allocation des ressources sont particulièrement précises et contraignantes, ce qui rend impossible la transposition de ce théorème dans la vie réelle. L'information doit être parfaite (on connaît tout sur tout), les individus n'ont aucun comportement stratégique (concurrence pure et parfaite), tous les biens ont un prix (les marchés sont complets), il n'y a pas de bien public (absence de biens collectifs)... Néanmoins, ce théorème souligne un élément crucial : les décisions des individus se basent sur un arbitrage ou des choix entre différentes valeurs reflétées par les prix. Plus l'ensemble des valeurs est connu, mieux les décisions peuvent être prises. En augmentant notre capacité à mesurer la valeur des ressources, nous pouvons ainsi gagner en efficacité économique si les marchés fonctionnent correctement !

Mais que se passe-t-il si on oublie de mettre un prix à un bien, par exemple un bien environnemental ? La réponse est dans le titre de l'article fameux de Garrett Hardin paru en 1968 et qui marqua durablement la pensée environnementale aux États-Unis : « La tragédie des biens communs[4]. » Dans cet article qui traite en réalité plus de démographie que d'environnement, Hardin montre avec brio comment la gratuité d'un bien environnemental entraîne sa surutilisation, voire sa destruction, dans une société dominée par les échanges marchands. Pour sa démonstration, il prend appui sur l'exemple du pré communal en libre accès qui faisait office, dans la structure villageoise féodale, de sécurité sociale. Chaque villageois, quelle que soit sa condition, pouvait y conduire à la pâture ses animaux. Efficace dans un contexte de stagnation, ce mode d'organisation ne peut supporter la croissance : l'augmentation du nombre d'animaux provoque le surpâturage du pré et finalement la destruction de sa fertilité. Historiquement, le mouvement des « enclosures », amorcé en Angleterre dès le XVIe siècle, consista à distribuer des droits de propriété sur ces terres, qui acquirent alors une valeur marchande et que les propriétaires s'empressèrent de clôturer pour les protéger des irruptions des troupeaux du village.

Hardin nous rappelle que l'enjeu de la mesure de la valeur des biens environnementaux ne se réduit pas aux cas des indemnisations, comme dans le cas de l'*Exxon Valdez*. En l'absence d'une valorisation, le risque est grand d'avoir une destruction ou une surexploitation de la nature. Si sa valeur est nulle, pourquoi y prêter attention ? Personne n'en subit les coûts, personne ne mesure les conséquences de ses actes. Aucun individu ne va prendre en compte cette valeur nulle (on a oublié de lui donner un prix !) dans ses décisions de consommation, de production ou ses comportements. L'un des drames des biens environnementaux est que généralement ils ne sont pas marchands et donc n'ont pas de valorisation. Nous pouvons regretter qu'il faille mettre un prix, un tarif, une valeur monétaire à toute chose pour qu'elle soit prise en compte. Mais, sauf à modifier en profondeur le fonctionnement de nos sociétés, nous devons nous y résoudre si nous voulons éviter la « tragédie » de la destruction des biens environnementaux par nos comportements. Nous verrons dans les chapitres suivants les différentes options possibles pour mettre en pratique une telle tarification. Avant de passer aux travaux pratiques, il est utile de s'arrêter sur les fondements théoriques de l'évaluation du capital naturel.

Anthropocentrisme, biocentrisme ou écocentrisme ?

Qu'il s'agisse d'une ressource, d'une pollution ou plus généralement d'une externalité, il est délicat d'appréhender les différentes valeurs possibles d'un bien environnemental. Une forêt permet l'exploitation du bois mais également de se promener aujourd'hui, demain ou dans dix ans. Elle est également source de production et de reproduction de la biodiversité, elle joue un rôle dans la régulation hydrique aussi bien que dans le cycle du carbone. Un lac peut servir à la production électrique, aux activités récréatives, à l'irrigation, à la biodiversité... Les économistes ont l'habitude de considérer qu'un bien environnemental a une valeur économique totale (VET) qui peut se décomposer en trois composantes :

– une valeur d'usage directe (le bois que j'exploite dans ma forêt ou le bien-être que j'en tire en m'y promenant) ;

– une valeur de non-usage ou d'usage indirect (le bois que je laisse à ma descendance ou la réserve de biodiversité de ma forêt qui contribue au patrimoine collectif) ;

– une valeur intrinsèque qui existe indépendamment de l'homme (la valeur des espèces qui y habitent et des écosystèmes qu'ils forment).

On peut rattacher chacune de ces composantes à des fondements philosophiques ou moraux.

Dans la tradition cartésienne, l'individu est au centre et devient maître de la nature qui l'entoure grâce à la connaissance : les mathématiques et la physique qui sont, autant que la philosophie, la discipline de Descartes et le conduisent à mettre au rebut la physique d'Aristote et l'animisme du Moyen Âge. La nature devient une sorte de réservoir d'objets et de ressources dans lequel l'homme peut puiser autant que de besoin. Nous sommes dans une vision anthropocentrique étroite, qui justifierait l'utilisation des seules valeurs d'usage pour valoriser la nature dont l'utilité est nulle indépendamment des services qu'elle apporte directement à l'homme. Si on limite la valeur de la nature à ses usages directs, on reste dans une optique utilitariste à la Bentham.

Contemporain de Descartes, Spinoza développa une conception tout à fait différente de l'individu et de la nature. Dans l'*Éthique* (1677), son œuvre majeure, l'individu y est indissociable d'un ensemble plus complexe. Il n'est que l'un des multiples « attributs » de la « substance » qui l'englobe et sans laquelle il n'existerait pas. À l'individualisme cartésien fondé sur le *cogito* s'oppose la vision spinozienne du *conatus* suivant laquelle l'homme persévère dans son être en entrant en harmonie avec le tout. Dans cette conception, la valeur de la nature ne se réduit plus à l'usage qu'on peut en faire mais repose sur le système complexe d'interdépendances qui rattache le tout à ses parties, la substance à ses attributs, la nature à l'homme. On peut également trouver dans la *Fondation de la métaphysique des mœurs* de Kant (1785) l'« impératif catégorique » donnant un fondement moral à cette valeur de non-usage. Kant recommande en effet de régler sa conduite quotidienne suivant des préceptes qui intègrent l'objectif de concorde universelle cher au philosophe.

Les approches spinozienne ou kantienne élargissent considérablement la vision utilitariste de la nature, mais restent anthropocentristes en ce sens que la valeur de la nature continue à se déterminer par rapport à l'homme. Les approches biocentrique et écocentrique considèrent que la nature a une valeur intrinsèque, qui se rapporte à tout être vivant dans le premier cas et aux écosystèmes dans le second cas. Dans une telle approche, les êtres vivants ont une valeur propre indépendamment de l'homme et il n'y a par exemple aucune raison pour qu'un animal renonce à la vie au nom du bien-être humain. Le biocentrisme prône ainsi l'« égalitarisme biotique ». L'écocentrisme considère que le fondement de la valeur n'est pas individuel, contrairement au biocentrisme, mais collectif. Ce qui a de la valeur ce ne sont pas les êtres vivants eux-mêmes, considérés individuellement, mais les ensembles complexes dans lesquels ils prennent place : autrement dit, les écosystèmes ou, mieux encore, la « biosphère ». Aldo Leopold résume assez bien la règle d'or de l'écocentrisme : « Une chose est juste lorsqu'elle tend à préserver l'intégrité, la stabilité et la beauté de la communauté biotique. Elle est injuste lorsqu'elle tend à l'inverse[5]. »

Comme on le voit, les fondements philosophiques des valeurs environnementales peuvent conduire à des approches éloignées, car ils interrogent les raisons qui nous poussent à protéger la nature ou à la surexploiter à notre profit. Plus fondamentalement, ils renvoient à notre conception du monde. En tant qu'économistes, nous sommes enclins à nous rattacher à l'approche anthropocentrique dans laquelle la valeur de la nature se détermine relativement à l'homme et ses préférences. Mais comme on va le voir, l'économie verte n'est pas compatible avec l'utilisation étroite des valeurs d'usage, en conformité avec le mécanisme cartésien (« principe d'inertie » de la nature). Elle doit être enrichie de notions plus larges dont on peut trouver la filiation philosophique chez Spinoza, le grand contradicteur de Descartes au XVIIe siècle, et la justification morale chez Kant. Essayons maintenant de transposer ces conceptions philosophiques dans la boîte à outils de l'économiste.

La valeur de la nature dans une vision anthropocentrique élargie

Les valeurs d'usage représentent la part de la valeur économique totale liée à l'utilisation du bien : la valeur d'une promenade en forêt pour soi-même au moment où l'on s'y promène, la valeur de l'exploitation du bois. La détermination de cette valeur doit également tenir compte du temps : la valeur d'usage de la forêt dépend des services qu'elle peut me rendre aujourd'hui, mais aussi de la valeur que nous accordons au fait de pouvoir nous promener dans cette même forêt dans dix ans ou encore la valeur de l'exploitation du bois dans trente ans. Cette dimension d'un usage différé dans le temps permet d'introduire le concept de « valeur d'option ».

Conserver la possibilité d'utiliser ou non un bien plus tard fait partie intégrante de la valeur d'usage. La notion de valeur d'option, introduite en quelques pages par l'économiste américain Burton Weisbrod en 1964[6], souligne le bénéfice qu'il peut y avoir à la conservation de ce bien dans le temps. Par correspondance, cela s'ajoute au coût de destruction de ce bien. Par définition, nous ne sommes jamais certains du futur et donc nous ne sommes même pas sûrs que nous aimerions toujours nous promener en forêt dans dix, quinze ou vingt ans. Mais conserver cette possibilité aujourd'hui a néanmoins une valeur.

Une autre forme de valeur d'option a été mise en évidence par Kenneth Arrow, Anthony Fisher et Claude Henry[7]. Elle touche aux notions d'information et d'irréversibilité. L'idée est que l'arrivée d'information dans le temps a une valeur et que face à une décision ayant des conséquences irréversibles ou quasiment irréversibles, telles que la construction d'un barrage, une valeur doit être associée à cette irréversibilité. Dans le cas du barrage, on noie une vallée en détruisant toute forme de vie. Pour prendre cette décision, il faut être certain que le rendement de ce barrage sera bien au rendez-vous. En tenant compte de l'aspect irréversible, il faut que le rendement compense le fait que nous nous privons alors de toute autre possibilité d'exploitation de la vallée. Avec un coût estimé entre 40 et 50 milliards d'euros et le déplacement de plus de 1,3 million de riverains, les discussions entamées en 1919 sur l'opportunité du barrage des Trois-Gorges dans la province du Hubei en Chine soulignent le poids de l'irréversibilité. En effet, l'adoption de ce projet le 3 avril 1992 s'est faite avec seulement deux tiers des suffrages, ce qui est rarissime dans les institutions de la Chine communiste.

Les valeurs de non-usage peuvent en premier lieu être définies comme des valeurs d'option qui concernent une utilité future et les marges de liberté que nous conservons face aux risques d'irréversibilité. Elles concernent aussi les valeurs d'usage pour les autres, qu'ils soient des proches (tels que nos descendants) ou de parfaits étrangers. Nous parlerons alors soit de valeur de legs soit d'altruisme. Ces valeurs, couramment utilisées en économie de l'environnement, s'inscrivent bien dans l'héritage de la philosophie kantienne.

Une seconde catégorie de valeurs de non-usage se rattache aux fonctions régulatrices du capital naturel et aux risques de leurs ruptures, locales ou globales. Au plan local, un exemple classique de rupture d'une telle fonction régulatrice est l'effondrement d'un écosystème surexploité dont on ne sait jamais trop anticiper les capacités de reconstitution. Si on n'accorde pas une valeur *ex ante* à ces fonctions régulatrices qui supportent de multiples services que nous n'utilisons que très partiellement, on risque de le payer cher *ex post* lorsque le système s'effondre. Un exemple célèbre est le moratoire sur la pêche imposé par le gouvernement canadien qui n'a pas permis de faire revenir la morue à Terre-Neuve et au Labrador. L'explication est que pendant des années, les pratiques de pêche ont altéré les capacités de régulation de l'écosystème marin par la destruction des habitats où se reproduisait l'espèce. Ne pas donner une valeur à cet écosystème a donc généré des coûts tout à fait inattendus puisque l'arrêt des prises n'a pas permis de reconstituer le stock.

Au plan global, ces capacités de régulation ont déjà été introduites grâce à la notion de frontières planétaires. Deux grandes fonctions ont été identifiées : la reproduction de la diversité des espèces vivantes grâce à la richesse des écosystèmes et la stabilité du climat grâce à la capacité de l'atmosphère à régler les échanges d'énergie entre notre planète et l'extérieur. C'est par ces deux grandes fonctions que nous allons maintenant passer aux travaux pratiques de la tarification de la nature en disséquant les mécanismes permettant de donner une valeur à la biodiversité d'un côté et à la protection de la stabilité climatique de l'autre. Pour la biodiversité, la tâche est redoutable en raison de l'absence d'un étalon commun. C'est pourquoi nous allons démarrer par le cas, mieux documenté, du réchauffement climatique.

CHAPITRE 8

Le prix de l'environnement : le prototype du prix du carbone

Donner une valeur théorique aux biens environnementaux est une chose. Le chapitre précédent a rappelé la contribution que les économistes pouvaient apporter en la matière. Pour protéger ces biens environnementaux dans la réalité, il ne suffit pas de leur associer une valeur théorique. Il faut concrètement introduire cette valeur dans le système de prix pour qu'elle soit prise en compte dans les décisions des agents économiques. Tant que la valeur du capital naturel reste « externe » aux marchés, les actions engagées pour protéger l'environnement se contentent de faire appel au volontarisme des acteurs et aux politiques correctrices. C'est encore très largement le cas dans nos sociétés où la grande majorité des politiques environnementales repose sur des normes et règlements et où les marchés n'intègrent que marginalement la valeur du capital naturel. « Internaliser » ces valeurs environnementales est l'un des leviers majeurs de la transition écologique.

Signée en 1992 au sommet de la Terre de Rio et entrée en vigueur en 1994, la Convention-cadre des Nations unies sur les changements climatiques (CNUCC) a propulsé la question du réchauffement climatique sur le devant de la scène internationale. Elle a débouché en 1997 sur la signature du protocole de Kyoto qui préconisait l'introduction d'une tarification internationale du carbone pour amorcer la réduction des émissions de gaz à effet de serre. Depuis lors, l'introduction d'une telle tarification est l'un des points d'achoppement récurrent de la négociation climatique internationale. Mais elle est également au cœur des débats nationaux. La France a par exemple inscrit dans sa loi un objectif dit du « facteur 4 » visant à réduire de 75 % ses émissions de gaz à effet de serre d'ici 2050 relativement à l'année 1990. Un consensus assez large s'est constitué reconnaissant que si on prend au sérieux cet objectif, une condition nécessaire pour l'atteindre avec efficacité consiste à introduire une tarification nationale donnant un prix au carbone[1].

La prise en compte de l'enjeu climatique a donné lieu à de multiples tentatives pour tarifer les émissions de gaz à effet de serre en introduisant un prix du carbone. C'est pourquoi le changement climatique constitue un cas d'école qui aide à mieux comprendre les obstacles rencontrés par nos sociétés lorsqu'elles cherchent à introduire un prix de l'environnement dans l'économie réelle.

Le changement climatique, parfaite illustration de la « tragédie d'un bien commun »

Le terme « climat » vient d'un mot grec qui signifiait originellement « inclinaison du ciel », une racine étymologique qui rappelle le rôle majeur que l'atmosphère joue dans sa régulation naturelle, notamment du fait des gaz à effet de serre[2]. Il désigne les conditions météorologiques moyennes (températures, précipitations, vents, etc.) observées sur longue période. Ces conditions peuvent être locales, régionales ou globales. Au plan global, des changements majeurs ont affecté le système climatique suivant des ères géologiques s'étendant sur de très longues périodes, alternant notamment des époques glaciaires et interglaciaires. La paléoclimatologie révèle que toutes ces mutations ont été accompagnées de modifications majeures de la teneur de l'atmosphère en gaz à effet de serre, notamment en CO_2.

Le réchauffement observé à partir du XXe siècle, d'une rapidité exceptionnelle, est d'une nature tout à fait nouvelle : il reflète les premiers effets de l'accumulation des émissions humaines de gaz à effet de serre qui perturbe les échanges entre flux d'énergie entrant et sortant de l'atmosphère. La science du climat ne sait pas prévoir avec certitude comment le système climatique va répondre à cette altération d'origine anthropique de la composition de l'atmosphère, mais son diagnostic est qu'elle soumet les écosystèmes et les sociétés humaines à des risques croissants. Incertitudes et risques : deux notions centrales pour la mise en place d'instruments économiques dédiés à l'action face au changement climatique.

La question du changement climatique renvoie typiquement à un problème de gratuité d'usage d'une ressource environnementale : l'atmosphère, jusqu'à présent utilisée dans des quantités illimitées pour stocker des déchets gazeux de toute nature. Reprenons l'exemple du village féodal d'Hardin et substituons aux mots « village » et « pré communal » les termes « planète » et « atmosphère ». Nous obtenons l'une des meilleures descriptions possibles du problème du réchauffement climatique : tels les villageois menant leurs animaux à la pâture, nos sociétés ont pris l'habitude depuis le début de la révolution industrielle d'utiliser l'atmosphère comme un immense réservoir où elles peuvent rejeter gratuitement leurs gaz à effet de serre. Ce faisant, elles détruisent sa capacité à assurer la stabilité du climat. Les économistes ont tenté d'associer un coût à cette « tragédie » en évaluant les pertes de valeur qui résulteraient de la poursuite des trajectoires actuelles d'émissions de gaz à effet de serre. Si on se réfère à l'exercice le plus complet, mené par l'économiste britannique Nicholas Stern dans le cadre de sa revue pour le Trésor britannique en 2006, on tombe sur un chiffre se situant dans une fourchette de 5 à 20 % de perte de consommation en 2050[3]. Cette valeur représente ce qu'il en coûterait demain de continuer à détruire aujourd'hui notre bien commun. Au-delà de ce calcul théorique, utile pour alerter l'opinion mais ne l'éclairant pas sur les réponses à apporter, l'économiste peut-il contribuer à la mise en place des actions adaptées face aux risques associés au réchauffement ? Revenons un instant aux villageois d'Hardin et examinons comment ils peuvent mettre un terme à la destruction du pré collectif. Pour sauver le bien commun, ils peuvent engager trois types d'actions.

a) Ils peuvent s'entendre sur des méthodes de gestion alternative du bien commun, en organisant par exemple des rotations qui limitent l'accès au pré. L'économiste américaine Elinor Ostrom a analysé les multiples formes de gestion locale permettant de valoriser un bien commun en construisant le concept de « polycentrisme », sur lequel nous reviendrons lorsque nous évoquerons les questions de gouvernance. Cette approche ne semble pas facilement transposable au cas d'un bien commun planétaire comme le climat[4].

b) Pour faciliter la réorganisation de l'exploitation du pré communal, les villageois peuvent supprimer la gratuité de son accès, par exemple en instituant une redevance que devront régler ses utilisateurs. Ils se trouveront dès lors confrontés à deux questions pratiques : comment fixer le prix de la redevance ? Que faire de son produit ?

c) Une troisième voie pour sauvegarder la fertilité du pré est de distribuer des titres de propriété aux villageois pour faire émerger un marché du foncier. C'est cette voie que prit l'Angleterre dès la fin du Moyen Âge, suivie ensuite par les autres pays européens, avec le mouvement des « enclosures » consécutif à la privatisation des prés communaux. Le terme rappelle que l'une des premières décisions de leurs nouveaux propriétaires fut de clôturer les parcelles pour les protéger contre l'incursion des troupeaux afin de restaurer leur fertilité et d'accroître la productivité agricole.

En matière environnementale, la première voie de sortie correspond traditionnellement aux approches réglementaires. Ce type d'approche est de loin celle qui est la plus déployée dans les politiques publiques, notamment dans les pays développés qui utilisent une panoplie sophistiquée d'instruments réglementaires. Songeons par exemple aux 800 pages du règlement *Reach* qui, en Europe, régule l'usage de plus de 7 500 substances chimiques et doit d'ici 2018 tripler sa couverture. Aux États-Unis, un très large pouvoir réglementaire a été conféré à la puissante agence fédérale de l'environnement, l'Environmental Protection Agency (EPA), qui édicte de multiples normes et standards. En France, la mesure phare résultant des débats du Grenelle de l'environnement destinés à donner un souffle nouveau aux politiques de protection de l'environnement a été le resserrement des normes thermiques dans le bâtiment. Toutes ces mesures génèrent des coûts de mise en œuvre (pour l'autorité publique) et de conformité (pour les acteurs économiques). En ce sens, elles réduisent bien la gratuité de l'accès au bien commun. Mais elles ne se basent pas explicitement sur une valeur environnementale qui peut être introduite dans la vie économique soit par la taxation (régulation par le prix), soit par le marché de droits (régulation par les quantités).

La régulation par le prix : comment fixer le niveau d'une taxe carbone ?

Du fait de la multiplicité des sources d'émission de gaz à effet de serre, une approche réglementaire internationale, comme celle utilisée avec succès pour lutter contre la destruction de la couche d'ozone par les gaz de type CFC[5], semble inadaptée au cas du changement climatique. C'est pourquoi la question de l'utilisation d'instruments économiques s'est très vite posée dans la mise en œuvre des politiques climatiques.

Les premières velléités de tarification des émissions de gaz à effet de serre sont apparues en Europe dès 1990. Cette année-là, la Commission européenne a mis sur la table une proposition d'institution d'une taxe harmonisée sur le CO_2, frappant les émissions de toutes les grandes sources industrielles. Le taux de la taxe devait à l'origine être fixé à un niveau assez modeste puis croître ensuite dans le temps. Le produit attendu aurait contribué à la réorientation des politiques communautaires vers l'innovation et le soutien à la recherche et développement. Cette proposition se heurta à l'hostilité d'un certain nombre d'États membres, peu désireux de renoncer à leur souveraineté fiscale pour finalement être abandonnée en 1997 au profit d'un autre instrument : les marchés de permis. La démarche engagée par la Commission a cependant facilité les initiatives de certains pays européens qui se sont engagés sur la voie de la fiscalité carbone : Suède, Norvège, Danemark, Royaume-Uni et plus récemment Irlande et Suisse. Tous ces pays se sont trouvés confrontés aux deux questions clefs de toute tarification environnementale : à quel niveau fixer la taxe ? Que faire de son produit ? À condition d'être utilisée de façon non dogmatique, la théorie économique apporte ici des repères utiles.

Les bases théoriques de la taxation environnementale furent introduites par l'économiste Arthur Cecil Pigou en 1920 dans son ouvrage *The Economics of Welfare*. Pigou y fait le constat qu'une des plus grandes imperfections du marché résulte de l'absence de prise en compte des externalités environnementales dans le calcul des coûts et des bénéfices privés. Il propose de corriger cette imperfection au moyen de taxes qui viendront s'ajouter aux coûts privés pour intégrer les valeurs environnementales. Il propose également une méthode pour fixer leur montant : le taux de la taxe doit permettre d'égaliser le bénéfice environnemental que va en tirer la société (la réduction des nuisances) avec le coût associé aux actions engagées pour réduire ces nuisances. En présence d'une taxe environnementale, les agents à l'origine des pollutions réduisent leurs émissions tant que le coût engendré par leur action est inférieur à la taxe. Sitôt que le coût de l'action rejoint le montant de la taxe, ils préfèrent payer la taxe plutôt de continuer à réduire leur pollution. Le point optimal est par conséquent atteint lorsque le coût marginal, c'est-à-dire celui associé à la réduction de la dernière unité de pollution, égale le bénéfice environnemental attendu par la société. Les économistes ont pris l'habitude d'appeler ce bénéfice le dividende environnemental, ou premier dividende généré par la taxation pigouvienne.

Ce principe pigouvien est aujourd'hui appliqué dans tous les bureaux d'étude sur l'environnement sous l'appellation de la méthode « coûts-bénéfices » ou « coûts-avantages ». Ce type d'approche est applicable aux pollutions qui ont des effets locaux identifiables comme par exemple celles résultant de la circulation automobile urbaine ou du rejet de polluants affectant la qualité d'une rivière à l'aval et pour lesquelles des méthodes d'évaluation des dommages environnementaux ont été mises au point. Dans le cas du changement climatique, il est impossible d'utiliser directement cette approche en raison de la complexité des interactions et incertitudes qu'il faudrait intégrer entre l'émission d'une certaine quantité de gaz à effet de serre aujourd'hui et la valeur des dommages actualisés qu'elle pourrait engendrer. On est en pratique contraint de se contenter d'une méthode dite « coût-efficacité » dans laquelle le niveau de la taxe est fixé à partir d'objectifs de réduction d'émission déterminés de façon exogène.

Sans entrer dans les détails de l'abondante littérature consacrée à ce sujet, on peut retenir l'idée simple que pour limiter les risques du changement climatique, nos sociétés devraient procéder à des modifications drastiques des trajectoires d'émission de gaz à effet de serre. Un ordre de grandeur, couramment avancé à partir des travaux du GIEC, est qu'il faudrait diviser au minimum par deux les émissions mondiales de gaz à effet de serre d'ici 2050 en ayant passé le pic d'émission en 2015. De telles trajectoires limiteraient la probabilité d'avoir à gérer un réchauffement moyen supérieure à 2 °C. Une fois de telles trajectoires fixées *ex ante*, on peut leur associer un prix du carbone qui minimise le coût d'atteinte de l'objectif. On appelle ce prix théorique la « valeur tutélaire du carbone ». Stern (2007) estime cette valeur tutélaire moyenne pour le monde à 25-30 dollars la tonne de CO_2, pour limiter la concentration atmosphérique de l'ensemble des gaz à effet de serre aux alentours de 500 ppm. Un travail très complet a été réalisé en France en 2009 sous la direction d'Alain Quinet[6]. Il retient une valeur tutélaire de l'ordre de 32 euros la tonne de CO_2 pour 2010 qui doit atteindre 100 euros, à monnaie constante, en 2030. Ces deux valeurs correspondant à l'objectif de division par quatre des émissions de gaz à effet de serre en France. Elles sont compatibles, quoique plutôt supérieures, avec les valeurs tutélaires calculées à partir de méthodes comparables dans d'autres pays européens.

Cette batterie de valeurs tutélaires fournit des repères aux législateurs qui s'engagent en faveur du verdissement de la fiscalité. L'expérience révèle cependant que d'autres considérations entrent en ligne de compte et limitent l'ambition de la tarification du carbone. En France, le projet d'introduction d'une taxe carbone à partir de 2010, avorté à la suite d'une censure du Conseil constitutionnel, avait par exemple retenu un niveau initial de 17 euros la tonne de CO_2, soit pratiquement la moitié de la valeur tutélaire du carbone pourtant réactualisée quelques mois plus tôt. L'Irlande, qui est le dernier pays à avoir introduit une tarification du carbone pesant sur les carburants et le chauffage domestique, a retenu un prix d'introduction du même ordre (15 euros), par la suite porté à 20 euros la tonne. En général, les taxes carbone sont fixées à des niveaux inférieurs à leurs valeurs tutélaires de référence. Seule la Suède fait exception à cette règle. Dans ce pays, qui fut le premier à introduire une telle taxation en 1991, le consentement à payer pour la protection du climat a progressé avec le temps car vingt ans d'expérimentation ont montré que l'élargissement de la fiscalité carbone ne pénalisait pas l'économie, bien au contraire.

La régulation par les volumes à la recherche du bon plafond !

Instituer un prix international du carbone *via* un mécanisme de taxation relève d'un pari impossible, parce que lever l'impôt est une prérogative régalienne que peu d'États sont prêts à écorner, fût-ce au nom d'un enjeu à la hauteur du changement climatique. C'est la raison pour laquelle la négociation climatique internationale a privilégié les systèmes de permis d'émission pour tarifer les émissions de gaz à effet de serre. Un tel système dit de « plafonnement et d'échange » (*cap and trade*) fonctionne en deux temps : on limite le droit à rejeter des gaz à effet de serre dans l'atmosphère en instituant un plafond global d'émission. Une fois ce plafond fixé, on répartit les droits entre les sources d'émission soumises à la régulation et on organise un système d'échange de ces droits.

Au plan théorique, il apparaît immédiatement que ce dispositif de tarification du carbone est l'exact symétrique de la régulation par les prix : dans le premier cas, l'autorité publique fixe le prix et les réactions des acteurs économiques face à ce nouveau coût conduisent à réduire les émissions d'une certaine quantité ; dans le second, elle fixe les quantités et le marché de permis révèle un prix d'équilibre, fonction du volume global autorisé des émissions. En situation de concurrence parfaite, c'est-à-dire dans un monde irréel ou tous les acteurs ont accès à la bonne information et où aucun ne peut influencer l'équilibre du marché, on démontre facilement que les deux voies sont strictement équivalentes. Si on lève l'hypothèse d'information parfaite, le diagnostic de l'économiste devient plus compliqué[7].

Les partisans des systèmes de permis d'émission se basent généralement sur des arguments plus empiriques que théoriques. Ils jugent que la voie du *cap and trade* permet d'introduire plus facilement une contrainte climatique et par voie de conséquence un prix significatif du carbone dans l'économie. Jusqu'à présent, les expériences en la matière ne permettent pas vraiment de conclure dans ce sens. Les premières expériences de tarification du carbone par les marchés de permis aboutissent au même constat que les expériences de taxation : elles ont conduit jusqu'à présent, quand on a réussi à surmonter les obstacles législatifs, à des situations de sous-tarification manifestes du risque climatique.

Au plan international, le protocole de Kyoto, signé en 1997 dans le cadre de la CNUCC, visait à introduire un système de tarification s'étendant graduellement dans le monde. Son architecture reposait sur le pivot du marché international des droits à émettre entre les pays, dits de « l'Annexe B[8] », qui s'étaient conjointement engagés à réduire d'un peu plus de 5 % les émissions des six principaux gaz à effet de serre entre 1990 et la période 2008-2012. À la fin de la période, le constat sur l'efficacité de ce dispositif est sans appel : en imposant un plafond d'émission aux pays de l'Annexe B en 1997, le protocole a conduit à mettre en place un dispositif de calcul et de vérification des émissions de gaz à effet de serre qui constitue un grand progrès. Mais il n'a pas permis de créer une rareté des droits d'émettre suffisante pour faire apparaître un prix du carbone. Le marché des unités Kyoto est resté embryonnaire, voire « croupion », et le dispositif n'a pas conduit à modifier les trajectoires d'émission de gaz à effet de serre dans le monde. Il y a trois raisons principales à cet échec : l'attribution trop généreuse de droits d'émission à la Russie et à ses anciens partenaires socialistes ; le retrait en 2001 des États-Unis du protocole qui a sorti du marché le plus grand acheteur potentiel de droits ; l'exclusion du système d'engagement des pays émergents dont le poids dans l'accroissement des émissions mondiales est devenu déterminant.

Plus contrasté, le bilan du système européen d'échange de quotas de CO_2 n'est pas lui non plus totalement concluant. Initialement créées pour faciliter l'atteinte des engagements Kyoto de l'Union européenne, les règles de fonctionnement de ce dispositif ont été définies jusqu'en 2020, année cible du paquet énergie-climat qui fixe les grandes orientations des politiques énergétique et climatique européennes. Ce dispositif ne concerne que les principales sources industrielles : centrales électriques, usines sidérurgiques, cimenteries, usines de papier, de verre, de production de vapeur, etc. Au total, environ 11 000 installations ont été intégrées dans le système, émettant au démarrage 2 milliards de tonnes de CO_2. Avant l'entrée dans le système, émettre ces 2 milliards était totalement gratuit pour les industriels. La mise en place du marché du carbone a restreint ce droit illimité en donnant une valeur au droit d'émettre 1 tonne de CO_2. La valeur totale du plafond est en conséquence passée à 20 milliards d'euros pour un prix du carbone à 10 euros, et 40 milliards pour un prix de 20. Mais la gouvernance de ce marché a révélé une incapacité profonde de l'autorité publique à imposer un plafond de nature à faire émerger un prix crédible dans le temps. Avant le démarrage de ce marché, la grande crainte des autorités européennes et nationales était qu'une contrainte trop forte ne fasse envoler le prix au détriment de la compétitivité. Début 2013, neuf ans après le démarrage du marché, retournement complet de situation : le casse-tête de la Commission européenne est de trouver un moyen de faire remonter un prix tombé en dessous de 5 euros la tonne de CO_2 ! Une façon évidente serait de réduire la quantité des quotas en circulation ou d'en introduire moins. Mais dans le cadre de la gouvernance européenne, une telle mesure est très difficile à prendre car la Commission ne peut pas agir sans un vote du Parlement qui peut exiger plusieurs années[9]. Comme pour le marché de Kyoto, l'autorité publique n'a donc pas réussi à fixer un plafond suffisamment contraignant.

Si le président Obama échoua de peu en 2010 à faire passer une loi introduisant un *cap and trade* ambitieux au plan fédéral, plusieurs expériences infranationales ont été tentées aux États-Unis, avec le même résultat : le projet de marché du carbone à Chicago, basé sur le concept d'une contrainte croissante acceptée de façon volontaire par des acteurs privés, s'est totalement effondré avec l'échec du projet de régulation fédérale. Le dispositif juridiquement contraignant introduit par dix États du nord-est des États-Unis baptisé RGGI (Regional Greenhouse Gas Initiative) s'est également enlisé dans les sables d'une allocation trop généreuse et d'une incapacité des autorités publiques locales à y remédier de façon efficace. À l'expérience les systèmes de plafonnement et d'échange de droits d'émission, comme les tentatives de taxation du carbone, se révèlent décevants car ils n'ont pas été portés avec suffisamment de conviction : les autorités publiques craignent manifestement de fixer un niveau de contrainte conduisant à un prix du carbone en phase avec les trajectoires attendues de réduction d'émission[10].

Que faire de la valeur carbone ? À la recherche du « deuxième dividende » !

Si Pigou fournit le corps théorique pour l'établissement d'une taxe environnementale optimale et si l'instauration de quotas permet l'émergence d'un prix du carbone symétrique à la taxe, aucune de ses approches n'éclaire sur l'usage souhaitable de cette valeur. Instinctivement, l'opinion publique imagine que la vocation « naturelle » d'une taxe verte est de financer les politiques de protection de l'environnement. Dans le langage courant, une taxe environnementale est du reste bien plus un impôt qui finance la protection de l'environnement qu'un impôt dont l'assiette est calée sur une nuisance environnementale. D'où les multiples incompréhensions qui entourent les stratégies de verdissement de la fiscalité : quand les économistes pensent changement de l'assiette fiscale, les citoyens et leurs élus raisonnent utilisation du produit de l'écotaxe pour financer des politiques de protection de l'environnement. C'est aussi la conviction des ministres en charge de l'écologie désireux d'élargir leurs dotations financières, en opposition assez frontale avec celle des ministres des Finances, accrochés au sacro-saint principe de non-affectation des charges et des produits budgétaires. Les travaux des économistes sur le « double dividende » permettent d'éclairer ce débat.

Dans la logique de Pigou, le premier dividende du verdissement de la fiscalité est le bénéfice environnemental qui en résulte. Par construction il justifie à lui seul l'instauration de la taxe puisque le bénéfice qu'en tire la société en termes de bien-être est rigoureusement égal au coût qu'elle consent à payer. Mais suivant l'usage qui est fait de cette taxe, on peut tirer un second dividende de nature économique. Il faut pour cela que le nouvel impôt écologique se substitue à un autre impôt qui a des effets négatifs sur l'activité ou le bien-être. Bien entendu l'atteinte de ce double dividende est subordonnée à de nombreuses hypothèses qui peuvent être rappelées[11].

D'après les travaux de l'économiste américain Larry Goulder, qui a posé les bases théoriques de l'analyse du double dividende, il faut pour atteindre le second dividende raisonner à pression fiscale globale inchangée et à solde budgétaire constant. Ces deux hypothèses sont bien plus contraignantes qu'il n'y paraît au premier abord. Elles impliquent notamment que pas un euro issu de la fiscalité verte ne soit utilisé pour accroître les dépenses de protection de l'environnement. En pratique, un tel choix se heurte à un problème de compréhension par l'opinion publique et donc d'acceptabilité sociale. Une façon astucieuse de contourner la difficulté est de réserver une partie de ces produits à des diminutions d'impôts qui ont un effet incitatif favorable à la protection de l'environnement. Cette technique a été pratiquée avec un certain succès par le législateur suédois qui a compensé une partie de la hausse de la taxe carbone par des réductions d'impôts ayant un fléchage vert.

Dans le cadre d'hypothèses précédemment rappelées, l'apparition d'un second dividende économique dépend des effets économiques respectifs de la taxe environnementale et de l'impôt auquel elle se substitue. Le raisonnement, souvent présenté de façon compliquée, est en réalité assez simple : à charge fiscale et solde budgétaire constants, l'introduction d'un impôt vert consiste ni plus ni moins à transférer une charge fiscale depuis une assiette préalable sur une nouvelle assiette environnementale. Ce transfert de charge procure un dividende économique si l'effet négatif (les économistes parlent d'un effet « distorsif », terme franglais que nous éviterons) de l'impôt vert est moindre que celui de l'impôt auquel il se substitue. À l'inverse, si l'effet négatif de l'impôt vert est supérieur, on risque d'introduire un second dividende économique négatif ! En réalité l'analyse du « double dividende » montre toute la complexité pratique à mettre en place une fiscalité environnementale. En faisant l'hypothèse que le niveau de la taxe a été correctement calibré pour réduire la nuisance environnementale et protéger le capital naturel, il y a en réalité trois types de situations possibles :

– La première est celle où la taxe verte a des effets négatifs sur l'économie supérieurs à ceux des impôts auxquels elle se substitue. Dans ce premier type de situation, la société accepte une perte de bien-être économique nette pour accroître le bien-être environnemental. Si la fiscalité environnementale vient s'ajouter à une pression fiscale déjà excessive ou est recyclée vers des dépenses improductives, on rejoint ce premier cas de figure. Avec un recyclage de la taxe environnementale mal calibré, la société doit concéder une perte de bien-être économique pour atteindre le bénéfice environnemental. Dans le monde réel, elle ne mettra jamais en place une fiscalité verte dans ce type de situation.

– Une deuxième situation, appelée par Goulder « double dividende faible », est celle où le transfert de charge induit par la taxe verte limite son coût économique mais ne le supprime pas. Par exemple, si la taxe verte apporte un dividende environnemental évalué à 100 euros et que la perte de bien-être économique n'est pas de 100 euros mais de seulement 50 euros, alors cela veut dire que la meilleure efficacité du système fiscal a couvert la moitié du coût du bénéfice environnemental. Dans un contexte de crise économique et financière, il est hautement improbable que l'existence d'un double dividende faible suffise à justifier l'introduction d'une taxe environnementale qui risque donc fort d'être rejetée par l'opinion.

– La troisième situation est celle qui permet d'atteindre un « double dividende fort ». Un tel bénéfice apparaît lorsqu'on substitue à un impôt qui pèse particulièrement sur le bien-être économique une taxe verte qui n'a pas les mêmes effets pervers. Dans ce cas, un bénéfice en termes de bien-être économique vient s'additionner au bénéfice environnemental. Dans le monde réel, seul ce type de situation donne réellement un crédit politique aux partisans de la taxation environnementale. Les difficultés à mettre sur pied une véritable tarification du carbone par la fiscalité révèlent cependant un très grand scepticisme des opinions publiques et des décideurs politiques face à la possibilité d'atteindre ce second dividende.

Comme le note Chiroleu-Assouline[12], ce deuxième dividende peut aussi avoir une composante sociale s'il s'accompagne d'un gain d'équité. En pratique, ce volet est probablement le plus important, car l'institution d'une taxation du carbone entraîne quasi mécaniquement des effets antidistributifs indésirables dans la mesure où il renchérit l'accès à l'énergie en pénalisant en proportion davantage les ménages à faible niveau de vie. On retrouve cette question d'équité à propos de l'autre voie d'institution d'une tarification du carbone *via* un système de permis d'émission.

Les leçons à tirer du prototype du prix du carbone

L'expérience de la tarification du carbone a constitué la première tentative de donner à grande échelle une valeur économique à une partie du capital naturel. Elle montre qu'on parvient assez aisément à contourner les obstacles techniques liés au calcul et à la vérification des émissions, du moins pour le CO_2 énergétique[13]. Les obstacles parfois avancés concernant les coûts de transaction de ce type de mécanisme qui empêcheraient toute tarification du carbone tombent également à la lumière de l'expérience. C'est un acquis important pour le futur, mais qui n'est pas nécessairement transposable à d'autres composantes du capital naturel : par exemple, il n'existe pas d'étalon commun à la biodiversité qui puisse se comparer à la tonne d'équivalent CO_2.

Qu'on passe par une taxe ou par un marché de permis, à quelques exceptions près en Europe du Nord, les expériences jusqu'à présent menées convergent vers un résultat commun : des systèmes de tarification des émissions très en retrait sur la valeur généralement associée au risque climatique. Cette frilosité dans l'action est justifiée par la crainte de ne pas maîtriser les impacts distributifs en termes de compétitivité et d'équité. La vision d'un « second dividende » économique qui viendrait s'ajouter au dividende écologique n'est en réalité pas partagée par la majorité des décideurs politiques. L'extension de la tarification du carbone dans le monde à partir des prototypes existants dépend donc de choix à faire en matière de distribution des revenus, qui renvoient au type de croissance qu'on veut impulser.

Au plan international, une tarification uniforme du carbone de 25 dollars la tonne avec une répartition égalitaire des droits à émettre aboutirait par exemple à des transferts massifs de revenu depuis les pays industrialisés vers les pays en développement : un flux global de l'ordre de 250 milliards de dollars par an, soit deux fois la totalité de l'aide publique au développement ! Avec une contribution de 115 milliards, les États-Unis seraient le premier perdant tandis que l'Inde serait le premier bénéficiaire avec un gain de 135 milliards. Un tel dispositif est plébiscité par les pays en développement qui seraient prêts à signer immédiatement un tel accord. À l'opposé, les pays riches sont favorables à une distribution des droits à émettre reflétant les niveaux historiques suivant une formule dite du « droit du grand-père » qui a été retenue dans le cadre du protocole de Kyoto. On peut imaginer de multiples dispositifs intermédiaires entre ces deux modalités d'attribution des droits, qui redistribueraient les gagnants et les perdants au grand jeu de la tarification du carbone.

À l'intérieur de chaque pays, une tarification du carbone pose également des questions épineuses de maîtrise des effets distributifs sitôt que le prix atteint un certain niveau. C'est l'absence d'accord sur ces effets distributifs qui a causé à deux reprises l'échec des tentatives d'introduction d'une tarification du carbone en France[14]. *A contrario*, l'exemple de la Suède montre qu'on peut faire monter unilatéralement le prix à des niveaux très supérieurs aux valeurs tutélaires calculées par les économistes quand un consensus social s'est institué autour du type d'effets distributifs qu'on vise.

Si on généralise le cas du carbone, la conclusion majeure est qu'il est impossible d'introduire la valeur du capital naturel dans l'économie sans toucher à la distribution préexistante des revenus. Et les arbitrages à faire en la matière peuvent être porteurs de progrès comme de régressions sociales. Il convient par conséquent de prendre ses distances par rapport à une certaine forme d'angélisme des thuriféraires de la croissance verte qui associent le vert au bien et au progrès social. Comme on l'approfondira au chapitre 15, il est parfaitement possible que le basculement vers la croissance verte se fasse au profit du seul capital et au détriment du travail. Il n'y a aucune raison de présupposer que l'incorporation de la valeur du capital naturel dans l'économie s'accompagne nécessairement d'un progrès d'équité. En revanche, elle impacte fortement les orientations prises pour son développement.

CHAPITRE 9

Quel est le prix de votre génome ?

Dans le grand public, la menace pesant sur la biodiversité est souvent considérée au travers de quelques exemples emblématiques : l'ours polaire et le bébé phoque menacés par la méchanceté des hommes et le réchauffement climatique ; le panda, dont la disparition émouvrait les écoles primaires du monde entier tant est grand le capital de sympathie attaché à l'animal ; le loup dont la réintroduction dans les massifs montagneux en Europe renvoie à notre représentation collective de l'état sauvage ; l'aigle royal, symbole de la puissance américaine, victime du développement de nouveaux pesticides dans les années 1960 et dont la cause cimenta le mouvement écologique pendant plusieurs décennies outre-Atlantique à la suite de la publication en 1962 de *Silent Spring* par la biologiste Rachel Carson[1]. Pourtant, la question de savoir combien vaut l'ours, le phoque, le panda ou l'aigle royal n'a guère de sens. En premier lieu, l'économiste est relativement démuni face aux valeurs symboliques ou affectives ; mais surtout, lorsqu'une espèce est menacée d'extinction, la perte de valeur concerne en réalité tout un écosystème qui s'appauvrit et peut menacer de s'effondrer. Pour l'économiste, le vrai casse-tête de la biodiversité est qu'il faut donner une valeur à la diversité du vivant qui, d'évidence, ne réside pas dans la sommation de la valeur de chacune des espèces mais bien plus dans leurs multiples interrelations qui nous fournissent quantité de services essentiels à la vie.

Cette complexité explique pourquoi le sommet de la Terre de Rio (1992), où ont été signées une convention sur le climat et une autre sur la biodiversité, n'a pas donné lieu à des développements comparables dans les deux domaines. Le protocole de Kyoto (1997) a été le premier traité international contraignant sur le réchauffement climatique et a esquissé les contours d'un marché international du carbone. Du sommet de Rio jusqu'à l'année de la biodiversité en 2010 couronnée par la conférence de Nagoya, les sommets se sont multipliés pour rappeler les menaces que notre développement fait peser sur la diversité des écosystèmes sans pour l'instant proposer d'instruments d'action à mettre en face. Aussi, le constat de Nagoya est sans appel : la biodiversité recule mais nous échouons à stopper ce mouvement. L'une des difficultés est que, contrairement au réchauffement climatique, nous n'avons pas l'équivalent de l'étalon carbone.

Si nous pouvons tenter de mesurer les pertes de biodiversité en ciblant sur des zones ou des espèces précises[2], nous ne savons pas comment prendre en compte cette richesse dans nos choix économiques. Nous manquons cruellement d'une valeur simple et lisible pour prendre les décisions. Sans CO_2 comme étalon, nous devons nous contenter d'une approximation de la mesure des gains ou pertes de biodiversité[3]. Nous devons bien l'admettre, nous n'avons pas véritablement d'équivalent du rapport Stern, même avec ses polémiques, sur la biodiversité[4].

Est-ce une raison pour baisser les bras face à la mesure de la valeur de la biodiversité et aux coûts associés à son érosion ? Ce serait une attitude d'autant plus regrettable que de multiples exemples révèlent que les marchés prennent, parfois de façon plutôt inquiétante, la mesure de tel ou tel élément de cette diversité du vivant. Savez-vous par exemple que votre génome risque d'avoir bientôt une valeur marchande ?

À combien évaluez-vous votre génome[5] *?*

« Le génome humain sauvé de la spéculation », titrait *Le Monde diplomatique* en 2002 à la suite de l'annonce de la mise dans le domaine public de l'intégralité des découvertes sur la séquence du génome humain. Est-ce à dire que notre identité génétique, notre biodiversité intra-espèce a une valeur aux yeux de certains ?

Le génome humain est notre identité génétique portée par notre ADN[6] présent dans chacune de nos cellules. C'est la séquence de ce code génétique qui explique que, même si nous avons tous le même ADN, nous sommes tous différents. Si cette connaissance permet de faire des progrès considérables dans la compréhension et le traitement de certaines maladies telles que les cancers, elle permet également de prévoir des prédispositions à certaines maladies, des sensibilités individuelles aux traitements (efficacité, effets secondaires) et de développer des médicaments propres à chaque patient. Les questionnements sur les pilules contraceptives de 3e et 4e génération en soulignent l'intérêt. On comprend que si à travers l'identification de son génome, on peut anticiper des réactions ou des pathologies, alors cela peut potentiellement être valorisable dans le cadre des assurances, d'une embauche ou d'une offre alimentaire...

Si les secteurs des assurances, de l'alimentation ou de la santé peuvent être intéressés par la connaissance de notre identité génétique, ce n'est peut-être pas purement philanthropique : le génome a donc un prix, une valeur sur un marché !

Pour parvenir en 2003 au premier séquençage complet d'un génome humain, il a fallu dépenser environ 3 milliards de dollars. Quatre ans plus tard, il en coûte 70 millions de dollars pour le génome de Craig Venter[7], puis 2 millions de dollars pour le génome de James Watson[8]. Aujourd'hui, nous sommes passés à la phase industrielle et la course est ouverte avec plusieurs start-up cherchant à séquencer un génome pour moins de 100 dollars d'ici 2020. Si les États-Unis gardent jalousement la main sur les connaissances fondamentales, la Chine est entrée dans le jeu avec notamment la ville de Shenzhen qui est devenue une véritable plate-forme mondiale avec des centaines de séquenceurs. Il en va donc de notre génome comme des puces de nos ordinateurs ou téléphones. Les coûts s'effondrent et de nouveaux marchés peuvent voir le jour, notamment dans les domaines médicaux et alimentaires : détection précoce des pathologies, des allergies et de nos prédispositions !

Il peut paraître paradoxal de consentir à payer pour mieux se connaître intimement, génétiquement. Pourtant, si on vous laisse le choix, le coût devenant faible, êtes-vous absolument certain de ne pas vouloir connaître votre code génétique ou celui de vos enfants ? Ne sommes-nous pas tentés d'anticiper les maladies de nos enfants, en prévision par exemple des moments où l'on pourra négocier une assurance en montrant leur bon génome ? Alors combien consentons-nous à débourser pour connaître notre identité génétique : 1 000, 300, ou 50 euros ?

Si le génome humain fascine plus que tout autre, les débouchés du séquençage sont nettement plus nombreux pour l'ensemble des espèces vivantes. Les compagnies privées et publiques s'intéressent de très près à l'ADN des plantes pour les biocarburants ou les bioplastiques, à celui des animaux pour leur sélection... Cela signifie que ces sociétés sont prêtes à payer pour ces connaissances, pour avoir l'opportunité de les exploiter.

Le génome, élément constitutif de la diversité entre espèces et à l'intérieur des espèces, n'est pas figé. Évoluant en permanence, il est dynamique ! Stopper cette évolution car une espèce disparaît, c'est alors se priver d'une opportunité, d'un potentiel. Et plus il y a d'espèces à étudier, plus les possibilités de valorisation présentes et futures sont importantes. C'est une des valeurs que nous devons prêter à la biodiversité. Participer à la réduction de la biodiversité a donc un coût, pas seulement moral mais économique. Il nous appartient dans le cadre d'une transition vers l'économie verte d'être en mesure d'intégrer ce coût dans le fonctionnement de la société. Pour cela, les différentes méthodes d'évaluation peuvent nous aider.

Même si nous ne pouvons pas mesurer avec précision ces coûts, une certitude existe : ils ne sont pas nuls. En tant qu'économistes, nous devons savoir comment mesurer cette valeur pour pouvoir la prendre en compte dans nos décisions de production, de consommation ou d'investissement. En l'absence d'un mètre étalon, d'un marché global de la biodiversité, deux options sont envisageables. Soit nous prêtons une valeur purement instrumentale à la biodiversité, soit nous lui accordons une valeur allant au-delà de son usage. Dans tous les cas, nous ne pouvons adopter qu'une valeur fondée sur celle que nos sociétés admettent. Pas la valeur intrinsèque de l'ours, du panda ou de l'éléphant mais celle que nous accordons à la disparition d'espèces, à la perte de diversité de nos écosystèmes. Nous pouvons alors nous retourner vers les mesures proposées par l'anthropocentrisme. La valeur que l'homme est disposé à donner à la nature et à sa diversité. Pour ce faire, nous n'avons pas d'autre choix que d'interroger notre consentement à payer ou à recevoir pour ce bien et à comprendre les fondements de ces consentements.

Mesurer le flux plutôt que le stock : l'utilité du concept de surplus

Les travaux actuels[9] sur les valeurs de la biodiversité montrent une multitude de valorisations possibles et les recherches en biologie moléculaire ou cellulaire n'en sont qu'à leur début en termes de valorisation économique. La complexité de l'évaluation est d'autant plus grande qu'il ne suffit pas d'avoir une évaluation espèce par espèce. Il faut également prendre en compte les interactions entre espèces (espèces invasives), les conditions de vie (habitats, éléments nutritifs) et les différences de milieux (exploitation des ressources, acidification). Pour évaluer la valeur de ce stock, il faudrait donner une valeur à la totalité des services d'approvisionnement, de régulation, d'auto-entretien et de culture fournis par la diversité des êtres vivants.

Et imaginons que l'on y parvienne : par quelle grandeur faudrait-il diviser cet agrégat pour obtenir une valeur unitaire, et donc un prix ou un coût, utile à la prise de décision ?

Il en va en réalité de la biodiversité comme de nombreuses situations en économie : il est nettement plus simple de tenter d'évaluer une variation de bien-être qu'une valeur absolue de ce bien-être. En fait, nous mesurons relativement mieux ce que nous perdons ou gagnons plutôt que l'état exact dans lequel nous sommes. Une dégradation ou une amélioration de notre niveau de vie sont relativement plus simples à mesurer que notre niveau de vie lui-même. La construction d'une autoroute à proximité de notre habitation nous fait prendre conscience de notre état de bien-être avant sa mise en circulation !

En économie, ce changement fait référence au concept de variation de surplus. Pour un bien économique classique, la variation de surplus d'un consommateur ou d'un producteur est obtenue à partir d'un changement de prix du bien. Si le prix du bien diminue, le surplus du consommateur augmente (car, avec la même quantité d'argent, il peut acheter plus de biens) alors que celui du producteur diminue (pour une même quantité de bien vendu, il perçoit moins d'argent). Symétriquement, une augmentation du prix traduit une dégradation du bien-être du consommateur et une amélioration de celui du producteur. Les économistes parlent alors du surplus marshallien[10]. À l'équilibre sur le marché, ce surplus correspond au bénéfice maximal tiré par un consommateur de l'achat d'un bien. L'idée ici est que chaque individu consommateur détermine par son comportement d'achat une forme de fonction de demande avec un prix maximum acceptable qui correspond à son consentement maximal à payer. Pour les biens présents sur un marché, cela forme une fonction de demande et, même si le surplus reste une notion individuelle, nous pouvons la rendre collective en observant le prix de marché d'un bien par rapport au prix maximum de ce bien qui annule la demande. La surface comprise entre ces deux prix et la courbe de demande donne la mesure du surplus du consommateur.

Pour calculer ce surplus ou sa variation, nous devons alors connaître la fonction de demande pour le bien concerné. Si la connaissance de cette fonction de demande est envisageable dans le cas où un marché existe, c'est nettement moins simple en l'absence de marché. Et comme nous l'avons vu, pour la plupart des biens environnementaux le marché n'existe pas !

Dans le cas de biens environnementaux, une autre difficulté vient s'ajouter. En fait, le surplus marshallien correspond à une variation de prix à revenu constant, c'est-à-dire pour une contrainte de budget donnée. Dans le contexte d'une évaluation environnementale (pollution atmosphérique, bruit, perte de biodiversité...), ce ne sont généralement pas les prix qui varient – ils n'existent pas –, mais la qualité ou quantité des biens disponibles (disponibilité en air pur, silence, services écosystémiques...). Nous devons donc nous référer aux volumes plutôt qu'aux prix.

Karl-Göran Mäler[11], dans un cadre environnemental, a très justement proposé de considérer un changement dans les quantités plutôt que dans les prix pour définir les notions de variation de surplus. Les questions auxquelles nous devons alors répondre sont : face à une dégradation de notre environnement, combien sommes-nous prêts à accepter comme compensation ? Si notre environnement peut être amélioré, combien sommes-nous prêts à payer pour cela ?

Un autre élément d'importance a été introduit par John Hicks[12]. Plutôt que de considérer une variation de bien-être à revenu constant, il semble qu'un changement notamment en termes d'environnement devrait être perçu comme une variation de revenu permettant de conserver un même niveau de bien-être. Cela permet de compléter les questions précédentes par une précision : face à une dégradation de notre environnement, combien sommes-nous prêts à accepter comme compensation pour garder le même niveau de bien-être ? Si notre environnement peut être amélioré, combien sommes-nous prêts à payer pour cela et ainsi rester au même niveau de bien-être ? Cette approche introduit l'idée qu'une variation de la quantité ou qualité de notre environnement peut être parfaitement[13] compensée par une variation de notre budget. J'accepte une autoroute, un champ d'éoliennes ou une décharge en échange d'une indemnité ! J'accepte la transformation d'un terrain vague en parc naturel mais combien suis-je disposé à donner pour cela ? Dans les deux cas, consentement à recevoir ou consentement à payer, mon bien-être doit être identique à ce qu'il était avant le changement. De manière symétrique, nous pouvons prendre comme référence l'état de bien-être après le changement, après la construction de l'autoroute ou après celle du parc naturel. Dans ce cas, il faut répondre aux questions suivantes : combien suis-je disposé à payer pour qu'il n'y ait pas d'autoroute et combien suis-je prêt à recevoir si le parc n'existe pas ? Dans les deux cas, consentement à payer ou consentement à recevoir, mon bien-être doit être identique à ce qu'il sera après le changement.

En suivant Hicks et Mäler, nous avons alors deux mesures de surplus selon le point de référence du bien-être : le surplus compensatoire (en référence à l'état de bien-être actuel) et le surplus équivalent (en référence à l'état de bien-être futur). Le surplus compensatoire (en référence à la situation initiale) conduit à mesurer le consentement à payer d'un individu pour que le changement de la qualité environnementale se produise. Le surplus équivalent (en référence à la situation finale) correspond à une mesure du consentement à recevoir un dédommagement pour compenser le gain de bien-être environnemental auquel il renonce.

Intuitivement, nous comprenons bien qu'il existera des différences fortes entre ce que nous sommes prêts à recevoir et ce que nous sommes disposés à payer, ne serait-ce que parce que nous avons une contrainte de budget dans un cas et pas dans l'autre[14]. Mais plus fondamentalement, le choix de la mesure suppose implicitement un choix sur la propriété de l'environnement. Des auteurs comme Mitchell et Carson[15] considèrent que la meilleure mesure est le surplus compensatoire car les conséquences d'un changement sont, en général, évaluées par rapport à la situation courante. Cette approche revient à supposer implicitement que les agents ont un droit de propriété sur la situation initiale et non sur la situation finale. Par conséquent, en cas d'amélioration de leur situation, les individus ne peuvent que signaler un consentement à payer pour en bénéficier. En revanche, en cas de dégradation, ils doivent être dédommagés au niveau de leur consentement à recevoir.

A-t-on, *a priori*, droit à de l'air pur, de l'eau claire, un environnement sain ? Si nous pensons que oui, comme nous le laissent penser les législations américaines du *Clean Air Act* ou la directive européenne sur l'eau, alors ce n'est pas la situation initiale (air et eau pollués) qui doit être la référence mais la situation finale (que nous souhaitons meilleure). Dans ces deux cas, c'est le surplus équivalent qui doit être pris en compte.

Les méthodes d'évaluation

En l'absence d'un marché global de la biodiversité qui permettrait d'associer un certain coût à la réduction de la diversité des écosystèmes, les économistes sont contraints de recourir à des méthodes d'évaluation dérivées de la théorie du surplus. Il existe deux grandes classes de méthodes d'évaluation pour déterminer les consentements à payer et à recevoir des agents pour protéger ou accepter une dégradation des écosystèmes : les méthodes des préférences révélées (ou méthodes indirectes) résultent de l'observation de comportements d'agents sur des marchés de biens et services dont le fonctionnement peut être affecté par l'état de l'environnement ; les méthodes des préférences déclarées qui permettent de fonder des évaluations contingentes et reposent sur des méthodes d'interrogation directe des agents.

L'approche par les préférences révélées se réfère à des observations sur les marchés existants. En l'absence de marchés réels sur la biodiversité, il s'agit, par l'étude des comportements sur des marchés existants autres, de déterminer si dans les échanges et prix observables, il y a une part qui revient aux variables environnementales. Typiquement, les prix des habitations sont liés à la qualité des écosystèmes qui les entourent. De nombreuses études montrent les impacts de la qualité de l'eau, de l'air ou des espaces verts[16] sur les prix des habitations. L'article de Bayer *et al.*[17] met en évidence, pour un ménage moyen américain dans une zone métropolitaine, un consentement à payer compris entre 149 dollars et 185 dollars pour une réduction d'une unité de concentration ambiante moyenne de particules (PM10). L'analyse de Bengochea Morancho[18] montre, en Espagne, que le prix des habitations peut baisser en moyenne de 1 800 euros à chaque fois que l'on s'éloigne de 100 mètres d'un espace vert en ville. Ce type de méthodes mesure « l'empreinte marchande des biens non marchands » que sont les biens environnementaux.

Sans entrer dans le détail des différentes méthodes[19], le fond est toujours le même : déterminer les consentements à payer ou à recevoir des agents en réponse à une modification de la qualité (ou quantité) de l'environnement. Les principales méthodes de préférences révélées sont la méthode des prix hédoniques (appliquée notamment avec les prix de l'immobilier), la méthode des coûts de déplacement (essentiellement pour une évaluation des parcs naturels ou zones de loisir)[20], la méthode des fonctions de dommage (pour ce qui touche les questions de santé et permet d'estimer la valeur statistique d'une vie humaine à environ 120 fois le PIB par habitant[21]) et les méthodes de remplacement (évaluation du coût de réparation du dommage). Il est à noter que ces dernières sont à l'origine de l'idée des marchés de compensation et notamment de la compensation des pertes de biodiversité.

L'approche des préférences déclarées consiste à s'informer directement des consentements à payer ou recevoir des individus en les interrogeant. Si les méthodes des préférences révélées sont sujettes à beaucoup d'incertitudes et de faiblesses[22], celle des préférences déclarées a fait couler beaucoup d'encre. Il est intéressant de noter que cette approche, dont la principale méthode est l'évaluation contingente, a été empiriquement validée par l'affaire *Exxon Valdez*[23]. Une évaluation contingente consiste à reconstituer une situation ou un marché fictif (contingent) pour demander directement à chaque individu son consentement à payer pour un changement environnemental. Ce sont les seules méthodes qui permettent d'évaluer des valeurs de non-usage ou la valeur d'un projet *avant* sa réalisation. Elles sont de plus en plus utilisées pour évaluer les projets qui ont des impacts positifs ou négatifs sur la biodiversité.

Sur la base de ces méthodes, en considérant des variations hypothétiques des ressources naturelles, de nombreuses études tentent d'estimer la valeur des différents biens environnementaux.

Par exemple, Carr et Mendelsohn (2003)[24] estiment une valeur d'usage comprise entre 700 millions de dollars et 1,6 milliard de dollars pour la Grande Barrière de corail en Australie. Une dégradation du corail et de la biodiversité de cette barrière pourrait entraîner une perte de plus de 100 millions par an selon une étude de M. E. Kragt, Peter C. Roebeling et Arjan Ruijs en 2009[25]. Au total, le rapport de Pavan Sukhdev estime à environ 170 milliards de dollars par an les services rendus par l'ensemble des barrières de coraux (pêches, reproduction des poissons, tourisme...). Dans son étude, J. K. Turpie propose une évaluation des effets du changement climatique sur le consentement à payer pour la biodiversité en Afrique du Sud. En l'absence d'effet du changement climatique, le consentement à payer est comparable au budget national pour la conservation, soit environ 58 millions de dollars par an. En introduisant les effets irréversibles sur les pertes de biodiversités prévus dans le cadre du changement climatique, le consentement augmente jusqu'à 263 millions de dollars par an. Cette variation traduit une estimation de la valeur d'existence complète de la biodiversité dans ce pays. En France, l'étude du Commissariat général au développement durable évalue un consentement à payer d'environ 15,20 euros par foyer et par an pour maintenir la biodiversité en forêt[26]. Avec 26 352 315 foyers en 2010, on obtient un montant de plus de 400 millions d'euros théoriquement mobilisables par an pendant plusieurs années.

Ces résultats sont bien sûr à prendre avec prudence, mais mieux vaut, pour guider l'action, des évaluations imparfaites que pas d'évaluation du tout ! Le rapport de Pavan Sukhdev publié lors de la conférence de la biodiversité de Nagoya en 2010[27] estime à 23 500 milliards de dollars par an les services rendus par la nature, soit environ 40 % du PIB mondial à l'époque. Même en prenant toutes les précautions, imaginer injecter 20 % de ce montant dans l'économie conduirait à un changement radical des perspectives de croissance. Mais comment faire entrer concrètement la valeur de la biodiversité dans l'économie ? C'est ce que nous allons examiner au chapitre suivant.

CHAPITRE 10

Valoriser la biodiversité : gérer les accès, tarifer les usages

S'il est illusoire de vouloir donner un prix unique à la biodiversité, on peut et on doit lui associer un coût en cas de dégradation et un bénéfice pour sa restauration. Correctement utilisés, les instruments d'évaluation développés par les économistes permettent de mieux appréhender les incitations qu'il faut mettre en place pour freiner les atteintes à la biodiversité, en combinant le levier de l'accès aux écosystèmes fragiles avec une tarification de leurs usages.

La limitation des accès a historiquement été l'un des premiers instruments de protection de la biodiversité, notamment par les politiques des aires protégées. Dans sa forme extrême, la gestion des accès peut conduire à une restriction totale par interdiction d'entrée dans une zone protégée. La restriction ou l'interdiction des accès à certains écosystèmes a un coût économique, le renoncement à l'utilisation immédiate d'une ressource, assez facile à mesurer. Son bénéfice est lui plus diffus, incertain du fait de la connaissance imparfaite de la dynamique des écosystèmes, et décalé dans le temps. C'est pourquoi l'expérience a conduit à enrichir la simple restriction d'accès par des mécanismes rémunérant les activités favorables à la reproduction des espèces vivantes qui les occupent. Ces activités sont une forme d'investissement, d'un genre nouveau, destinée à restaurer la vitalité des écosystèmes.

Les instruments fiscaux ou parafiscaux (fiscalité différenciée du sol suivant leur utilisation, redevances d'usage), les systèmes de permis échangeables ou encore la rémunération des services environnementaux permettent de donner une valeur à la biodiversité en tarifant une partie de ses usages. Leurs applications, encore balbutiantes, permettent de compléter les dispositifs réglementant ou limitant les accès. Leur déploiement à plus grande échelle est susceptible de faire monter en puissance les investissements dans la valorisation des écosystèmes et d'en faire un réel moteur de la transition écologique.

L'antécédent de la protection des ressources halieutiques : le levier des quotas cessibles

Le cas des ressources halieutiques a donné lieu à une importante littérature introduisant les aspects biologiques dans le raisonnement économique à partir des années 1950. Au départ statiques, les approches pionnières de Gordon (1954)[1] et Schaefer (1954, 1957)[2] montrent que l'exploitation de zones de pêche en accès libre va conduire à un profit nul à l'équilibre alors que la ressource est susceptible de dégager un profit positif pour des niveaux d'effort de pêche moins importants. Scott[3], dès 1955, introduit la dimension intertemporelle de la ressource et, en 1973, Clark[4] met en parallèle l'exploitation d'une ressource renouvelable et la théorie du capital. Les choix d'exploitation d'une ressource renouvelable sont en définitive de même nature que les décisions d'investissement. La ressource renouvelable a alors son propre rendement : le taux de reproduction de l'espèce est comparable à celui du rendement d'un investissement. Le libre accès conduit à négliger la productivité de la ressource, à une exploitation excessive à court terme, et par conséquent, à la perte de profits futurs.

Sur la base de ces analyses, la protection de la biodiversité marine a initialement été conçue dans les années 1960 en termes de restrictions d'accès aux zones de pêche. Ces politiques ont consisté à déterminer un niveau de capture annuelle. Pour ce faire ont été introduites des réglementations sur les moyens de la pêche, comme la taille des filets, et sur les saisons d'exploitation[5]. Ces méthodes de gestion des pêcheries se sont par la suite enrichies d'une panoplie d'instruments tels les quotas de pêche, par espèce et par zone, qui peuvent être cessibles ou non. Les quotas cessibles permettent, s'ils sont correctement gérés, d'accroître l'efficacité de l'action de protection d'un bien environnemental comme la biodiversité marine. Encore faut-il pour cela fixer à un niveau suffisamment contraignant le plafond total des prises autorisées et mettre en place un système de contrôle qui évite les incitations à la fraude ou à la concentration des droits de pêche.

Les premiers systèmes de quotas transférables ont été mis en place avec succès pour gérer les pêcheries en Nouvelle-Zélande dès les années 1970 puis en 1993 pour le secteur canadien et en 1996 pour l'Amérique du Nord. La mise en place de quotas individuels transférables permet à chaque pêcheur d'augmenter ou diminuer son quota en achetant ou vendant des unités aux autres pêcheurs, le plafond total des prises étant déterminé par le régulateur.

D'un point de vue théorique[6], l'aspect transférable des quotas revient à introduire une taxe par unité de capture, ce qui augmente d'autant l'attention portée à chaque capture. L'une des grandes difficultés de la gestion de la pêche en Europe tient au caractère non transférable des quotas qui augmente d'autant la dimension politique de leur répartition. Dans un tel système, les pêcheurs ne captent plus la valeur accordée à la protection de la biodiversité par la raréfaction des droits de pêche.

Le levier des quotas cessibles pourrait être également élargi à d'autres champs de l'économie balbutiante de la protection de la biodiversité. Dans la majorité des pays industrialisés, les usages des sols et le développement des infrastructures urbaines sont encadrés par des régulations et fiscalités locales complexes. La voie des permis transférables est une piste prometteuse pour faire évoluer ce maquis réglementaire en fonction d'objectifs de protection de la biodiversité. À partir du moment où sont, par exemple, identifiés sur un territoire donné des objectifs globaux en matière d'espaces à réserver à la protection du vivant, de surfaces constructibles et de densité des immeubles qui peuvent être érigés, pourquoi ne pas utiliser la technique des permis transférables pour donner une valeur écologique aux différentes parcelles en organisant un marché où s'échangent les droits d'usage des biens fonciers ?

Les marchés de compensation

La tarification des usages de la biodiversité peut également prendre la forme de marchés qui valorisent les investissements de reconstitution de la biodiversité pour compenser un dommage initial. On parle alors de marchés de compensation dont les prototypes sont apparus dans les années 1970 aux États-Unis. Leur principe consiste à évaluer les atteintes à la biodiversité provoquées par une activité économique, par exemple le développement d'une infrastructure, et de financer la reconstitution d'une forme au moins équivalente de biodiversité, dans un autre endroit.

Aux États-Unis, les marchés de compensation se sont développés dans le sillage de la loi fédérale de 1973 de protection des espèces en danger (*Endangered Species Act*) qui oblige, dans ses articles 7 et 10, les opérateurs économiques qui ne peuvent pas réduire leurs atteintes à la diversité d'un écosystème à reconstituer dans un autre milieu une richesse biologique équivalente, sous le contrôle du régulateur. En pratique, ces opérations de compensation ont permis de restaurer depuis leur lancement près de 300 000 hectares. Elles génèrent des investissements annuels de protection de biodiversité situés dans une fourchette de 1,5-2,4 milliards de dollars.

En France, la filiale dédiée de la Caisse des dépôts a lancé en 2009 la première expérimentation de compensation pour perte de la biodiversité, en application de la loi de 1976 qui oblige les acteurs à compenser les atteintes à la biodiversité. Elle consiste à compenser les pertes engendrées sur la biodiversité par des investissements d'infrastructure financés par le rachat d'unités de biodiversité équivalentes. Le premier site choisi est le site à l'abandon du domaine de Cossure, situé dans la plaine de la Crau, caractéristique des écosystèmes méditerranéens. En 2011, l'unité de biodiversité rachetée par les entreprises ou les collectivités publiques pour compenser leurs atteintes à la biodiversité était estimée à 38 000 euros par hectare.

Avec la prise de conscience des enjeux de la biodiversité, ce type d'instrument a tendance à se développer dans le monde. Les décomptes les plus sérieux estiment la valeur des échanges sur ce marché naissant à 1,8-2,9 milliards de dollars en 2011 pour des investissements qui ont concerné moins de 100 000 hectares[7]. Face à l'enjeu global de l'érosion de la diversité des écosystèmes, il s'agit d'une toute petite goutte d'eau. On n'en est encore qu'au stade de l'expérimentation sachant que certaines atteintes sont compensables et d'autres non.

L'internalisation et la valorisation des services fournis par la biodiversité

Une autre voie expérimentale pour introduire la protection de la biodiversité dans l'économie est d'utiliser les méthodes d'évaluation décrites au chapitre précédent pour internaliser une partie de sa valeur *via* la fiscalité et/ou de l'exprimer sur un marché *via* un paiement au titre d'un service écosystémique.

La grande masse de la fiscalité assurant le fonctionnement de l'État et la protection sociale est assise sur la consommation, les revenus et le coût du travail. La fiscalité locale est bien plus rattachée à l'usage que nous faisons du sol, aux impacts des infrastructures que nous érigeons dessus et au financement de services publics locaux comme le traitement des déchets ou l'assainissement de l'eau dont les liens avec la diversité des écosystèmes sont patents. C'est pourquoi la fiscalité locale pourrait devenir l'un des leviers privilégiés d'internalisation de la biodiversité.

En France, l'un des premiers avis du Comité pour la fiscalité écologique – installé en décembre 2013 pour aider le gouvernement à verdir un système fiscal – a ainsi concerné la lutte contre l'artificialisation et l'imperméabilisation des sols[8]. En France, ce sont environ 600 km^2 qui sont artificialisés chaque année *via* l'extension des constructions et des infrastructures, soit l'équivalent d'un département tous les dix ans, à 90 % au détriment d'espaces agricoles. Freiner puis inverser ce mouvement est une priorité qui a été retenue à l'échelle de l'Europe pour maintenir les fonctions régénératrices qu'ont les sols vivants sur le milieu naturel. La totalité des incitations que recommande de mettre en œuvre le Comité concerne la fiscalité locale : modulation de la taxe d'aménagement, mise en place d'un prélèvement pour sous-densité, modulation de la taxe foncière pour décourager les changements d'usage des sols agricoles ou forestiers, etc.

Cette internalisation de la valeur de la biodiversité *via* la fiscalité locale n'est que très partielle. Elle sera d'autant plus incitative si sa montée en régime est couplée avec le développement de mécanismes de paiement pour services écosystémiques. Dans le futur, il y aura par exemple beaucoup à gagner en explorant cette voie pour la gestion du grand cycle de l'eau pour laquelle le dispositif fiscal existant n'est plus vraiment adapté.

Le paiement pour services écosystémiques consiste à valoriser les services de régulation que la biodiversité peut apporter à d'autres acteurs ou à la collectivité. Les évaluations suggèrent par exemple qu'il serait souvent plus rentable d'investir dans des aménagements forestiers sur les bassins-versants des rivières à l'amont plutôt que de financer des stations d'épuration à l'aval. Mais les marchés autorisant de tels investissements sont inexistants. Ils ne peuvent éclore de façon spontanée, mais requièrent des interventions de l'autorité publique locale ou nationale pour définir les règles du jeu. Ce fut par exemple le rôle de la municipalité de New York qui décida d'investir dans le bassin-versant de l'Hudson à l'amont de la ville en développant un ambitieux programme de boisement financé par les économies faites sur le traitement de l'eau à l'aval.

S'il est un domaine où les services fournis par la biodiversité sont particulièrement importants, c'est bien celui de l'agriculture (pour une analyse précise voir le rapport d'expertise scientifique de l'INRA[9]). Avec 60 % de son espace en zones agricoles, la France a une place particulière en Europe et dans le monde. Si historiquement, biodiversité et agriculture se sont mutuellement enrichies, les évolutions des pratiques agricoles et de la gestion des paysages (intensification et spécialisation de la production, fertilisants, pesticides, herbicides, remembrements et simplification des paysages, disparition des surfaces non productives, etc.) ont conduit à une forte érosion de la biodiversité.

Pour autant, comme le souligne le rapport, les services fournis à l'agriculture par la biodiversité sont nombreux et des solutions se dessinent. Les contributions sont directes au niveau du revenu agricole, à la fois grâce à un gain potentiel en qualité des produits, mais aussi grâce à un meilleur fonctionnement des écosystèmes par des contrôles biologiques (lutte biologique espèces contre espèces, pollinisateurs...) ou par la fourniture de ressources aux plantes (fertilité et stabilité physique du sol...). À ces contributions directes s'ajoute le rôle de la biodiversité, sur la qualité de l'eau et la régulation du climat, qui correspond à une contribution indirecte au revenu des agriculteurs et au bien-être global.

Certaines évolutions allant dans le sens d'une meilleure utilisation de la biodiversité par l'agriculture sont expérimentées : systèmes de culture à bas niveaux d'intrants, simplification du travail du sol, désherbage sélectif, production intégrée et agriculture biologique, exploitation moins intensive des prairies, diversification, etc. Si ces pratiques peuvent conduire à des baisses de rendement, il semble que les pertes peuvent être compensées par des économies en termes d'énergie, de fertilisants et de pesticides. Par exemple, dans les vergers du sud-est de la France, la réduction des pesticides passe par un enherbement des pourtours constituant une source de biodiversité favorable à la pollinisation et à la lutte biologique intégrée.

En matière de protection de la biodiversité, la construction des instruments économiques *ad hoc* pour introduire graduellement cette valeur dans l'économie progresse lentement et de façon décentralisée. Elle se traduit par une multitude de valeurs locales ou régionales, associées à des investissements de régénération d'écosystèmes dont deux ne sont jamais identiques et qui sont altérés dans leur qualité et leur diversité par des agressions aux origines souvent très différentes. Contrairement à la simple restriction d'accès qui constitue une défense « passive » de la biodiversité, ces instruments économiques permettent de déclencher des investissements nouveaux qui créent de la richesse économique immédiate et de l'emploi. Même s'ils sont encore très modestes, ils constituent les ferments d'une transition vers l'économie verte. Pour monter en régime et couvrir les valeurs de biodiversité les plus distantes de nos préoccupations économiques, leur déploiement devra également s'affranchir des visions anthropiques étroites si chères, parce que rassurantes, aux économistes.

La biodiversité pour elle-même : une valeur d'option d'un nouveau genre[10]

L'avantage ou l'inconvénient du vivant est qu'il est très difficile de connaître son évolution et les potentialités futures d'utilisation par l'homme. Comme le souligne, en substance, Bernard Chevassus-au-Louis, avec le vivant il est toujours difficile voire impossible de prédire ce qu'il va sortir de chacune de nos décisions[11]. Dans son rapport de 2009[12] sont introduites les notions de « biodiversité remarquable » et de « biodiversité ordinaire ». Selon les définitions données par ce rapport, la première correspond « à des entités (des gènes, des espèces, des habitats, des paysages) que la société a identifiées comme ayant une valeur intrinsèque et fondées principalement sur d'autres valeurs qu'économiques », et la seconde « n'ayant pas de valeur intrinsèque identifiée comme telle mais qui, par l'abondance et les multiples interactions entre ses entités, contribue à des degrés divers au fonctionnement des écosystèmes et à la production des services qu'y trouvent nos sociétés ».

Une vision anthropocentrique étroite conduira à circonscrire l'action à la protection de la « biodiversité remarquable ». Ce faisant, elle conduira à négliger l'extraordinaire valeur d'option résidant dans la biodiversité ordinaire dans laquelle il faut investir même si son évaluation échappe en partie aux boîtes à outils les plus sophistiquées des économistes. Cette valeur d'option repose sur les aspects fondamentalement dynamiques des systèmes vivants, pour lesquels l'essentiel porte davantage sur les possibilités de préservation du potentiel d'évolution que sur la préservation en elle-même.

Retenir une telle valeur d'option dans la protection de la biodiversité conduit à penser les actions en termes de foyers de biodiversité et de corridors écologiques. Certaines de ces actions de plus en plus recommandées par les scientifiques, comme la réintroduction de la diversité du vivant dans les centres-villes, peuvent sembler anecdotiques. Il peut sembler paradoxal qu'une ville comme Paris devienne une source de biodiversité ! Les évolutions des espaces verts en ville, d'une part, l'extension urbaine et l'utilisation intensive de produits phytosanitaires en périphérie, de l'autre, justifient pourtant de faire du centre-ville une zone de protection[13], voire de développement.

La valorisation de ces foyers de biodiversité est d'autant plus importante qu'ils sont sources potentielles de la dissémination des espèces. L'idée des corridors écologiques vient renforcer ce phénomène. Il convient alors à chaque projet d'infrastructure d'associer des espaces de biodiversité et des accès externes. Il nous faut faire une place à ces sources de diversité même si nous n'en connaissons *ex ante* ni l'intérêt ni le rendement futur.

La création de zones artificielles de biodiversité peut certes faire débat. Mais il faut admettre que, dans nos sociétés modernes, il n'existe pas de lieux qui n'ont été retouchés par l'homme. Aucun espace en France ne peut être sérieusement vu comme naturel et il convient de ne pas confondre « biodiversité » et « naturel ». Nous avons, par nos comportements, exploitations et usages au fil des siècles, totalement transformé notre environnement. Ces transformations ont donné naissance à de nouvelles formes de biodiversité. Laisser à tout prix la nature reprendre « ses droits » dans les campagnes peut, presque aussi sûrement que la construction d'une autoroute, détruire des foyers du vivant. La création par l'homme de milieux ouverts, tels que les prairies, est source d'une dynamique importante de la biodiversité. En les abandonnant à la nature, nous prenons le risque de perdre cette diversité et de tendre à une homogénéisation des espèces rappelant le phénomène de l'entropie au centre des principes de la thermodynamique.

Bien entendu avec un objet aussi complexe et mouvant que la biodiversité, allant de la diversité des individus aux macroécosystèmes[14], il n'est pas possible d'avoir une mesure des bénéfices futurs, et très difficile d'avoir une bonne évaluation des coûts actuels. Il nous faut alors accepter la mise de côté d'une généralisation des instruments économiques classiques de régulation au nom de cette valeur d'option d'un nouveau genre : la préservation du potentiel d'évolution constitué par la diversité des espèces vivantes.

Si, de par sa complexité, nous ne pouvons pas réellement mesurer les effets de la biodiversité sur la croissance économique, nous ne devons pas pour autant les négliger. Les instruments économiques de gestion des ressources naturelles renouvelables, l'approche par les marchés de compensation, le maintien ou la création de foyers et les possibilités de diffusion de la biodiversité sont autant d'éléments qui doivent être pris en compte dans la construction d'une économie où le capital naturel devient une source de croissance.

CHAPITRE 11

La « transition énergétique » : pas assez ou trop de pétrole[1] ?

D'après l'AIE, 80 % des sources primaires d'énergie proviennent des stocks d'énergie fossile qui sommeillent sous nos pieds : le pétrole, le charbon et le gaz. Depuis le premier choc pétrolier, cette proportion n'a pas significativement varié, seules les parts respectives de ces trois sources ont été modifiées : le pétrole a reculé au profit du gaz et du charbon. Avec la croissance économique et démographique, la pression sur ces ressources s'est accrue et un consensus assez large s'est institué sur la nécessité de réduire drastiquement cette part. D'où l'émergence du concept de « transition énergétique », récemment apparu dans les travaux de l'AIE, qui semble désormais guider les décideurs. En France, le terme a été popularisé grâce au grand débat citoyen organisé en 2013 par le gouvernement de François Hollande[2].

Dans un curieux jeu de vases communicants, ce nouveau concept semble prendre la place préalablement occupée par le réchauffement climatique. Depuis la conférence de Copenhague de 2009, les acteurs de la négociation climatique sont engagés dans une partie de mistigri, dans laquelle chacun se dépêche de repasser à son voisin toute carte qui l'exposerait au moindre engagement. Le résultat est que les échéances sont repoussées, la perspective d'un accord international sur le climat s'appliquant à partir de 2020 étant aujourd'hui l'hypothèse la plus optimiste. La crise économique a accentué cette mise de côté de l'enjeu climatique, ou du moins son recul dans l'échelle de priorités des décideurs. Le résultat est qu'on parle de moins en moins de réchauffement climatique et de plus en plus de transition énergétique.

Ce glissement n'est pas anodin. En réalité, il y a de multiples façons de concevoir les transitions énergétiques. Le critère le plus important permettant de les différencier est celui de l'importance accordée au changement climatique. Si on reste dans le cadre du fonctionnement classique de l'économie, le problème posé est celui du risque associé à l'épuisement du stock d'énergie fossile ; la solution passe alors par les marchés énergétiques classiques et la tarification de cette rareté *via* la rente de Hotelling décrite au chapitre 3. Si on met au premier rang le risque climatique, le problème change de nature : il y a bien trop de pétrole, d'énergies fossiles dans le sous-sol au regard de ce que peut absorber l'atmosphère sans risque pour le climat. Les prix de l'énergie sur les marchés classiques ne suffisent plus à guider les choix et il faut introduire une nouvelle valeur dans l'économie : celle que nous accordons à la protection du climat, autrement dit, le prix du carbone.

Un concept à géométrie variable

Si les gouvernements peinent à s'accorder sur des politiques ambitieuses face au changement climatique, un consensus semble se dessiner autour du concept de « transition énergétique », introduit par l'Agence internationale de l'énergie (AIE). L'intérêt de la notion est sa malléabilité qui permet de justifier des politiques très différentes, voire frontalement opposées.

Aux États-Unis, la transition énergétique consiste avant tout à réduire la dépendance du pays à l'égard des hydrocarbures importés depuis le Proche-Orient. Elle justifie le déploiement à grande échelle de nouvelles technologies de forage pour transformer un importateur de gaz naturel liquéfié et de pétrole en un producteur majeur de gaz et pétroles non conventionnels. Dans les scénarios prospectifs les plus audacieux[3] (mais non réalistes), le gaz de schiste, nouvelle ressource domestique, est censé remplacer les carburants classiques dans un véhicule américain sur deux d'ici 2020 et prolonger bien au-delà de ce qu'on pouvait imaginer, il y a seulement quelques années, l'usage des énergies fossiles.

En Europe, le même concept justifie la mise en place de politiques, ambitieuses sur le papier, visant simultanément à réduire les émissions de gaz à effet de serre, à promouvoir les énergies renouvelables et à inciter à l'efficacité énergétique. En apparence, ces politiques sont étroitement harmonisées dans le cadre du « Paquet énergie-climat », adopté en décembre 2008 par le Conseil des chefs d'État européens[4]. Mais, sitôt qu'on creuse un peu, il apparaît que l'emballage enveloppe des stratégies nationales mal coordonnées et parfois contradictoires : au nom de la transition énergétique, l'Allemagne quitte le nucléaire, le Royaume-Uni cherche à y revenir, la Pologne à y entrer et la France organise un grand débat citoyen...

Dans les pays émergents, la transition énergétique vise avant tout à assurer les approvisionnements nécessaires pour répondre aux besoins de l'industrialisation et à la demande massive des ménages dont une fraction croissante aspire aux normes des classes moyennes des pays riches, tant en matière de logement que de mobilité. Elle reproduit, en quelques décennies, une transformation qui a pris plus d'un siècle dans les pays riches pour passer d'un système énergétique basé sur l'usage majoritaire de la biomasse (essentiellement du bois) à un autre où prédomine le charbon.

Dans les pays producteurs et exportateurs d'énergie fossile, la transition énergétique est un concept qui justifie l'utilisation de la rente procurée par l'exploitation du sous-sol à des fins de diversification de l'économie, y compris dans son propre système d'approvisionnement énergétique. Initialement constituée d'opérations de communication, cette deuxième dimension pourrait monter en régime dans les pays du Golfe richement dotés en ensoleillement et en territoires nus et ventés : l'Arabie saoudite projette ainsi d'investir 100 milliards de dollars dans le solaire photovoltaïque d'ici 2020.

Un point déterminant pour engager notre société sur les voies de l'économie verte est de faire un choix clair sur le type de transition énergétique qu'on veut mettre en œuvre. Dans son ouvrage majeur sur la question, Vaclav Smil rappelle que deux raisons pour se diriger vers des futurs sans énergies fossiles se détachent au début du XXIe siècle : « Les inquiétudes sur les effets à long terme du changement climatique et les craintes d'un épuisement rapide des sources fossiles les moins coûteuses et de meilleure qualité[5]. » Le type de transition à engager est cependant bien différent suivant qu'on privilégie l'une ou l'autre de ces deux approches. Pour en saisir toutes les implications, il convient de rappeler le rôle joué par les transitions énergétiques dans l'histoire de nos sociétés.

Qu'est-ce qu'une transition énergétique ? Les leçons de l'histoire

En s'inspirant de Smil, on peut considérer qu'un système énergétique est un ensemble complexe défini à trois niveaux : un certain mix d'énergies primaires mobilisées, leur transformation par des forces motrices dominantes (*prime movers*) et des modes d'utilisation finale, le tout étant supporté par un jeu d'infrastructures matérielles et immatérielles présentant une grande inertie dans le temps. On parle de transition quand un tel système complexe évolue d'une configuration dominante à une autre. On retrouve ce triptyque dans l'ouvrage de Rifkin sur la « troisième révolution industrielle », bien plus médiatisé que celui de Smil, bien qu'il n'en partage ni la profondeur historique ni la rigueur analytique[6].

Smil repère quatre transitions énergétiques qui ont marqué l'histoire des sociétés. La première est la domestication du feu qui permit à l'espèce humaine de prendre un avantage majeur sur ses concurrentes grâce à l'utilisation de cette énergie tirée de la biomasse pour la cuisson, le chauffage et plus tard la fonte des métaux. La deuxième fut amorcée par les Sumériens qui les premiers parvinrent, grâce à l'irrigation, à accroître les rendements des cultures pour nourrir des animaux domestiques et sédentariser les hommes. Au plan énergétique, la révolution consista à ajouter la traction animale à la force musculaire des hommes. Pour le labour d'un champ ou le transport de la récolte, le rendement en est multiplié par un facteur 4 à 6.

La troisième transition énergétique, amorcée au Royaume-Uni à la fin du XVIIIe siècle, a démultiplié la quantité d'énergie utilisée grâce à l'utilisation massive d'une source primaire supplémentaire : le charbon qui supplante le bois et la force musculaire des hommes et des animaux domestiques vers 1900 et s'impose comme la première source d'énergie dans le monde jusqu'au milieu des années 1960. Souvent présenté comme l'énergie du XIXe siècle, le charbon ne prend pourtant une place significative dans le système énergétique mondial qu'à partir de 1880 et supporte largement l'industrialisation du XXe siècle. Les innovations techniques à l'origine de son usage étaient disponibles dès le milieu du XVIIIe siècle. Environ cent cinquante ans séparent donc l'innovation technique de sa diffusion massive qui va transformer le système économique.

La quatrième transition énergétique repose sur une grappe d'innovations qui apparaissent simultanément durant les deux dernières décennies du XIXe siècle et permettent la domestication de l'électricité (génération, transport, usage dans l'éclairage puis l'industrie) et la mise au point du moteur à combustion interne fonctionnant à partir d'essence ou de diesel. On reconnaît là deux des trois innovations techniques majeures identifiées par Gordon dans son analyse du processus de croissance[7]. De fait, la diffusion de ces innovations est à la source des vagues de croissance successives durant le XXe siècle. Elle provoque des chutes de prix qui rendent possible l'utilisation massive de nouveaux biens et services comme l'ampoule électrique. D'après les observations de Roger Fouquet, la chute des coûts de l'éclairage provoquée par le passage de la bougie aux lampes à pétrole et au gaz de ville puis à l'ampoule à incandescence n'a rien à envier aux baisses du prix de la mémoire de nos ordinateurs[8]. De multiples biens allaient suivre, de la machine à laver (premiers modèles disponibles en 1907 aux États-Unis) à l'ordinateur et à tous les engins qui nous permettent de nous transporter. Leur accumulation a permis de bousculer les modes de vie et de créer les conditions d'une consommation de masse à l'origine de la croissance rapide des cinquante dernières années. Ici encore, de longues décennies séparent l'apparition des innovations techniques, intervenues pour la plupart avant 1900, et leur impact sur la croissance qui se manifeste pleinement à partir de 1950.

Au plan énergétique, cette quatrième transition entraîne deux mutations majeures. En premier lieu, elle permet d'accroître dans des proportions inimaginables les consommations d'énergie grâce à la mobilisation de trois sources primaires que sont le pétrole, le charbon et le gaz, à l'origine de 80 % de l'énergie consommée dans le monde. En 2010, cette consommation était de l'ordre de deux tonnes d'équivalent pétrole par habitant dans le monde (7,5 aux États-Unis, 3,5 en Europe, 1,8 en Chine, moins de 1 en Inde et en Afrique subsaharienne). Au début du siècle dernier, elle pouvait être estimée à l'équivalent de 400 kilos de pétrole, tout au plus. En second lieu, ce système est organisé autour d'un ensemble sophistiqué d'infrastructures matérielles qui assurent l'extraction, la transformation et la distribution de ces énergies. Il s'y ajoute des infrastructures immatérielles que sont les marchés et les institutions qui assurent la régulation d'un système devenu très complexe.

Les quatre premières transitions énergétiques ont été le fruit de l'ingéniosité des hommes qui ont dépassé des limites imposées par la rareté de l'énergie utilisable. Comme on l'a vu, cette ingéniosité a provoqué des gains remarquables d'efficacité qui se sont traduits par une utilisation toujours croissante d'énergie depuis le démarrage de la révolution industrielle. Comme le notait déjà Jevons dans son fameux essai sur le charbon : « C'est une totale confusion des idées de supposer que l'utilisation économique du combustible équivaut à diminuer sa consommation. L'exact opposé est la vérité[9]. » La baisse de son coût d'utilisation a en effet provoqué une démultiplication de son usage.

La cinquième transition : pas assez ou trop de pétrole et de gaz ?

La cinquième transition énergétique devra affranchir le système énergétique de son addiction aux trois énergies fossiles aujourd'hui dominantes. Son point d'arrivée sera un système énergétique bas carbone puisque les stocks de carbone rejetables dans l'atmosphère s'épuiseront à mesure de leurs utilisations. Comme le suggère l'histoire, cette transition sera un processus s'étendant sur de longues décennies et risque de ne pas être achevé à la fin du siècle. Les délais requis pour que les innovations techniques exercent leur plein effet sur le fonctionnement de l'économie ne semblent guère compressibles. Mais la façon dont nous abordons cette transition et les trajectoires prises en début de période n'est pas anodine en matière de gestion du risque climatique. Deux schémas types sont possibles suivant l'importance effectivement accordée à la stabilité du climat.

a) S'agit-il de trouver le chemin optimal pour faire face à la rareté croissante du stock de fossiles restant à utiliser ? Dans ce cas, les balises du parcours sont fournies par les prix de l'énergie qui vont exprimer ces raretés relatives. À très long terme, la rareté croissante des fossiles doit se traduire par une hausse de leur prix du fait des coûts d'extraction, de transformation et de la constitution d'une rente associée à l'épuisement graduel du stock. Ce renchérissement incite en premier lieu à l'efficience énergétique et rentabilise progressivement les investissements dans les renouvelables. Mais il incite également à amplifier les investissements d'exploration et la transition énergétique devient compatible avec un accroissement de l'utilisation des fossiles sitôt qu'on découvre de nouveaux gisements. Dans ce cas, l'horizon haussier de très long terme de la rente de rareté est brouillé par l'abondance passagère résultant des nouvelles découvertes. Ce fut le cas lors du contre-choc pétrolier intervenu dans les années 1990 avec la montée en puissance de l'exploitation de nouveaux gisements situés en dehors de l'OPEP ; c'est actuellement le cas avec les gaz de schiste et plus généralement les hydrocarbures non conventionnels qui chamboulent le paysage énergétique mondial.

Les choix opérés par l'Amérique du Nord ou les pays exportateurs de pétrole s'inscrivent dans le premier schéma. Il s'agit de substituer ou d'adjoindre aux énergies fossiles actuellement exploitées d'autres sources primaires à mesure que celles-ci deviendront moins coûteuses. On continue ainsi à raisonner dans le cadre d'un système borné par un ensemble de ressources rares, dont on ignore aujourd'hui la quantité qui pourra être extraite dans le futur, compte tenu de l'évolution des conditions économiques et techniques. Conformément au schéma hotellinien, la rareté du stock génère une rente transmise par les prix des énergies aux producteurs qui sont puissamment incités à renforcer leurs investissements d'exploration. L'expérience des cinquante dernières années suggère qu'on est bien loin d'avoir épuisé tous les filons connus ou inconnus, sans évoquer le potentiel représenté par les hydrates de méthane qui stockent sans doute plus d'énergie que le charbon, le pétrole et le gaz naturel réunis !

Engager la transition énergétique suivant le schéma précédent finit par graduellement réduire les émissions de gaz à effet de serre en fin de parcours. La trajectoire sera déterminée par les effets complexes du renchérissement de long terme des énergies fossiles sur l'offre et la demande, avec des phases passagères d'abondance des énergies fossiles se traduisant par des cycles baissiers de leur prix.

Compte tenu de la forte inertie du système énergétique rappelée par Slim et de la puissante incitation à utiliser la rente pétrolière et gazière pour accroître les investissements d'exploration, il n'y a guère de chance que ce type de trajectoire soit compatible avec celles requises pour limiter les risques du changement climatique. Le stock de carbone bloqué sous forme d'énergie fossile dans le sous-sol représente environ quatre fois celui qui est présent dans l'atmosphère, principalement sous forme de gaz carbonique. Le seul transfert du quart de ces ressources souterraines doublerait la concentration atmosphérique de CO_2, avec des conséquences difficiles à prévoir sur le système climatique[10].

C'est vers un schéma de ce type que conduisent spontanément les ajustements sur les marchés de l'énergie dans leur fonctionnement classique. Comme le montrera le prochain chapitre, en l'absence d'un prix du carbone significatif, les nouveaux gaz de schiste viennent s'ajouter aux sources fossiles déjà existantes et non pas s'y substituer. Les surplus de charbon du Wyoming[11] qui ne sont plus brûlés dans les centrales électriques américaines ayant basculé au gaz ne restent pas dans les mines : ils sont exportés en Europe ou en Asie où le rapport du prix charbon-gaz est inversé. Ce n'est donc pas gaz de schiste *ou* charbon, mais gaz de schiste *et* charbon, que nous promet la transition énergétique *made in USA* !

b) L'objectif est-il de trouver un chemin optimal en matière de trajectoires d'émissions de gaz à effet de serre pour protéger la stabilité du climat tout en tenant compte des contraintes de compétitivité et de sécurité énergétique ? Dans ce cas, la stratégie de transition énergétique est tout autre, car il y a bien trop de carbone dans le stock d'énergies fossiles en terre au regard de ce que peut absorber l'atmosphère sans risque acceptable pour la stabilité du climat. Or, la logique hotellinienne prévalant sur les marchés énergétiques crée de puissantes incitations à en récupérer une fraction de plus en plus importante[12]. Il faut dès lors « forcer » la transition en introduisant une nouvelle valeur dans l'équation : celle de la rareté de l'atmosphère exprimée par le prix du droit d'y rejeter du carbone. Il est important d'introduire ce prix dès le démarrage de la transition, car le réchauffement est lié au stock de gaz à effet de serre présent dans l'atmosphère et non au flux d'émission annuel. Le coût pour le climat d'une tonne de CO_2 rejetée aujourd'hui est donc supérieur à celui de la même tonne émise dans cinquante ou cent ans.

La transition requise pour protéger nos sociétés face aux risques du réchauffement climatique ne peut donc s'engager sans la mise en place d'incitations très puissantes permettant d'échapper à la « malédiction de Hotelling ». Ces incitations pourraient provenir d'une somme de normes et réglementations dont le coût, non exprimé par un prix explicite, risquerait d'être prohibitif pour la société. Il est plus efficace de se reposer sur des politiques publiques qui inscrivent la valeur de la stabilité du climat dans le fonctionnement de l'économie. Cette valeur a pour nom courant *le prix du carbone*.

Un tel prix permet d'envoyer les bonnes incitations à la fois du côté de la demande (efficacité énergétique et substitution de sources fossiles par des renouvelables) et de l'offre (réorientation des flux d'investissement vers le bas carbone). À partir d'un certain niveau (estimé aujourd'hui à 60-90 euros la tonne de CO_2), le prix du carbone incite de surcroît à utiliser de nouvelles techniques de captage et stockage géologique[13] de carbone qui pourraient permettre demain d'utiliser les énergies fossiles sans pratiquement plus émettre de gaz à effet de serre. Sans une telle tarification généralisée du carbone, qui peut être introduite *via* des marchés de permis ou *via* la taxation, toute stratégie de transition énergétique conduit à envoyer bien trop de carbone dans l'atmosphère.

Engager une stratégie de transition énergétique qui prenne sérieusement en compte les risques du changement climatique implique de tarifer le carbone en conséquence et de prendre des décisions impopulaires en matière de prix de l'énergie. Lorsqu'on se présente devant ses électeurs, il est bien plus commode de promettre qu'on baissera les taxes sur l'essence ou le gaz pour préserver le pouvoir d'achat. C'est pourtant l'inverse que les candidats devraient promettre à leurs concitoyens qui vont mettre leur bulletin dans l'urne !

CHAPITRE 12

L'incontournable question du prix de l'énergie

Historiquement, les transitions énergétiques ont été déclenchées par des chutes du prix des sources d'énergie utilisées dans la société résultant d'innovations techniques s'appliquant tant aux activités d'extraction qu'à la distribution et aux usages finals. Le cumul des baisses de prix, de l'amont (prix des énergies primaires) à l'aval (prix des usages ou services rendus par l'énergie), a provoqué un effet d'entraînement massif, démultipliant la quantité d'énergie utilisée et, partant, la croissance économique.

La troisième transition énergétique amorcée à la fin du XVIIIe siècle a par exemple consisté à passer d'un système reposant sur deux sources primaires – la biomasse et la force musculaire humaine et animale – à un système introduisant une troisième source : le charbon. L'innovation technique originelle, la capacité de la machine à vapeur à transformer de la chaleur en énergie mécanique a rendu possible les premières étapes de la révolution industrielle grâce à une baisse cumulative du prix de l'énergie pour la société. Des mines de charbon, aux chemins de fer et aux industries textiles, les gains d'efficacité ont été mobilisés pour accroître la consommation d'énergie *via* les baisses de prix. Le renchérissement relatif des prix des énergies initialement dominantes, le bois et la force musculaire, n'a pratiquement joué aucun rôle dans le déclenchement de cette transition[1].

À l'inverse, la cinquième transition vers un système énergétique bas carbone implique que la valeur du climat soit intégrée à tous les niveaux de la décision grâce à la généralisation d'un prix du carbone. La mise en place d'une tarification du carbone a pour effet de renchérir l'ensemble des énergies fossiles : un baril de pétrole qui s'achète 100 dollars vaudra par exemple 108 dollars si le prix de la tonne de CO_2 rejetée dans l'atmosphère est à 20 dollars[2]. Si la tonne de CO_2 passe à 200 dollars, le baril sera facturé 180 dollars[3] ! Comme les fossiles représentent 80 % des sources énergétiques, ceci conduit à un renchérissement de l'énergie tout court. Or, si l'utilité théorique d'un prix du carbone peut facilement faire l'objet d'un consensus, il est plus difficile d'assumer le choix politique de sa mise en œuvre qui conduit à renchérir l'accès à l'énergie !

La réussite de la transition énergétique implique que les prix expriment non seulement la rareté relative des différentes énergies sur les marchés classiques, mais aussi le coût de leurs nuisances environnementales et sanitaires. Si cela entraîne à court terme leur renchérissement, c'est aussi un puissant levier pour accroître l'efficacité de leur usage. L'équation économique gagnante de la transition est celle qui réduit la facture associée à une énergie correctement tarifée, grâce à la démultiplication des gains d'efficacité.

Prix de l'énergie et facture énergétique : le rôle clef de l'efficacité

Dans le système énergétique, l'introduction d'un prix du CO_2 génère de multiples incitations qui favorisent la réorientation des investissements et des consommations vers des systèmes sobres en carbone : les consommateurs voient se renchérir le coût d'utilisation des énergies fossiles qu'ils vont alors économiser et tenter de substituer par d'autres énergies non émettrices ; les producteurs sont simultanément incités à investir dans la recherche de nouvelles sources d'énergie en substitut des fossiles ou de technologies permettant de capter le CO_2 issu de leur combustion pour l'empêcher de s'échapper dans l'atmosphère ; l'ensemble de la filière est simultanément incité à renforcer les gains d'efficacité énergétique.

Le renchérissement initial des énergies fossiles s'appliquant à 80 % des sources primaires utilisées, son impact est d'accroître, toutes choses égales par ailleurs, la facture énergétique totale pour l'utilisateur final, et cela même si on tente de subventionner les 20 % d'énergie restante (biomasse, nucléaire, hydraulique et autres énergies renouvelables). Par ailleurs, pour que ce nouveau signal « prix du carbone » impacte effectivement les décisions d'investissement des acteurs, il doit être calibré de sorte à augmenter dans le temps, à mesure que les réductions d'émission les moins coûteuses ont été réalisées. L'économie doit donc se préparer à affronter un renchérissement continu et pas des chocs limités dans le temps. Pour que la transition énergétique ne pèse pas durablement sur la croissance, il faut par conséquent trouver de puissants mécanismes qui contrecarrent les impacts récessifs du renchérissement des énergies fossiles. Ils peuvent être de deux types : le développement rapide de sources non carbonées d'énergie moins coûteuses en substitut ; l'accélération des gains de productivité des services énergétiques accroissant l'efficacité des usages.

Les scénarios prospectifs tentant de dessiner les contours de la cinquième transition énergétique révèlent que si les deux types d'ajustement doivent être mis en œuvre en parallèle, l'accélération des gains d'efficacité énergétique est une condition impérative de réussite.

Le déploiement de sources non carbonées bon marché est-il de nature à amortir rapidement le choc du renchérissement des fossiles ? Les trois principales sources existantes sont la biomasse, le nucléaire et l'ensemble des énergies renouvelables : hydraulique, éolien, solaire, etc. Le développement de la biomasse énergétique offre de multiples potentiels mais son déploiement à grande échelle se heurte à des contraintes bien connues de risques d'épuisement du milieu naturel, de concurrence sur les besoins alimentaires et de goulots d'étranglement au plan logistique. Les innovations techniques permettront de valoriser des sources nouvelles (matières ligneuses, algues, etc.), mais on est encore loin des phases de déploiement à grande échelle. Depuis son lancement, l'industrie du nucléaire civil est confrontée à une augmentation de ses coûts liée à la multiplication des problèmes de sécurité et à la course au gigantisme des nouvelles centrales. L'hydraulique offre des possibilités limitées dans les pays développés où la plupart des sites favorables ont déjà été mis en exploitation, mais de plus grands potentiels dans les pays en développement.

Le gisement de croissance le plus important se situe dans les énergies de flux dites « renouvelables », dont les deux principales sont l'éolien et le solaire. Grâce aux innovations techniques, leurs coûts de production tendent à baisser. Dans les meilleures conditions, ils sont déjà inférieurs à ceux des énergies fossiles concurrentes : c'est déjà le cas de l'éolien *on shore* ou du solaire thermique. Mais ces sources sont caractérisées par une moindre densité énergétique par rapport aux énergies fossiles[4], une répartition géographique très particulière de la ressource et des liens nouveaux avec les territoires conduisant à repenser les réseaux énergétiques. Tous ces paramètres, ajoutés à l'inertie des infrastructures de distribution de l'énergie et à la question de l'intermittence, limitent le rythme de montée en régime de ces nouvelles sources primaires, même lorsque leur coût à la production est devenu compétitif relativement aux fossiles. Il faudra donc du temps pour que ces baisses de coûts au niveau de la production puissent massivement se répercuter sur les consommateurs en allégeant leur facture énergétique.

C'est la raison pour laquelle l'atteinte d'un mix énergétique compatible avec les objectifs de stabilisation du climat est conditionnée par une accélération des gains d'efficacité conduisant à une baisse de la quantité globale d'énergie consommée. Dans les scénarios construits par l'Agence internationale de l'énergie, ces gains d'efficacité comptent par exemple pour plus de la moitié des réductions d'émission de gaz à effet de serre à l'horizon 2035 et encore pour près de 40 % à l'horizon 2050. Dans ces scénarios, la quantité globale d'énergie primaire utilisée dans le monde recule sous l'effet de la chute des quantités consommées dans les pays industrialisés. Ce recul est plus élevé dans d'autres travaux prospectifs, notamment ceux développés par Ernst von Weizsäcker[5] au Wuppertal Institute, qui se basent sur l'idée d'un objectif général de division par cinq des ressources utilisées par unité de richesse produite.

Une simple arithmétique permet de comprendre aisément le mécanisme sous-jacent : si les gains d'efficacité dans les usages permettent de diviser par deux la quantité d'énergie pour obtenir un même niveau de satisfaction, on pourra alors obtenir le même service pour un prix de l'énergie qui a doublé. Autrement dit, on aura accès, au plan macroéconomique, à des services énergétiques équivalents à coût inchangé malgré le doublement du prix de l'énergie primaire. Ceci conduit à dissocier dans ce qu'on appelle l'évolution de la facture énergétique, les innovations et les gains de productivité s'appliquant aux services énergétiques de ceux s'appliquant à la production primaire de l'énergie. Or, lorsqu'on examine soigneusement le passé, on prend conscience de l'importance des innovations ayant contribué à la diffusion de l'efficacité énergétique.

Le prix de la lumière : du bon usage de l'« effet rebond »

L'un des cas de figure les mieux documentés en matière de gains de productivité dans les services énergétiques est celui de l'éclairage[6]. L'évolution des sources primaires utilisées pour s'éclairer reflète les transformations historiques du système énergétique. D'un usage exclusif des chandelles (utilisation indirecte de la biomasse *via* le suif, mélange de graisses animales), on est passé à celui du gaz de ville issu du charbon, puis à la lampe à pétrole avant que l'ampoule électrique ne commence à se diffuser massivement grâce à l'extension du réseau électrique pour supplanter graduellement les autres sources d'éclairage à partir des années 1920. Globalement, ces transformations ont conduit à une division par 100 du prix de l'éclairage au XXe siècle, grâce aux gains cumulés de productivité.

La baisse spectaculaire du coût de l'éclairage peut se décomposer en deux facteurs : la diminution du prix de l'énergie utilisée, résultant elle-même des gains de productivité réalisés pour sa production, et les progrès d'efficacité dans sa transformation en lumière. Le résultat de l'opération est sans appel : pour l'essentiel, nous avons aujourd'hui accès à un éclairage très bon marché grâce aux gains considérables de productivité opérés dans la fourniture du service d'éclairage résultant de la diffusion de procédés bien plus performants dans la transformation de l'énergie primaire en lumière. L'introduction puis les progrès successifs de l'ampoule à incandescence (sur plus d'un siècle et demi si on remonte à l'invention initiale[7]) ont contribué à l'essentiel de ces gains qui ont permis la diffusion de l'éclairage à très grande échelle. Ces gains sont du reste loin d'être épuisés avec le retrait programmé des ampoules à filaments qui transforment seulement 5 % de l'énergie en lumière et gaspillent les 95 % restants !

Les observations historiques apportent également de précieuses indications sur la façon dont les consommateurs utilisent ces gains de productivité. Fouquet et Pearson ont méticuleusement étudié leur comportement depuis deux siècles dans le cas du Royaume-Uni[8]. Dans les premières étapes de la diffusion des nouvelles techniques d'éclairage, les consommateurs étaient prêts à consacrer une partie croissante de leur revenu à l'amélioration de leur éclairage et réagissaient par conséquent à une baisse du prix de la lumière par une hausse plus que proportionnelle de leurs achats. À mesure que leur niveau de vie a augmenté, la majorité des ménages devenant équipée, leur sensibilité aux baisses de prix de la lumière a diminué. À partir de 1980, les besoins sont largement couverts et l'éclairage ne représente plus qu'une proportion infime du budget des ménages. Une hausse de leur revenu n'a alors pratiquement plus d'impact sur leur consommation qui reste toutefois corrélée négativement au prix.

L'idée simple à retenir est que l'incidence des prix de l'énergie sur nos comportements dépend de deux paramètres déterminants : l'accès aux services (par construction, il faut avoir accès à l'électricité pour bénéficier des gains de productivité apportés par l'ampoule à incandescence) et le niveau de vie. Dans les pays à niveau de vie bas ou intermédiaire, ou à l'intérieur d'un pays pour les classes sociales à faible niveau de revenu, les gains dans l'efficacité énergétique vont donc majoritairement se traduire par des pressions accrues sur la demande d'énergie afin de couvrir les besoins de base. Dans les pays à niveaux de vie plus élevés et pour les classes moyennes ou aisées, ils vont plutôt libérer du pouvoir d'achat pour d'autres utilisations. Dans les deux cas, ces gains d'efficacité sont une courroie de transmission irremplaçable pour que la transition énergétique génère des impacts économiques bénéfiques.

Sous l'angle de la pression sur les ressources, les économistes de l'environnement déplorent souvent l'existence d'un « effet rebond » indésirable sur la consommation des sources énergétiques primaires à la suite des gains d'efficacité dans les usages[9]. Comme on vient de le voir, la vigueur de cet effet semble liée au niveau des richesses. Quand les besoins énergétiques de base ne sont pas initialement couverts, cet effet est élevé, ce qui est souhaitable puisqu'il peut devenir un instrument de développement et d'action face à la précarité énergétique. En revanche, il faut évidemment veiller à ce que le système de prix conduise à accroître l'usage des sources primaires les moins nuisibles à l'environnement et au climat. D'où l'importance de correctement tarifer les différentes sources primaires, en commençant par inclure la valeur que nous attachons à la stabilité du climat.

Prix du CO_2 et usages de l'énergie fossile

L'introduction d'une tarification du carbone incite en premier lieu à réduire les usages de l'énergie fossile et à basculer vers des substituts. En plus de ce premier effet, cette tarification incite également à utiliser différemment les énergies fossiles afin d'atténuer leurs impacts sur le changement climatique.

À moyen et long terme, le prix du carbone devrait hâter le déploiement des techniques permettant d'utiliser les énergies fossiles sans plus rejeter de CO_2 dans l'atmosphère. Examinons le cas du charbon. Ses réserves prouvées dépassent cent quatre-vingts années de production. Elles sont abondantes et bien mieux distribuées dans le monde que celles du pétrole. L'abondance charbonnière se traduit par des coûts d'extraction très bas. Il est naïf de penser qu'un tel stock d'énergie si facile à extraire va rester en terre.

L'usage du charbon va donc se prolonger pendant encore longtemps, mais devrait rapidement être subordonné à une règle simple pour limiter ses impacts climatiques : la récupération systématique puis le stockage souterrain des émissions de CO_2. Une telle règle semblera aussi naturelle d'ici quelques décennies que l'interdiction que nous avons de rejeter nos eaux usées sur la voie publique. Une telle pratique était la norme dans les villes européennes et américaines, avant que la collectivité ne consente à investir massivement dans des systèmes de tout-à-l'égout et de traitement des eaux usées au siècle dernier. Or, en proportion, les investissements à consentir pour capter et enterrer le CO_2 qui sort des cheminées sont bien moindres. Une même règle devrait donc s'appliquer à ce type de rejets.

La première expérience de captage et stockage de CO_2 à l'échelle industrielle a été celle de la plate-forme gazière de Sleipner en mer du Nord. Le gaz du gisement de Sleipner contient de 9 à 12 % de CO_2, ce qui empêche son exploitation commerciale en l'état. Depuis 1996, la compagnie norvégienne exploitante en récupère la plus grande partie sur la plate-forme, puis la réinjecte dans un réservoir aquifère situé sous la mer. Elle traite un million de tonnes de CO_2 par an qui ne partent plus dans l'atmosphère. Le lancement de l'opération a été facilité par l'existence en Norvège d'une taxe de 40 euros prélevée sur chaque tonne de CO_2 émise par les installations pétrolières et gazières. La réinjection du gaz dans le sous-sol permet ainsi d'économiser 40 millions d'euros d'impôt par an ! Dans ces conditions très particulières, un prix du carbone de 40 euros suffit à rendre l'opération rentable.

Les technologies pour utiliser l'énergie fossile en limitant drastiquement leurs rejets atmosphériques se décomposent en trois briques élémentaires : le captage, le transport, puis le stockage souterrain du CO_2. Plusieurs technologies sont en concurrence pour capturer le CO_2. Elles constituent un surcoût d'investissement et pèsent ensuite sur les coûts d'exploitation parce qu'elles réduisent le rendement énergétique des centrales et augmentent les coûts de maintenance. Le transport du CO_2 ne présente aucune difficulté particulière, mais le bon sens conduit à chercher des réservoirs souterrains à proximité des lieux de captage. Reste à s'accorder sur des méthodes de contrôle qui préviennent tout risque de relâchement du CO_2 dans le futur[10]. Cela soulève au passage quelques problèmes de répartition des responsabilités : qui sera responsable dans cinq cents ans du CO_2 que nous injectons aujourd'hui dans le sous-sol ?

Le déploiement à grande échelle de ces technologies, dont chacun des maillons est déjà maîtrisé, se heurte sur le papier à des obstacles économiques, les études révélant que les pilotes pourraient atteindre des seuils de rentabilité avec un prix de la tonne de CO_2 avoisinant 60 à 90 euros, ce qui est nettement supérieur aux niveaux actuellement observés sur les marchés. C'est la raison pour laquelle des soutiens complémentaires ont été mobilisés en Europe pour financer les premiers pilotes industriels, dont celui concernant la sidérurgie lorraine qui a fait beaucoup parler de lui en France. Les premières expériences révèlent qu'à ces obstacles classiques s'ajoute la forte réticence des populations riveraines qui sont généralement hostiles *a priori* au transport et au stockage du CO_2.

À plus court terme, l'introduction du prix du CO_2 modifie l'ordre dans lequel on a intérêt à utiliser les différentes sources fossiles. Les trois sources primaires d'énergie fossile sont en effet loin d'avoir le même impact sur le réchauffement : pour une même quantité d'énergie fournie, le charbon émet en moyenne deux fois plus que le gaz naturel, les produits pétroliers se situant à peu près à mi-distance[11]. Il en résulte immédiatement que l'introduction d'un prix du carbone affecte en proportion deux fois plus le charbon que le gaz. Chaque fois que les usages sont substituables, l'augmentation du prix carbone donne par conséquent un avantage au gaz naturel qui permet d'économiser environ la moitié des rejets de gaz à effet de serre dans l'atmosphère.

La substitution entre combustibles fossiles a ainsi été jusqu'à présent le premier moteur de réduction des émissions à la suite de l'introduction du prix du carbone en Europe *via* le système d'échange de quotas de CO_2. Elle a pris deux formes principales : la substitution du charbon par du gaz opérée à peu près partout en Europe, à laquelle s'est ajoutée celle du lignite par du charbon standard, effectuée en Allemagne et en Pologne. Plusieurs dizaines de millions de tonnes de CO_2 ont ainsi été économisées par un changement d'ordre (*merit order*) dans lequel les opérateurs utilisent les centrales existantes quand ils doivent faire monter la charge sur le réseau. Mais ces gains obtenus à partir du stock de capital existant sont réversibles. Aussi ont-ils été perdus lorsque, faute de détermination politique, l'autorité publique européenne a laissé le prix du carbone s'effondrer à partir de 2011, dans une quasi-indifférence[12]. Assumer l'option d'une tarification de l'énergie compatible avec la transition écologique n'est pas chose facile quand l'économie retombe dans la crise économique et financière et que s'élève la douce mélodie des sirènes appelant aux remèdes de la facilité à court terme : « utiliser toutes les opportunités de baisse du prix de l'énergie » comme la jouent si habilement les États-Unis avec leur gaz de schiste !

Le gaz de schiste, substitut ou complément du charbon ?

Le gaz utilisé à des fins énergétiques, très majoritairement du méthane, a trois origines principales. La plus importante est l'extraction dans des gisements conventionnels et on parle alors de gaz naturel. Ce même gaz peut provenir de la fermentation de la matière organique, par exemple en étant récupéré dans une décharge, un compost ou une unité de méthanisation agricole. Il s'agit alors de biogaz. Il peut enfin provenir de la récupération de poches gazeuses présentes dans les roches grâce à de nouveaux procédés d'extraction (forages horizontaux et fracturation hydraulique). Il s'agit alors d'« hydrocarbure de roche mère », couramment appelé de « gaz de schiste ». Ces trois gaz diffèrent peu par leurs propriétés énergétiques mais beaucoup par la façon dont ils sont produits.

Au moment de la combustion, chacun de ces trois gaz permet en moyenne d'économiser 50 % d'émission de CO_2 par rapport au charbon. L'impact climatique de chacun de ces gaz ne peut cependant réellement s'apprécier qu'en suivant les émissions le long de la filière. Aux rejets dans l'atmosphère résultant de la combustion du gaz naturel doivent s'ajouter celles des fuites possibles de méthane lors de son extraction[13] et de son transport (« émissions fugitives ») et celles liées au transport notamment pour le gaz qui doit être liquéfié pour circuler par mer[14]. La récupération du biogaz, elle, s'inscrit dans le cycle court du carbone et permet d'économiser des sources fossiles. Elle est positive en émissions de gaz à effet de serre, le carbone rejeté au moment de la combustion ayant un effet de serre bien inférieur au méthane que le pourrissement naturel aurait émis. Le gaz de schiste exploité aux États-Unis permet d'éviter les transports par méthanier, mais le montant des émissions fugitives dépend beaucoup des conditions de son extraction. Lorsque les conditions environnementales sont très relâchées, comme cela a été le cas aux États-Unis, ces émissions fugitives peuvent excéder les gains obtenus par la substitution du charbon par le gaz de schiste dans les centrales électriques[15].

Si on traduit le risque climatique par un prix du carbone, on aboutit à un ordre des préférences qui est clair. Le cycle du biogaz étant positif pour le climat, il est la source qui devient la plus avantageuse économiquement à mesure que s'élève la valeur carbone. Pour départager le gaz naturel du gaz de schiste, il faut tenir compte des émissions fugitives respectives dépendant des techniques d'extraction, de la qualité de l'entretien des gazoducs et de la liquéfaction.

Si on n'intègre pas la valeur du climat dans les prix et les coûts, l'ordre des préférences dépend des coûts classiques de production qui donnent aux États-Unis un avantage massif au gaz de schiste dont le développement est en train de bousculer le paysage énergétique mondial. Sans prix du carbone et avec une tarification à peu près inexistante des autres nuisances environnementales liées à son extraction (surfaces et espaces naturels mobilisés, impact souterrain de la fracturation, risques sismiques principalement), les coûts de production du gaz de schiste américain sont généralement estimés dans une fourchette de l'ordre de 5-7 dollars l'unité thermique[16]. Leur développement accéléré a fait chuter le prix d'équilibre sur le marché du gaz en dessous de 5 dollars l'unité thermique aux États-Unis, contre 9-10 dollars en Europe et jusqu'à plus de 15 en Asie.

Du fait de l'abondance des réserves nord-américaines, le développement du gaz est le principal vecteur de la transition énergétique du pays. Il a commencé à se substituer au charbon dans les centrales électriques. Il est la source d'une importante relocalisation de l'industrie des engrais et de la chimie utilisant le gaz comme matière première. Ses applications dans les transports se mettent rapidement au point, avec l'objectif affiché de réduire la part du pétrole importé. Cohérente économiquement, cette stratégie est également présentée par ses promoteurs comme vertueuse sous l'angle du climat grâce à la baisse de l'usage du charbon.

Cette vision est trompeuse. Le charbon du Wyoming ou des Appalaches qui n'est plus utilisé par les centrales américaines n'est nullement gagné automatiquement pour le climat : une grande partie du surplus rendu disponible a déjà pris le chemin de l'Europe ou de l'Asie où il provoque une substitution symétrique du gaz vers le charbon, les prix relatifs entre les deux énergies étant à peu près inversés. Plus généralement, ce type de transition conduit à un scénario très dangereux pour la stabilité du climat au plan global, sitôt que le gaz de schiste vient s'ajouter aux ressources charbonnières utilisées plutôt que de s'y substituer. Or c'est le type d'ajustement qui est en train de se produire en l'absence d'une réelle tarification des émissions de gaz à effet de serre.

La prise en compte des gisements non conventionnels de gaz a conduit à une révision massive des réserves mondiales, passées de soixante à deux cent trente années aux rythmes d'extraction actuels d'après l'AIE. Cela équivaut à multiplier par quatre l'estimation de la quantité de gaz à effet de serre pouvant être rejetée dans l'atmosphère à partir de cette nouvelle ressource. Sans la balise du prix du CO_2, il est à peu près certain que la majeure partie de ces nouvelles sources va venir s'ajouter et non pas se substituer au charbon, comme cela a déjà commencé avec les exportations américaines de charbon. Ce type de transition énergétique nous engage tout droit dans les schémas où on utilise beaucoup trop d'énergie fossile compte tenu du risque climatique. C'est la leçon principale à tirer du développement des gaz de schiste : en l'absence d'une tarification des externalités environnementales et climatiques, les marchés énergétiques ne permettent pas de prendre les décisions requises pour faire transiter notre système vers une cible bas carbone.

Face à cette situation, comment réagit l'Europe ? D'abord de façon très dispersée ! Pour des raisons stratégiques évidentes, la Pologne et l'Ukraine ont été les premiers pays à céder des licences d'exploration à de grandes compagnies pétrolières, au grand dam de leur voisin russe. Une majorité des autres pays s'apprête à autoriser des forages pour mieux connaître leurs réserves. Cinq pays y ont pour l'instant renoncé, dont la France où les licences d'exploration initialement accordées par le gouvernement ont, par la suite, été retirées.

Les choix français ont été justifiés par des considérations environnementales locales. C'est ce qui a conduit François Hollande à préciser que l'interdiction gouvernementale portait sur la seule technique de fracturation, compte tenu de ses risques sismiques et de ses impacts sur le milieu souterrain (injection de l'eau à très haute pression et de produits chimiques), mais non sur le gaz de schiste en lui-même. Cette précision laisse la voie ouverte à une exploration de ces ressources sitôt que les ingénieurs auront réussi à mieux maîtriser les impacts environnementaux locaux des techniques d'extraction. Clairement, ce n'est pas le coût potentiel pour le changement climatique mais celui des pollutions locales qui a été l'élément décisif de la décision française.

La valorisation énergétique de la biomasse

Pour prendre les bonnes décisions en matière de gaz de schiste, il faut corriger les imperfections des marchés traditionnels en internalisant le coût associé aux émissions de gaz à effet de serre et celui des nuisances locales. Le prix du CO_2 est associé au premier, mais ne dit rien du second. Il mesure l'importance effective que nous accordons à la stabilité du climat mais ne constitue pas une sorte d'étalon général qui mesurerait le coût de l'ensemble des nuisances pesant sur le capital naturel. Le choix entre la motorisation à l'essence ou au diesel, ceux concernant l'usage de la biomasse et le développement des biocarburants et de multiples autres exemples rappellent la nécessité de tarifer l'ensemble des externalités.

Dans le système énergétique actuel, la biomasse constitue la première source primaire utilisée après le charbon, le pétrole et le gaz. Elle est renouvelable quand elle est prélevée sur un stock qui peut se reproduire. Dans le cas inverse, son utilisation peut au contraire contribuer à la destruction du milieu naturel. Les modes d'usage de la biomasse sont multiples, de la combustion du bois pour le chauffage qui est sa forme la plus répandue, à sa transformation en biogaz ou en biocarburant. De multiples supports peuvent enfin être valorisés énergétiquement : bois, cultures dédiées, sous-produits, algues marines, déchets, etc.

La valorisation énergétique de ce potentiel en substitut des fossiles est l'une des options importantes de la transition énergétique. Dans les scénarios bas carbone de l'AIE, le développement de la biomasse comme combustible interrompt son déclin séculaire dans le mix énergétique. À partir de 2040, les « experts » de l'agence imaginent même l'apparition de centrales à la biomasse qui produisent de l'électricité en captant puis stockant le CO_2, ce qui en fait des producteurs d'énergie à « émissions nettes négatives » : plus elles produisent de l'énergie, plus elles retirent du CO_2 de l'atmosphère !

Si on ne retient que la valeur du climat parmi les externalités, on risque cependant de trop prélever sur le milieu naturel et de s'attirer bien des déconvenues. C'est ce qui s'est produit en Europe pour les biocarburants de première génération. Il avait initialement été décidé de viser un taux d'incorporation de 10 % de biocarburant pour contribuer à l'atteinte de l'objectif général de 20 % d'énergie renouvelable en 2020. Au moment de la réalisation, il est apparu que l'atteinte de cet objectif risquait d'entraîner des effets indirects sur le changement d'utilisation des sols et en particulier l'accélération de la déforestation en zone tropicale. D'où l'adjonction de multiples critères plus ou moins bureaucratiques pour distinguer les « bons » biocarburants admis sur le marché européen de ceux dont le développement contribue à la déforestation tropicale et au recul de la biodiversité.

Comme le montre Gabriela Simonet[17], l'utilisation du seul critère de réduction des émissions de CO_2 risquerait même d'orienter les projets forestiers vers des plantations à croissance rapide, souvent exploitées en monoculture, qui optimisent les rendements énergétiques au détriment de la diversité des écosystèmes. C'est assez largement le type de projets qui ont été développés en Chine avec l'aide de la Banque mondiale et le financement de crédits carbone obtenus dans le cadre des mécanismes du protocole de Kyoto. Ces choix n'auraient pas été retenus si on avait intégré dans les systèmes de prix une valeur accordée à la biodiversité.

Ce que Simonet étudie avec perspicacité dans le cadre des projets de développement s'appliquerait au demeurant également en France. Si on veut générer rapidement la plus grande quantité de biomasse énergétique en substitut des fossiles, il ne faut pas trop compter sur les chênes séculaires de la forêt du Tronçais, dont certains spécimens encore vivants datent de Colbert. Au nom de la transition énergétique, serions-nous prêts à abattre cette futaie pour y substituer des taillis à rotation rapide, d'une grande pauvreté écologique, mais bien plus efficace sous l'angle énergétique et climatique ?

Les enjeux de la tarification de l'énergie dans la stratégie de transition

Les prix de l'énergie sont souvent présentés dans le débat public comme un ensemble de paramètres imprévisibles, apparaissant sur des marchés internationaux opaques et parfois manipulés auxquels doivent se soumettre les gouvernements. Cette représentation qui dédouane nos décideurs politiques de leur responsabilité doit être écartée. Pour engager le système énergétique dans la transition écologique, il est en effet impératif d'introduire dans la tarification de l'énergie les coûts associés à la protection du climat et plus généralement à la reproduction du capital naturel.

Cette tarification a pour effet de renchérir la grande majorité des sources énergétiques utilisées au sein de la société. À moyen terme, ces hausses peuvent être absorbées, et bien audelà, grâce à l'accélération des gains d'efficacité énergétique qui constitue l'une des clefs de la transition. Mais il faut du temps pour que ces gains se diffusent au sein de la société, notamment parmi les classes les plus défavorisées qui risquent fort de faire les frais de l'opération si des actions volontaristes ne sont pas simultanément engagées.

Dans ce genre de situation, la tentation est grande d'intervenir par une action déformant les prix. Elle peut prendre la forme d'une subvention générale favorisant l'usage de certaines énergies comme en Iran, dans la majorité des pays du Golfe ou en Indonésie pour les carburants d'origine fossile. Cette forme de soutien très dispendieuse pour les finances publiques n'est plus guère pratiquée dans les pays développés. Mais on y a encore communément recours aux subventions à la production comme l'Allemagne pour ses mines de charbon ou même l'Irlande pour l'extraction de la tourbe ! La subvention des usages professionnels de certains carburants (le diesel dans la plupart des cas) reste la norme en Europe. La lutte contre la précarité énergétique y est enfin souvent conduite grâce à l'utilisation de tarifs sociaux qui subventionnent l'électricité et le gaz. En France, d'après le médiateur de l'énergie, ce sont près d'un million de foyers qui sont concernés.

L'utilisation à une large échelle de ces outils est un obstacle majeur au financement de la transition énergétique. Lorsqu'on agrège toutes ces subventions, on réalise qu'elles dépassent de beaucoup les moyens que les gouvernements sont capables d'aligner pour soutenir le développement de nouvelles filières énergétiques. Réduire les soutiens aux énergies fossiles permettrait ainsi de libérer des ressources budgétaires précieuses pour d'autres usages énergétiques.

Au plan microéconomique, ces soutiens ont pour principal effet d'enfermer les ménages ou les professions concernés dans des systèmes incitant à surconsommer les énergies fossiles en les rendant ainsi encore plus vulnérables à leur renchérissement dans le futur. Pour engager sur de bonnes bases la transition énergétique, il convient de trouver de nouvelles formes de soutiens et de solidarités qui ne biaisent pas les signaux que doivent envoyer les prix de l'énergie à l'ensemble de la société. Cette transparence des prix et des coûts doit également s'appliquer à un domaine d'où elle a été longtemps absente en France : le nucléaire.

CHAPITRE 13

Le nucléaire : attention, technologie à coûts croissants !

Le phénomène de fission nucléaire a été décrit pour la première fois par le chimiste allemand Otto Hahn en décembre 1938. Il a donné lieu à des développements militaires accélérés et au largage des deux bombes qui précipitèrent la reddition du Japon en 1945. Les développements civils furent également rapides, certains observateurs croyant discerner dans les années 1970 l'amorce d'une véritable transition énergétique grâce à cette source nouvelle, alors promise à un bel avenir.

Une centrale nucléaire exploite l'énergie issue de la fission, cette réaction chimique de clivage en chaîne de noyaux de molécules d'uranium. L'énergie produite est ensuite transformée en électricité au moyen d'une turbine. Ce processus ne dégage pas de gaz à effet de serre. Toutes choses égales par ailleurs, un prix du CO_2 tend donc à diminuer le prix de revient de l'électricité d'origine nucléaire relativement à celle d'origine fossile. La généralisation de la tarification du carbone justifierait-elle alors le recours au nucléaire, au nom de la transition vers un système énergétique bas carbone ?

L'opinion publique réagit bien plus en fonction de sa perception des risques nouveaux générés par cette industrie, remarquablement analysés par Ulrich Beck dans *La Société du risque.* Les trois accidents majeurs ayant touché le nucléaire forgent cette perception. La fission nucléaire s'effectue dans le cœur de la centrale, le réacteur, qui doit être refroidi en permanence. Toute défaillance dans les systèmes de refroidissement expose les réacteurs au risque de fusion du combustible, avec la possibilité qu'il s'échappe de sa cuve et se répande dans l'environnement avec toutes ses matières radioactives. C'est ce qui s'est produit à trois reprises dans l'histoire de cette industrie : dans la centrale de Three Mile Island en Pennsylvanie en 1979, à Tchernobyl en 1986 et à Fukushima en 2011. Le prix du CO_2 n'intègre évidemment pas ce type d'externalité. Comment faut-il alors poser le débat sur l'avenir du nucléaire ?

L'onde de choc Fukushima

Pour les détracteurs du nucléaire, l'accident de Fukushima n'est que la dernière illustration, cinquante ans après le démarrage des premières centrales, de l'étendue des risques auxquels expose l'énergie nucléaire. Il révèle en premier lieu que tous les concours de circonstances ne peuvent jamais être anticipés : la centrale japonaise a subi un tremblement de terre d'une violence historique puis un tsunami qui a rendu inopérant son système de refroidissement. Aux aléas de la nature se sont ajoutées des erreurs humaines au moment de l'accident puis dans la gestion de crise. Ces risques naturels et humains entourant l'énergie nucléaire se cumulent à ceux liés au traitement et au stockage des déchets radioactifs. S'y ajoute la menace que des matières fissiles soient détournées de leurs usages civils pour constituer des armes nucléaires. La seule voie raisonnable est donc la sortie du nucléaire.

C'est par exemple le choix qu'a fait l'Allemagne à la suite de l'accident japonais. En écho à la profonde inquiétude d'une opinion publique majoritairement hostile à l'utilisation du nucléaire, la chancelière Angela Merkel, initialement favorable à cette industrie pour des raisons de réalisme économique, a changé son fusil d'épaule en adoptant une stratégie de sortie totale à l'horizon 2022[1].

Les tenants du nucléaire ne peuvent plus en contester les risques, mais font une autre lecture de la situation. Ils reconnaissent en premier lieu que l'accident japonais doit conduire à réévaluer les risques. Ils rappellent ensuite que tous les systèmes énergétiques comportent des risques et des coûts environnementaux : combien d'hommes meurent chaque année dans les mines de charbon ou des pollutions locales générées par son utilisation ? A-t-on bien en tête le coût des marées noires ? Assure-t-on le recyclage des métaux rares, parfois très nocifs, présents dans les panneaux photovoltaïques ? Il faut donc comparer (mais suivant quelle méthode ?) les risques respectifs des différentes filières énergétiques avant de conclure.

Le principal argument avancé par les pronucléaires, du moins en France, reste de nature économique : le nucléaire permet de produire de l'électricité de base à un coût modéré. S'en passer conduirait à augmenter le prix de l'électricité et donc à pénaliser la compétitivité. Concrètement, cet argument est renforcé chaque fois qu'on introduit le prix du CO_2 nécessaire à la préservation du climat. Aussi, la prise en compte de la contrainte climatique a semblé redonner une nouvelle jeunesse à l'industrie nucléaire jusqu'à Fukushima, son lobby ne se privant pas de rappeler que la production d'électricité est la première source d'émission de gaz à effet de serre dans le monde et que la majorité des nouvelles capacités de production construites dans les pays émergents utilisent du charbon. Le nucléaire comme alternative au charbon ?

Pour tenter de démêler l'écheveau des arguments contradictoires, le mieux est de partir des faits. En 2012, 30 pays exploitaient au moins une centrale dans le monde. Cela représente un peu moins d'un pays sur six. Le nucléaire civil est une industrie de riches qui n'a commencé à se disséminer vers les pays émergents qu'à la fin des années 1990. Parmi les pays en développement, seule la Chine est parvenue à se hisser dans le club des dix premiers producteurs qui maîtrisent 85 % de l'offre mondiale. Elle comble rapidement son retard, avec le plus grand nombre de nouvelles centrales en chantier et l'acquisition rapide des technologies correspondantes. L'Inde pourrait bientôt suivre. Si le passage au nucléaire est obligé, force est de reconnaître qu'il n'est pas accessible à l'ensemble des pays, les coûts d'acquisition de la technologie et d'immobilisation du capital constituant une sérieuse barrière à l'entrée. Si on cherche une forme d'énergie qui peut se diffuser largement, notamment dans le monde en développement, mieux vaut éviter d'investir dans le nucléaire.

Dans les pays riches, cette forme d'énergie peut-elle néanmoins faciliter le chemin vers un système énergétique sobre en carbone ? Ici encore, l'observation des expériences concrètes est instructive. En Allemagne, malgré un investissement considérable dans les énergies renouvelables, l'efficacité énergétique et les réseaux de distribution, le pays devra accepter une augmentation transitoire de la part de l'électricité générée depuis le gaz et le charbon, au détriment de l'enjeu climatique. Par ailleurs, cette stratégie n'est finançable que grâce à un effort budgétaire qu'aucun autre grand pays européen ne serait en mesure de fournir et en faisant peser sur les ménages un prix de l'énergie parmi les plus élevés d'Europe[2].

Pour un pays qui dispose d'un parc nucléaire partiellement amorti, une sortie rapide du nucléaire impose donc des coûts supplémentaires de transition, tant en matière climatique qu'économique. D'où une position intermédiaire qui consiste à recommander une stratégie de compromis : prolonger l'utilisation des centrales existantes sans en mettre en chantier de nouvelles. C'est par exemple la stratégie américaine. Aux États-Unis, aucune nouvelle centrale n'a été remise en chantier depuis 1979 (accident de Three Mile Island), les tentatives successives des présidents Bush et Obama de faciliter la relance de l'industrie s'étant soldées par des échecs. Il s'avère à l'expérience impossible d'attirer suffisamment de capitaux privés vers cette industrie jugée à risque ! Il est des cas où le capitalisme anglo-saxon juge peut-être avec plus de prémonition qu'on ne l'imagine le risque sanitaire ou environnemental : les assureurs privés américains n'ont-ils pas cessé d'assurer le risque d'exposition à l'amiante dès les années 1920 quand le gouvernement français a attendu 1997 pour en prohiber totalement l'usage ?

Le débat franco-français

À quelques exceptions près, dont la France, le débat sur l'opportunité de miser sur le nucléaire comme source majeure d'énergie électrique semble donc dépassé. La question se pose de façon différente dans les pays émergents qui font face à un accroissement rapide de la demande d'électricité. Le nucléaire continuera à y être mis à contribution pour réduire la pression sur l'usage du charbon et du gaz. Mais même dans les scénarios les plus favorables, le nucléaire ne constitue qu'une force d'appoint dans la transition énergétique : il représente aujourd'hui 6 % des énergies primaires utilisées dans le monde et 14 % de la production électrique. Dans les scénarios les plus volontaristes de l'Agence internationale de l'énergie construits avant l'onde de choc de Fukushima, il atteint tout juste 10 % des énergies primaires et 19 % de la production électrique en 2030. Depuis Fukushima, le consensus a drastiquement révisé ces chiffres à la baisse.

La France occupe une place très particulière avec un parc nucléaire qui fournit près de 80 % de son électricité et des champions industriels à l'exportation. Le développement de cette filière est un exemple assez rare de réussite d'une politique industrielle colbertiste suivie avec constance par les gouvernements successifs depuis plusieurs décennies, avec le soutien actif des grandes organisations syndicales. Le président Hollande est le premier à avoir écorné cette tradition en promettant durant sa campagne électorale de 2012, puis en décidant, sitôt élu, de ramener à 50 % la part de l'électricité produite à partir du nucléaire en 2025. Cette décision politique, prise avant le lancement du débat sur la transition énergétique en 2013, résulte d'un compromis assez habile avec les écologistes : il permet, en fermant Fessenheim, la doyenne des centrales françaises, de ne pas avoir d'autres choix à faire d'ici la fin du mandat présidentiel compte tenu de la pyramide des âges des centrales. Le pays devra pourtant décider un jour s'il doit continuer à investir dans cette filière énergétique sur laquelle continue d'être dirigée une proportion considérable de ressources publiques, notamment en recherche et développement, non disponibles pour les énergies renouvelables ou l'efficacité énergétique.

Cette amorce de diversification de l'offre électrique présente de nombreux avantages et devra probablement être amplifiée dans les années qui viennent si notre pays veut réussir sa transition énergétique et reconvertir dans de bonnes conditions économiques et sociales les ressources actuellement immobilisées dans le nucléaire. À l'examen, les arguments en faveur du nucléaire tiennent et tiendront de moins en moins, qu'il s'agisse du colbertisme économique (le champion national), de sa variante sociale (l'électricité nationale bon marché disponible en quantité) ou de l'argument climatique (l'acceptation du risque radioactif au nom du sauvetage de la planète).

Une grande partie de l'effort public déployé dans la filière a été justifiée par l'objectif de construire une position importante sur un marché mondial des équipements et des prestations de services considéré comme prometteur. L'argument porterait si la filière nucléaire se développait en dehors de nos frontières à grande vitesse, ce qui semble de moins en moins être le cas. L'histoire commence un peu à rappeler celle du Concorde, prouesse technique franco-britannique dont on connaît le triste dénouement économique. Plutôt que celui de la filière nucléaire, les marchés énergétiques les plus porteurs au plan international semblent bien se trouver dans les renouvelables, l'efficacité énergétique et... le nouveau créneau du démantèlement des centrales en fin de vie ! L'expérience a montré une tendance récurrente à la sous-estimation des coûts de construction des nouvelles centrales lors de leur lancement. Nul ne sait trop ce que révélera celle de leur démantèlement et du traitement de leurs déchets en fin de vie.

L'affirmation que le nucléaire fournit du courant en base à un coût compétitif a longtemps été difficile à vérifier tant l'opacité a été maintenue sur les réels coûts du nucléaire en France. Fort opportunément, une grande partie du voile a été levée grâce à un rapport de la Cours des comptes publié en

2012[3]. Il y apparaît que le coût de l'électricité nucléaire ne cesse d'augmenter dans le temps, principalement en raison de la meilleure prise en compte des risques associés, ce qui est plutôt une bonne nouvelle sous l'angle de la sécurité. Conséquence directe : le coût marginal du kilowattheure d'EDF, celui qui sera produit à la centrale de troisième génération de Flamanville risque d'être supérieur au tarif de base du courant acheté par les ménages, ce qui est bien ennuyeux pour une centrale censée couvrir les besoins de base au moindre coût et non la pointe[4] !

Les partisans du nucléaire rétorqueront que la cause du changement climatique est susceptible de totalement redistribuer les cartes : avec un bon prix du CO_2, ne va-t-on pas enfin et définitivement restaurer la compétitivité de notre nucléaire national ? C'est à peu près certain si le prix du carbone est suffisamment élevé, mais... uniquement par rapport aux sources fossiles ! La vraie question d'avenir est bien plus celle d'anticiper la capacité du nucléaire à maintenir une compétitivité face aux renouvelables et aux autres solutions techniques qui permettront demain d'économiser massivement de l'énergie et de capter le CO_2 issu de la combustion des fossiles pour éviter qu'il n'aille s'accumuler dans l'atmosphère.

En la matière, les débats entre experts peuvent se prolonger longtemps. Le sens de l'histoire ne fait, lui, guère de doute : depuis son démarrage, le coût de production du kilowattheure nucléaire ne cesse d'augmenter quand ceux des renouvelables et autres innovations bas carbone sont sur des pentes descendantes. À l'exception de l'éolien terrestre, les coûts des autres technologies bas carbone sont généralement encore supérieurs à celui du nucléaire. Mais pour combien de temps ? Si vous étiez un investisseur privé, sur quelle filière placeriez-vous votre épargne dans une perspective de moyen et long terme ?

Face aux risques de la technologie nucléaire et du changement climatique, s'agit-il de choisir entre Charybde et Scylla ? Sortir de ce dilemme implique de mettre tous les moyens nécessaires pour développer des technologies alternatives permettant d'économiser l'énergie ou de l'utiliser sans rejets de CO_2. Tant que ce n'est pas le cas, le nucléaire constitue, non pas un passage obligé, mais un passage risqué. La France qui s'est engagée plus que tout autre pays sur cette voie a pu construire un système électrique parmi les moins émetteurs de CO_2 au monde. Compte tenu de la réévaluation des risques liés à cette technologie, elle doit se préparer à accélérer la diversification de son mix électrique pour s'affranchir de sa trop grande dépendance à l'égard du nucléaire, sans doute une « énergie du futur qui appartient au passé », suivant un mot célèbre de l'essayiste américain Amory Lovins[5].

CHAPITRE 14

Les innovations génératrices de croissance

Si nous avions interrogé en 1900 les économistes les plus clairvoyants sur les changements techniques qui allaient structurer l'économie du siècle dernier, aucun n'aurait été en mesure de citer les grappes d'innovation de la fin du XIXe siècle, aujourd'hui considérées comme déterminantes par les historiens de la croissance. Ces innovations étaient pourtant déjà là, mais nul ne pouvait anticiper les interactions complexes qui allaient en faire les véritables ressorts de l'expansion du XXe siècle grâce à leur diffusion massive. L'un des prototypes du moteur à combustion interne fut certes présenté à l'exposition universelle de Paris de 1900, mais son inventeur, l'ingénieur Rudolf Diesel, était alors considéré comme une sorte de marginal, passionné par ses engins roulants propulsés avec de l'huile de cacahuète ! À l'époque, Thomas Edison avait déposé la majorité de ses mille brevets, dont ceux de la fameuse ampoule à filament et de la première centrale électrique qui allaient transformer nos modes de vie ; il était pourtant considéré en Europe comme un ancien télégraphiste de la Western Union, expert en piratage des inventions des autres et notamment des premiers films de Georges Méliès qui furent utilisés dans des conditions juridiques douteuses pour développer les Kinetoscope Parlors, les ancêtres de nos salles de cinéma[1] !

Plus proche de nous : en 1980, Bill Gates signe un accord de coopération avec IBM pour le développement commercial du système d'exploitation MS-DOS qui va faire sa fortune. Quel économiste aurait alors été en mesure d'identifier les ruptures qu'allait provoquer dans le fonctionnement de nos sociétés, non les ordinateurs, ces machines que l'industriel ne cessait de perfectionner depuis des décennies pour tenter de maintenir sa position dominante, mais leur mise en réseau grâce à l'Internet ? Les premières applications de l'Internet fonctionnaient pourtant déjà depuis plusieurs années entre centres universitaires aux États-Unis, mais nul n'avait alors anticipé que ce type d'application sortirait un jour du milieu très confiné de la recherche américaine pour être accessible en quelques clics sur nos téléphones portables !

L'expérience de nos prédécesseurs nous recommande la plus grande prudence lorsqu'il s'agit de se projeter dans le futur, car il n'y a aucune raison pour que nous soyons devenus plus clairvoyants qu'eux. Les innovations technologiques qui vont supporter la cinquième transition énergétique sont probablement déjà là dans leur grande majorité. Mais il est impossible d'identifier les combinaisons qui vont générer les ruptures économiques et sociales permettant de transiter vers un système bas carbone. Pas plus que l'économiste, le politique n'est doté de ce don de clairvoyance. Il doit donc trouver le bon système d'incitations facilitant le déploiement de ces innovations dans l'économie sans privilégier telle ou telle option technique dans laquelle il risquerait d'enfermer les acteurs. La construction de scénarios prospectifs, en dévoilant le jeu de contraintes et les systèmes d'interdépendance entre les multiples maillons du système énergétique, peut l'y aider. Les scénarios éclairent aussi sur les objectifs normatifs à cibler, autrement dit le type de futur que nous voulons construire. Une chose est certaine : aucun ne décrit ce que sera la réalité de la transition énergétique.

Des progrès incrémentaux aux innovations de rupture

Dans la vision courante des futurs énergétiques, les innovations de rupture se présentent souvent comme de nouveaux vecteurs, de préférence spectaculaires, permettant de brusquement détendre la contrainte séculaire de rareté de l'énergie : la plante ou les algues marines aux rendements miraculeux qui démultiplient l'accès à la biomasse ; la découverte d'une source énergétique hyperconcentrée qu'on ramène d'une autre planète ; l'exploitation de la formidable énergie des vents qui soufflent à plusieurs dizaines de kilomètres au-dessus de nos têtes ; la maîtrise de la fusion nucléaire fournissant enfin cette électricité en masse et à bas coût, promise depuis si longtemps...

Ces visions futuristes à la Jules Verne nous éloignent de la caractéristique principale de la cinquième transition énergétique qui réside précisément dans l'extraordinaire diversification des sources susceptibles d'assurer nos approvisionnements de demain. Cette diversification va être possible grâce aux progrès incrémentaux des techniques de production des énergies de flux (éolien, solaire) dont les coûts sont en train de rejoindre, voire de surclasser, ceux des énergies de stock (fossiles) aujourd'hui encore dominantes.

Côté énergies fossiles, des masses financières croissantes continuent d'être investies dans la recherche et l'exploration. Elles provoquent parfois des résultats spectaculaires, comme la mise en exploitation du gaz de schiste et des pétroles non conventionnels aux États-Unis qui relâche pour quelques décennies la tension sur les ressources fossiles. Mais la tendance de fond demeure : le rendement physique de ces investissements (le nombre de tonnes d'équivalent pétrole obtenu par dollar investi) décroît dans le temps, ce qui fait monter le coût de ces sources énergétiques. Par ailleurs, les progrès techniques dans la transformation de ces sources primaires en énergie finale ne suivent pas toujours. Ils restent soutenus dans la motorisation des engins de transport (véhicules terrestres, avions et navires), mais stagnent dans la production électrique : le rendement énergétique des centrales thermiques qui fournissent plus de 80 % de l'électricité dans le monde a pratiquement cessé de progresser depuis la fin des années 1960.

Côté énergies de flux, des masses financières bien moins conséquentes sont investies. Dans certains cas, elles n'en sont encore qu'au stade des expérimentations en laboratoire. Les deux énergies de flux qui devraient jouer un rôle majeur dans la transition sont l'éolien et le solaire. À l'exception de l'énergie solaire qui constitue la seule énergie renouvelable au sens propre du terme, les dotations spatiales des énergies de flux sont très inégalement réparties.

L'éolien combine la technique ancestrale du moulin à vent à un procédé de conversion de l'énergie mécanique en électricité disponible depuis plus d'un siècle. L'économie de l'éolien à la production est assez simple : elle repose sur le choix du bon couloir venteux puis de l'optimisation du rendement énergétique qui dépend du diamètre des pales lui-même lié à la taille du mât. Les premières éoliennes ne dépassaient pas 15 mètres pour une puissance de l'ordre du demi-mégawatt. Les générations récentes mesurent 125 mètres pour une puissance de l'ordre de 5 mégawatts. Les industriels du secteur projettent de déployer des engins allant jusqu'à 250 mètres et développant des puissances de l'ordre de 20 mégawatts dans les futurs parcs offshore. Cette montée en taille des équipements a été le principal facteur de baisse des coûts d'une industrie qui partage avec le solaire une double particularité : elle est totalement capitalistique puisqu'elle fonctionne sans main-d'œuvre de production ni consommations intermédiaires ; elle est disséminée sur un très grand nombre de sites de production. Ses coûts à la production sont ou seront inférieurs à ceux de l'électricité thermique. Mais cette compétitivité à l'amont de la filière n'est que l'une des conditions de son déploiement dans le système énergétique.

L'industrie solaire transforme l'énergie présente dans les rayons arrivant sur notre planète *via* deux procédés. Le procédé thermique consiste à directement utiliser la chaleur présente dans ces rayons, par exemple pour chauffer de l'eau sanitaire ou vaporiser l'eau des turbines d'une centrale solaire à partir de réflecteurs. Le procédé photovoltaïque permet de transformer l'énergie solaire en électricité *via* des panneaux assemblant des cellules photovoltaïques. Le procédé thermique pour les usages domestiques est aujourd'hui bien souvent compétitif relativement aux systèmes concurrents. Le photovoltaïque bénéficie de progrès de productivité très rapides dans la fabrication des cellules en silicium à l'amont de la filière qui ne constituent qu'une petite partie du prix de revient des installations. Contrairement au segment des chauffe-eau solaires, ses coûts à la production, bien que décroissants, restent supérieurs à ceux des sources thermiques classiques dans la plupart des applications.

L'argument classique des coûts élevés à la production des énergies de flux est donc à nuancer suivant les cas. En tendance, ces coûts tendent à décliner grâce aux efforts croissants de recherche et développement et aux multiples expérimentations qui constituent la courbe habituelle d'apprentissage de secteurs économiques en phase d'émergence. La nécessaire tarification du carbone peut accélérer drastiquement ce phénomène en ciseaux, c'est l'une des conditions du déploiement à grande échelle de ces nouvelles sources. À l'image de ce qui a été observé pour l'éclairage, ces progrès incrémentaux de technologies pourront déboucher sur de véritables innovations de rupture si une profonde reconfiguration des réseaux énergétiques permet la diffusion massive de leurs usages.

La reconfiguration des réseaux énergétiques

Depuis plusieurs décennies, les systèmes énergétiques n'ont pas réduit leur dépendance à l'égard des énergies fossiles, mais ont eu tendance à se structurer suivant un schéma « en silos ». Le poids de l'électricité s'est accru dans la consommation finale et sa production est devenue le principal débouché du charbon et, à un moindre degré, du gaz. Des infrastructures de transport et de distribution se sont ainsi constituées suivant un maillage vertical, transitant par des centrales dont la taille a eu tendance à grandir avec le temps. Un silo parallèle, de moindre importance (sauf en France), s'est construit pour la filière nucléaire. Simultanément, le transport est devenu le débouché principal du pétrole et de ses dérivés. À l'exception des trains de voyageurs et tramways, la quasi-totalité des modes de transport utilise les dérivés du pétrole comme principale source d'énergie. D'où un troisième silo d'infrastructures qui rattache nos moyens de transport aux puits de pétrole situés tout à l'amont de la filière. Au sein de chacun de ces silos, les acteurs économiques dominés par de grandes compagnies énergétiques ont travaillé à optimiser et sécuriser les approvisionnements, avec un certain succès puisque le coût de l'énergie rendue à l'utilisateur a progressé moins rapidement que les salaires ou le niveau général des prix au cours des dernières décennies.

Le plus clair résultat de cette configuration en silos verticaux des infrastructures énergétiques est de considérablement réduire les choix possibles du consommateur d'énergie. Dans ce contexte, l'introduction encore très timide d'énergies de flux s'est opérée par des systèmes dérogatoires assez coûteux pour la collectivité publique (principalement les tarifs de rachat imposés aux distributeurs classiques d'énergie comme nous le verrons au chapitre 18) ou des expérimentations à échelle limitée dans le cas du transport (par exemple l'auto-partage de véhicules électriques dans les centres urbains). Ces modèles transitoires ne permettent d'introduire que des quantités limitées d'énergies de flux. Le déploiement à grande échelle de ces énergies implique une reconfiguration drastique des réseaux qui casse les silos verticaux et la somme des intérêts économiques et positions dominantes qui s'y attachent. Une telle reconfiguration permettra de modifier fondamentalement la façon dont nous utiliserons demain l'énergie en multipliant l'éventail des sources accessibles et en effaçant à terme la distinction entre producteurs et consommateurs. Elle touchera les deux domaines clefs de nos modes de vie que sont le logement et le transport[2].

Dans les pays développés, l'habitat représente en moyenne entre un tiers et 40 % de l'énergie primaire consommée (chauffage, mais aussi consommations spécifiques liées à la cuisine, l'éclairage et l'utilisation de multiples appareils ménagers). À peu près tous nos appareils ménagers disposent de potentiels de gains d'efficacité énergétique aussi importants que ceux mis en relief pour les ampoules électriques. Encore faut-il que les producteurs y soient incités par les normes techniques et la tarification à l'usage et non au produit. Concernant le logement neuf, les architectes savent aujourd'hui concevoir des maisons à énergie positive dans lesquelles on parvient à produire plus d'énergie qu'on n'en consomme si on optimise leurs fonctionnalités. Les progrès dans les techniques d'isolation permettraient souvent de s'approcher de telles performances dans les logements anciens, mais à des coûts croissant rapidement suivant le niveau initial de qualité des constructions. Dans les deux cas, optimiser l'usage de l'énergie repose sur des technologies éprouvées ou en cours de développement. Ce qui manque, c'est un système d'incitations puissant assurant leur diffusion à grande échelle dans de bonnes conditions économiques. C'est l'enjeu majeur de la reconfiguration des réseaux énergétiques.

Bizarrement, les réseaux énergétiques en sont restés à l'âge de la pierre à l'heure du numérique. Leur reconfiguration devrait jouer un rôle pivot dans la transition énergétique. L'interconnexion des compteurs intelligents permettrait aux millions d'utilisateurs de gérer les flux énergétiques entrant et sortant dans leur logement en tenant compte des informations concernant leurs propres consommations et intégrant celles leur parvenant des autres utilisateurs. Pour envoyer les bons signaux aux usagers, cette infrastructure physique devrait servir de support à une tarification exprimant la rareté relative des différentes sources d'énergie à chaque instant. Une telle émergence de réseaux multipolaires et interactifs est aux antipodes des réseaux centralisés et descendants dont l'archétype est probablement le réseau électrique français construit pour assurer la distribution d'une production aussi peu flexible que celle fournie par un parc nucléarisé aux quatre cinquièmes.

Côté transport, nos sociétés semblent engagées depuis des décennies dans une course à la vitesse qui à la fois fascine et inquiète : les détracteurs de Rudolf Diesel prétendaient déjà qu'aucun organisme humain ne résisterait à une vitesse de 100 km/h ! Par de multiples côtés, cette course semble absurde. Des véhicules surdimensionnés aux superbes mécaniques encombrent nos autoroutes urbaines ; les avions de ligne réduisent leur vitesse de croisière pour abaisser leurs coûts d'exploitation mais reperdent le carburant en attendant de prendre leur couloir d'atterrissage du fait de la saturation du trafic ; à l'heure de pointe, le piéton dans le couloir du métro accélère le pas au moindre bruit de rame en provenance de la station, comme si éviter trois minutes d'attente sur le quai devenait un enjeu vital. La reconfiguration des réseaux de transport exige une réflexion préalable sur le type de mobilité des hommes et des marchandises dont notre société a besoin. Ce faisant, on passe d'une économie du produit (la voiture, le train, l'avion...) à une économie de la fonctionnalité.

Dans une telle approche, les bénéfices de la mobilité seront démultipliés si on diversifie les modes de transport en fonction des usages, ainsi que les sources d'énergie utilisées. Concernant l'énergie, cette diversification va donner une seconde vie à certaines sources séculaires, par exemple la force musculaire humaine avec la redécouverte des bienfaits du vélo et de la marche, et à de multiples formes d'hybridation nouvelles entre modes et entre sources énergétiques. Dans ces mutations, l'automobile n'est pas amenée à disparaître mais à s'intégrer dans des schémas plus globaux de mobilité. Sa propulsion fera appel à des sources multiples : carburants classiques ; biogaz et biocarburants ; hydrogène ; électricité. Sous l'angle énergétique, la montée en régime de l'électrification du parc va libérer un potentiel majeur de stockage décentralisé de l'électricité dans les batteries des véhicules qui pourront notamment être rechargées aux heures « creuses ». La généralisation de ce type de comportement est susceptible de générer des économies considérables d'énergie et d'émission de gaz à effet de serre grâce aux réseaux décentralisés et ouverts de demain.

La démultiplication de notre capacité encore très limitée de stockage de l'électricité devrait être un paramètre majeur dans la reconfiguration des réseaux énergétiques qui permettra notamment de déplacer l'une des limites actuellement les plus contraignantes à la diffusion des énergies de flux : leur intermittence. Une autre contrainte est la faible densité de ces énergies dans un contexte où il faut approvisionner des populations de plus en plus densément regroupées dans des villes. C'est pourquoi la transition énergétique devra conduire à repenser les liens entre le système énergétique et les territoires.

La maîtrise de l'espace : les nouveaux enjeux territoriaux

Les transitions historiques du passé ont conduit à utiliser des sources d'énergie de plus en plus concentrées : une tonne de pétrole contient davantage d'énergie qu'une tonne de charbon qui elle-même en concentre bien plus qu'une tonne de bois. Cette concentration facilite considérablement le transport et le stockage et limite les surfaces mobilisées par les systèmes énergétiques. Sous cet angle, le passage de la traction animale à la motorisation a libéré des surfaces agricoles considérables. En 1955, un quart de la superficie céréalière française était par exemple encore immobilisé par la culture d'avoine destinée à l'alimentation des animaux de trait. Cette culture a aujourd'hui quasiment disparu et malgré leur développement rapide, les surfaces dédiées aux biocarburants ne dépassent pas 5 % de la superficie cultivée.

Une particularité notable de la cinquième transition énergétique est qu'elle repose sur la diffusion de nouvelles énergies de flux et de la biomasse renouvelable, faiblement concentrées[3]. C'est la raison pour laquelle elles sont plus faciles à déployer pour répondre aux besoins de populations disséminées qu'à ceux de grandes agglomérations dont on cherche par ailleurs à densifier le maillage. Le solaire est aujourd'hui la source la plus compétitive pour actionner des pompes remontant l'eau de puits ruraux éloignés des réseaux énergétiques[4] ; il peut être judicieusement utilisé dans sa maison de campagne ou son pavillon pour pomper l'eau de pluie préalablement récupérée mais cela demande un effort financier additionnel ; il ne peut guère être utilisé pour fournir l'énergie nécessaire à l'alimentation et au traitement de l'eau potable des villes. De même, il est bien plus facile techniquement de concevoir et réaliser une maison individuelle « à énergie positive » (surtout si elle dispose d'un terrain suffisant) qu'un immeuble collectif.

Il ne faut pas sous-estimer cette dimension spatiale. Malgré leur concentration, les infrastructures installées pour l'extraction et la distribution des énergies d'origine fossile occupent environ 30 000 km^2 dans le monde, soit une superficie correspondant à la Belgique. Oublier les contraintes d'espace lors du développement de nouvelles sources énergétiques à plus faible densité peut conduire à des déconvenues importantes comme l'a révélé l'expérience de la première génération de biocarburants. Les technologies permettant d'utiliser l'énergie des sous-produits et les déchets (biogaz, conversion des matières ligneuses...) ou de nouvelles sources (algues) permettront d'amortir les tensions spatiales liées à l'exploitation de la biomasse. Mais ces tensions pourraient aussitôt renaître si l'on érige des éoliennes et des panneaux photovoltaïques dans les champs pour massivement approvisionner les villes en énergie !

Il est impossible de résoudre ces contraintes spatiales dans le cadre de l'organisation verticale des réseaux énergétiques. C'est la raison pour laquelle leur reconfiguration comprend une dimension territoriale importante. L'Internet s'est développé sur la base de multiples expérimentations et innovations décentralisées dont la somme a fini par créer des ruptures dans le fonctionnement de l'économie. De même, la reconstruction de réseaux accompagnant la montée en régime des énergies de flux passera par une multiplicité d'innovations conduites par des acteurs de terrain qui seuls peuvent évaluer les ressources et les besoins à l'échelle locale et en maximiser les usages. Cette valorisation des ressources locales mettra à l'honneur la réhabilitation de certains circuits courts, dans le domaine énergétique comme dans les autres secteurs de l'économie.

Au plan de la gouvernance, cela implique que les collectivités territoriales disposent de marges de manœuvre, de responsabilités et de prérogatives accrues. L'une des difficultés majeures de la construction de cette gouvernance décentralisée est de la coupler avec des instruments nouveaux assurant la solidarité entre les territoires. Dans un réseau centralisé, l'instrument clef de cette dernière est la péréquation tarifaire. Dans les réseaux multipolaires et ouverts de demain, il faudra trouver d'autres instruments qui n'entravent plus le rôle des prix dans la bonne allocation des ressources.

La gestion du temps : comment sauter des étapes ?

Si l'espace est limité, le temps, lui, est compté ! Dans son ouvrage de référence, Vaclav Smil montre combien les transitions énergétiques du passé ont consisté en transformations séculaires, avec des décalages considérables entre le moment où apparaissent les innovations, celui où elles se diffusent dans la société et les délais avec lesquels elles exercent leur effet dynamisant sur l'économie grâce à la démultiplication des gains de productivité rendue possible par l'élargissement des sources primaires d'énergie. Les contraintes technologiques, l'inertie des structures économiques et sociales, la puissance des intérêts établis concourent à expliquer cette lenteur des transitions énergétiques. L'histoire révèle aussi un étonnant paradoxe : les situations d'urgence, au lieu de hâter la transition, conduisent fréquemment à recourir à des solutions anciennes qui bloquent au contraire les mutations du système énergétique.

Smil donne l'exemple des fameux *liberty ships* commandés en urgence par l'amirauté américaine après la déroute de Pearl Harbor, qui furent construits dans des délais records : 2 710 transporteurs de troupe sortirent des chantiers navals américains et canadiens entre 1942 et 1945. Pour aller au plus vite, le choix de la propulsion ne se porta pas sur des moteurs diesels pourtant introduits dès 1911 sur les lignes maritimes transatlantiques et équipant la majorité de nouveaux navires depuis la fin des années 1920, mais sur d'antiques machines à vapeur, moins efficaces et plus polluantes. L'avantage décisif de cette technologie éprouvée mais dépassée était de réduire le risque de retard de livraison du fait de sa rusticité et, ce faisant, de répondre à l'urgence de la situation.

Un argument similaire de l'urgence justifie aujourd'hui un grand nombre d'options en faveur des énergies fossiles, et notamment le rythme effréné de construction des centrales thermiques dans les pays émergents asiatiques. À Mumbai, capitale économique de l'Inde, la population s'accroît de plus de 5 % l'an du fait de l'exode rural. Le quart des habitants vit dans des bidonvilles, tel celui de Dharavi où s'entassent près de 1 million de personnes. Leur donner un accès à un logement décent connecté à l'électricité et à un réseau d'assainissement doit être une priorité de rang un. L'option la plus rapide pour y répondre semble bien souvent être de construire à la hâte quelques méga-centrales électriques au charbon dont la nature a par ailleurs généreusement doté le pays. Le temps semble manquer pour concevoir et mettre en œuvre des solutions alternatives. Ce faisant, on reproduit un système d'infrastructures énergétiques hérité du siècle dernier dont la marque imprimera pendant des décennies les systèmes énergétiques des pays émergents.

L'un des enjeux majeurs de la cinquième transition énergétique est de rendre compatible l'urgence de l'amélioration des approvisionnements énergétiques des pays du Sud avec la prise en compte du réchauffement climatique. Suivant les grilles de lecture standard de l'économiste du développement, une telle réconciliation semble impossible à court terme car ces pays disposent de peu de marges de manœuvre du fait de la rareté de leurs ressources et de leurs retards technologiques.

Le diagnostic est sans doute trop rapide. Les pays en développement sont beaucoup moins contraints que les vieux pays industriels par des infrastructures énergétiques lourdes, déployées avec force moyens pour supporter la production et l'acheminement des énergies fossiles. Une partie nettement plus importante de la population habite dans les campagnes, souvent sans accès à l'électricité ni aux autres énergies modernes. À l'instar de la téléphonie mobile, la diffusion des nouvelles énergies de flux permettrait d'élargir l'accès à l'énergie en faisant l'économie de coûteux investissements pour déployer les réseaux énergétiques du passé. De même, de nouveaux modèles de gestion urbaine peuvent se développer à la faveur de l'urbanisation rapide face à laquelle des solutions directement inspirées des méthodes de planification urbaine développées au Nord ne sont pas adaptées.

Il ne faut pas penser la prochaine transition énergétique comme une mutation qui se construirait au Nord pour ensuite être appliquée au Sud. La montée en régime des énergies de flux dans les pays émergents offre l'opportunité de construire directement de nouveaux modèles énergétiques, sans repasser par toutes les étapes qui bloquent aujourd'hui les pays industrialisés dans l'utilisation des énergies fossiles. Au plan écologique, le rythme de la transition est accéléré chaque fois que ces pays produisent des innovations qui leur permettent de passer directement aux énergies de flux sans passer par l'intermédiaire des fossiles.

Ce constat rappelle singulièrement la question de la protection de la biodiversité. Les forêts primaires sont l'une des grandes réserves de diversité des êtres vivants. Ce type de forêt a été éliminé dans les pays riches et subit de multiples pressions avec le développement des pays du Sud. À l'instar de la protection du climat, celle de la biodiversité implique donc que les pays en développement trouvent des voies propres qui leur évitent de reproduire les trajectoires historiquement empruntées par les vieux pays industrialisés.

CHAPITRE 15

Le capital naturel, facteur de croissance : une nouvelle conception

Depuis les Sumériens, on sait qu'une croissance mue par une accumulation du capital prédatrice de l'environnement finit par s'autodétruire : grâce à la maîtrise de l'irrigation, Sumer inventa l'écriture, le droit, la ville. Incapable de maîtriser le drainage, complément indispensable de l'irrigation en milieu aride, elle disparut du fait de la stérilisation des sols par le sel. Les habitants de l'île de Pâques, qui avaient aussi mis au point l'un des premiers systèmes d'écrit[1], connurent le même destin : après avoir coupé le dernier arbre, ils abandonnèrent leur île avec ses immenses statues de granit plantées sur un paysage lunaire. Dans un monde minéral, seule la pierre peut subsister. Or, en coupant les arbres, les Pascuans n'avaient pas seulement épuisé un stock de ressources ; ils avaient détruit la capacité de reproduction d'un écosystème.

À l'instar des Sumériens et des Pascuans, notre croissance risque de buter non sur la disponibilité des ressources naturelles mais sur la destruction des deux grandes fonctions régulatrices constitutives du capital naturel : la diversité des écosystèmes et la régulation du climat *via* les gaz à effet de serre. Dans ces deux domaines, le fonctionnement actuel des marchés détruit les fonctions régulatrices du capital naturel. Pire, la course aux matières premières, dopée au plan économique par la rente de Hotelling, accélère cette destruction et menace de coûter très cher demain. Donnons un ordre de grandeur : aux 20 % du PIB que le monde pourrait perdre, d'après le rapport Stern, en ne régulant pas les émissions de gaz à effet de serre, pourraient s'ajouter les pertes économiques résultant de nos atteintes à la biodiversité. En reprenant le chiffrage de Sukhdev, la diversité des écosystèmes contribuerait à l'heure actuelle à environ 40 % du PIB mondial. Tous les rapports de scientifiques révèlent une accélération de la perte de cette biodiversité. Imaginons que les services gratuits actuellement fournis par la biodiversité soient amputés d'un quart d'ici 2050 : ce sont 10 % de PIB supplémentaire qu'il faudra retrancher à la richesse mondiale, sans doute irréversiblement perdus !

Si on veut donner un ordre de grandeur pour frapper les esprits, l'enjeu de la transition écologique devient époustouflant sitôt qu'on allonge un tout petit peu notre horizon prospectif : de l'ordre de 30 % du PIB mondial d'ici quelques décennies ! Comment représenter cet enjeu à partir des modèles de croissance développés par les économistes ?

Quand l'économiste donne une couleur à la croissance

La croissance verte est généralement présentée comme un mode d'expansion alternatif à la décroissance où nous entraînerait inévitablement la poursuite des modèles historiques prédateurs de ressources. Mais, en l'absence d'une base analytique sérieuse, cette approche se contente de décrire un résultat sans fournir la moindre indication sur les conditions requises pour l'atteindre. Du coup, il devient possible d'imaginer autant de croissances vertes que de croissances non vertes et même parfois de les déguiser, les renommer et les confondre ! Le ministère de l'écologie va recenser ses « emplois verts ». Les experts vont calculer qu'il y a 25 % d'« investissement vert » dans tel plan de relance. L'hypermarché va nous vanter ses derniers sacs renouvelables « verts ». En l'absence de définition rigoureuse, le « vert » est partout et nulle part. Il devient une notion à géométrie variable dont chacun peut s'affubler sans qu'aucune agrégation ne permette d'en donner une vision synthétique.

Le concept de croissance utilisé dans le sens habituel des économistes représente l'ensemble des mécanismes conduisant à une augmentation de la richesse pouvant être appréhendée en termes de production, de revenu ou de conditions de vie. En soi, cette croissance n'est, *a priori*, ni « bonne » ni « mauvaise ». Pour la qualifier, il convient de s'interroger sur les mécanismes rattachant les facteurs mobilisés, leur rémunération et la richesse produite. Sa qualification dépend de la façon dont on traite le capital naturel dans le processus de croissance. Une croissance mérite le qualificatif de « verte » quand elle intègre le capital naturel parmi les facteurs de production dans lesquels il faut investir au même titre que dans le travail ou le capital.

Sous l'angle du concept, cette définition est très simple. Mais comment l'utiliser en pratique s'il est impossible de mettre un prix à la Nature, c'est-à-dire d'évaluer directement la valeur apportée par l'ensemble des services fournis par le stock de capital naturel ? Nous avons montré qu'il était en revanche plus pertinent d'estimer le coût des dégradations que l'activité génère sur l'environnement. C'est à partir de telles méthodes que sont construites les méthodes d'évaluation environnementale permettant d'introduire au plan microéconomique la valeur de l'écologie dans les systèmes économiques. C'est à partir d'une méthode identique que nous allons construire notre représentation théorique de la fonction de production macroéconomique permettant de mieux comprendre la croissance verte. Aussi n'est-ce pas directement le stock de capital naturel qui est introduit dans notre approche, comme le voudrait le sens commun, mais sa dégradation par les pollutions.

Ainsi représentée, on verra que notre conception de la croissance permet de mieux poser les bonnes questions traitant de la croissance verte. Elle indique en particulier qu'en associant les bons prix à ces pollutions, on améliore l'état du capital naturel en tant que facteur de production. Il convient alors d'appréhender le capital naturel comme source de croissance sitôt que nous sommes capables de le renouveler et de le faire fructifier, grâce aux incitations introduites par les prix de l'environnement.

Les sources de croissance dans la représentation standard de la production

Les représentations standard de la théorie économique analysent la production comme une combinaison du capital humain et du capital physique avec comme produits joints ou fatals la pollution impliquant une détérioration du capital naturel et de ses fonctions régulatrices. Du point de vue des théories standard de la croissance, les économistes sont globalement et schématiquement d'accord sur le rôle moteur de l'accumulation : l'accumulation du capital humain et l'accumulation du capital physique.

Le capital humain représente le travail en termes de contribution à la production. Cette notion recouvre aussi bien des aspects purement démographiques, en termes de natalité, de longévité ou d'immigration jouant sur la taille de la population active, que des aspects de productivité du travail en termes de qualification (éducation). Ajouter des salariés de qualification identique ou remplacer ces salariés par moins de travailleurs plus qualifiés au sens de leur efficacité dans la production d'un bien revient au même du strict point de vue de la production. Dans les théories de la croissance avec capital humain, l'important est alors l'augmentation de la force de travail, en quantité ou en qualité. Dans ce cas, c'est l'accumulation, *a priori* sans limite, des connaissances qui est au centre de la croissance. En développant le niveau d'éducation nous améliorons l'ensemble des capacités de production de l'économie. C'est un des mythes que l'on prête volontiers à l'économie du numérique en oubliant un peu vite la nécessaire production de biens réels qui accompagne cette croissance.

Le second élément correspond à l'augmentation du capital physique ou productif. Le capital productif rassemble l'ensemble des investissements, machines, outils, infrastructures et intrants (ou inputs) autres que le travail participant à la production de richesse. Une augmentation du capital productif passe alors par un effort d'investissement qui permet d'élargir le stock ou les performances du capital mobilisé dans l'économie. Pour la croissance, au même titre que la force de travail, l'important est donc l'augmentation du capital physique, en quantité ou en qualité.

Dans une représentation simplifiée du processus de production, la combinaison de ces deux facteurs de production (capital/travail) est représentée par une fonction de production figurant l'ensemble des combinaisons possibles entre les facteurs et expliquant le niveau de production d'une économie. Sur cette base, l'investissement, l'éducation, les innovations et le progrès techniques permettent de faire progresser la productivité des facteurs, soit de manière isolée, soit pour l'ensemble de la fonction de production. Les effets sont donc à observer soit au niveau des facteurs de production eux-mêmes, augmentation de la productivité du capital physique ou humain, soit au niveau de l'ensemble de la production. Dans ce cas, on introduit un facteur multiplicatif qui impacte positivement l'ensemble de la production[2].

On peut alors considérer, comme dans les modèles classiques de croissance, l'existence d'externalités globales prises en compte dans le facteur multiplicatif. Ce facteur intègre soit un progrès technique, soit le niveau moyen de capital humain, soit le niveau moyen de capital physique. Nous obtenons ainsi une fonction de production à rendement croissant et donc une croissance potentiellement infinie de l'économie. Dans ces systèmes, seule compte la capacité à augmenter les facteurs de production, autrement dit l'accumulation de capital physique, l'accumulation de capital humain ou le facteur multiplicatif sans prendre en compte les éventuels effets environnementaux.

Un grand nombre de modèles de croissance ont alors été imaginés. Qu'ils s'agissent d'une croissance exogène liée à un progrès technique venu du ciel comme dans le modèle de Solow (1956)[3] ou d'une croissance endogène liée au capital humain (Lucas, 1988 ; Rebelo, 1991[4]), au capital physique (Romer, 1990[5]) ou encore aux investissements publics dans l'éducation ou enfin dans la recherche et développement (Barro, 1996[6]). L'ensemble de ces approches s'interroge en définitive sur les éléments constitutifs de la fonction de production, sur les possibilités de prendre en compte leurs effets sur la croissance et sur les moyens à mettre en œuvre pour encourager leur accumulation[7].

Comme nous l'avons vu au chapitre 3, en réponse au Club de Rome, des auteurs tels que Dasgupta, Heal, Solow et Stiglitz ont proposé de prendre en compte des effets de progrès technique ou de substitution entre le capital physique et les ressources épuisables. En introduisant dans la fonction de production une ressource épuisable, ils démontrent que les limites de la croissance portent moins sur l'épuisement des ressources que sur la capacité du progrès technique à assurer la poursuite de la croissance. Ces modélisations reposent sur l'hypothèse de substitutions possibles entre facteurs, plausibles pour les ressources non renouvelables, comme l'a bien montré le premier chapitre, nettement plus hypothétiques dans le cas de la diversité des écosystèmes ou du changement climatique.

Or il y a bien plus à craindre des dommages portés aux conditions de reproduction des ressources, des dérèglements des systèmes de régulation climatique ou d'une perte de biodiversité que de l'épuisement potentiel des ressources. Comment intégrer les atteintes infligées au capital naturel dans le raisonnement ?

L'introduction de la pollution dans la fonction de production

Les approches récentes développées notamment par Acemoğlu et Dasgupta[8] sur la notion de croissance soulignent l'importance de la prise en compte du capital naturel dans notre mode de développement. En fait, nous pouvons considérer que lorsque la production d'un bien engendre une pollution, alors, à technique de production inchangée, une baisse de la pollution s'accompagne d'une baisse de la production. Tout se passe donc comme si la pollution était un élément constitutif de la production. C'est bien vers l'intégration de la pollution dans la fonction de production que nous devons aller. Les approches proposées notamment par Copeland et Taylor (1994), Stokey (1998) ou encore Jouvet, Michel et Rotillon (2005)[9] permettent justement cette intégration de la pollution comme facteur de production.

Intuitivement, si nous considérons une fonction de production avec les facteurs habituels, capital physique et capital humain, et si cette production engendre de la pollution, alors nous pouvons définir un indice d'intensité de la pollution qui dépend du niveau d'utilisation de la technologie. Cet indice nous donne le rapport entre niveau de production et niveau de pollution. Dès lors que nous pouvons établir un lien entre le niveau d'utilisation de la technologie de production et l'intensité de la pollution, cette dernière n'est plus perçue comme une simple externalité ou un produit joint mais comme un facteur de production à part entière. La fonction de production passe ainsi de deux facteurs à trois : le capital physique, le capital humain et la pollution qui représentent le capital naturel utilisé dans la production. Si nous ne percevons plus la pollution comme une simple conséquence de l'activité de production c'est parce qu'il existe bien une complémentarité entre la pollution et les autres facteurs de production.

Cette représentation peut *a priori* choquer et semble orthogonale à une vision de la « croissance verte », qui consisterait d'après l'OCDE à « promouvoir la croissance et le développement tout en réduisant la pollution et les émissions de gaz à effet de serre, en limitant le plus possible la production de déchets et le gaspillage des ressources naturelles, en préservant la biodiversité et en renforçant la sécurité énergétique ». Elle correspond pourtant bien à la réalité, mais les acteurs économiques font mine de l'oublier tant que l'acte de polluer est gratuit. Sitôt que la pollution a un prix, elle est en revanche immédiatement prise en compte par les producteurs. Depuis l'entrée en vigueur du système européen des quotas de CO_2, toutes les grandes compagnies électriques ont par exemple parfaitement intégré que la tonne de CO_2 était devenue un facteur de production, dont il fallait assurer l'approvisionnement, au même titre que le charbon, le gaz ou tout autre type de combustible, pour faire tourner les centrales !

L'enseignement principal de cette nouvelle modélisation de l'offre est qu'une part de la production liée aux facteurs classiques de la production revient en définitive à la pollution ! Il ne s'agit pas d'un simple jeu d'écriture parce que dès lors qu'à niveau de production donné, nous considérons trois facteurs au lieu de deux, nous devons observer une baisse des poids respectifs du capital physique et du capital humain dans la production. Cette baisse étant compensée par la prise en compte de l'environnement. La principale conséquence est que les productivités des deux facteurs habituels doivent être revues à la baisse. En effet, en admettant que l'environnement participe à la production, alors les productivités du capital physique et humain sont, en réalité, surévaluées pour un niveau donné de production. Les productivités de ces facteurs, et donc leurs rémunérations, doivent être corrigées, une partie des productivités prêtées aux facteurs classiques de production provenant en définitive de la dégradation de l'environnement (Bréchet et Jouvet, 2009[10]).

À ce stade, nous nous sommes contentés de décrire le mécanisme de complémentarité entre les pollutions et la production, dans une économie où précisément les acteurs n'ont pas d'incitation à limiter leurs atteintes à l'environnement. Nous n'avons pas intégré l'impact des pollutions sur la productivité globale des facteurs. Nous pouvons interpréter cet effet comme correspondant à un certain état de la nature qui va impacter la capacité d'offre de l'économie.

Pour aller un peu plus loin dans la compréhension du processus de croissance, il faut intégrer l'effet retour des pollutions sur la productivité globale des facteurs. Dans un premier temps, nous devons introduire un effet de retour négatif indiquant que si l'accroissement de la pollution contribue à court terme à la croissance, elle en détruit à moyen et long terme la pérennité. L'institution d'une tarification de la pollution est introduite dans un second temps. Cette introduction crée une nouvelle valeur dans l'économie que nous appelons la « rente environnementale ». Cette rente conduit les acteurs à lutter contre les atteintes à l'environnement et par voie de conséquence à agir positivement sur la productivité de l'économie à long terme. Le capital naturel devient alors une véritable source de croissance.

Le capital naturel comme source de croissance

De même que le capital productif ou le capital humain, le capital naturel recouvre un ensemble très large de composants allant des ressources naturelles épuisables ou renouvelables à l'ensemble des services que nous rend l'environnement. Les aspects en termes de ressources posent peu de difficultés d'appréhension quand il s'agit de ressources épuisables telles que le pétrole, le charbon, le gaz ou encore l'uranium. Il est à noter que l'utilisation de ces ressources exige le plus souvent une immobilisation de capital physique. Dans le cas des ressources épuisables, l'investissement croissant dans l'extraction, à mesure que le stock s'épuise, est financé par une rente à la Hotelling qui croît également dans le temps. Cette rente est incorporée dans la rémunération du capital physique et constitue en réalité une première composante de la rémunération du capital naturel.

Dans le cas des ressources renouvelables telles que la forêt, les ressources agricoles, les ressources halieutiques, l'eau et plus généralement la biodiversité (définie en terme de nombre de génomes), les choses sont un peu plus compliquées. L'économie ne peut fonctionner que s'il existe des services de régulation naturels qui assurent leur reproduction. On notera également que ces services sont clairement indispensables à la reproduction du capital humain, tandis que le capital physique est bien plus résilient aux pollutions, et plus généralement à la dégradation des systèmes de régulation naturelle. La détérioration de ces services risque de provoquer la raréfaction, voire la disparition de biens antérieurement considérés comme « libres », c'est-à-dire disponibles en quantités infinies : l'eau, l'air, la stabilité du climat, la biodiversité...

Lorsque nous nous intéressons aux différents services rendus par la nature, la palette a tendance à s'élargir avec des services de production, des services de régulation, des services primaires ou encore des services culturels. Parmi les services de production, nous trouvons l'alimentation, les ressources énergétiques, la production d'eau, les ressources pharmaceutiques, les ressources génétiques ainsi que les ressources ornementales. Au niveau des services de régulation, nous avons la qualité de l'air, l'érosion, la purification de l'eau, la régulation climatique, l'amortissement des effets des aléas naturels (tornades, tsunamis...). Les services primaires correspondent à la formation des sols, à la photosynthèse, au cycle de l'eau ainsi qu'au cycle des nutriments essentiels à la vie. Enfin, nous ne devons pas négliger l'ensemble des services culturels qui participent à la créativité, à l'inspiration, aux valeurs éducatives ainsi qu'à un certain nombre d'activités récréatives allant de la contemplation d'un paysage aux activités sportives de plein air. De manière rétroactive, une détérioration de ces différents services peut impacter négativement nos capacités de production directement ou indirectement. L'apparition d'un certain nombre de maladies liées, par exemple à la pollution atmosphérique peut dégrader le capital humain engendrant ainsi un coût non négligeable pour l'ensemble de l'économie, de même que la dégradation d'éléments naturels constitutifs du capital productif comme la raréfaction des ressources en bois, en biodiversité ou la dégradation des nappes phréatiques.

Il apparaît ainsi que le capital naturel joue un rôle non nul dans la productivité de nos deux facteurs de production globalement considérés. Dans ce cas, il est logique de considérer qu'une partie de la création totale de valeur soit imputable directement au capital environnemental et intégré dans le facteur mesurant la productivité globale.

Les modèles de croissance exogène ou endogène accordent en définitive un rôle essentiel au paramètre global multiplicatif de la fonction de production et tentent de lui donner une forme.

Si nous admettons que les conditions de reproduction du capital humain et du capital physique dépendent en partie de l'état de l'environnement alors le facteur multiplicatif de la fonction de production doit dépendre de la qualité globale de notre environnement. Ainsi, la fonction de production intégrant l'environnement dépend non seulement de la pollution émise lors du processus de production mais également de l'accumulation de cette pollution, modifiant les conditions dans lesquelles la production est réalisée.

En considérant la qualité de l'environnement comme une fonction décroissante du stock de pollution, il apparaît que le flux de pollution émis à chaque instant vient augmenter le stock de pollution et donc dégrader les conditions de la production elle-même. La qualité de l'environnement devient un élément constitutif de la croissance et nous devons imaginer un modèle réussissant à considérer la pollution à la fois comme un facteur de production et comme une cause de limitation de cette même croissance.

Sitôt qu'on introduit un prix ou une contrainte pour prendre en compte les externalités environnementales, il se crée une incitation pour réduire ces externalités (pollutions). Cette réduction des externalités peut conduire à améliorer graduellement le facteur global de productivité de la production. La question devient alors de savoir qui va accepter de payer ce que nous pouvons appeler la « rente environnementale ». Cette nouvelle rente, pour prendre sa place au sein de l'économie, doit bien être prélevée sur les facteurs produisant la dégradation environnementale, autrement dit sur les profits préexistants à travers le rendement du capital et/ou les salaires.

En pratique, la fixation de telles valeurs pour protéger le capital naturel ne dépend pas que du calcul économique pratiqué par un planificateur éclairé. Elle dépend surtout des rapports de force entre les acteurs de l'économie dont aucun ne souhaite *a priori* écorner sa rémunération pour celle du capital naturel. Car l'incorporation du capital naturel dans la fonction de production ne s'effectue pas gratuitement. Qui va accepter de payer la rente environnementale, nécessaire au financement de sa reproduction ?

Capital naturel et rémunération des facteurs de production

L'un des principes fondamentaux de l'économie est que chaque facteur de production reçoive une part proportionnelle à la richesse créée au titre de sa contribution à la richesse totale, soit une « juste part » de la création de la valeur. Chaque facteur de production pouvant se décliner de manière plus ou moins fine, rien ni personne n'est *a priori* oublié. Le capital humain allant du salarié sans aucune qualification reconnue au cadre supérieur bardé de diplômes et le capital productif allant du simple marteau à la centrale nucléaire. Dans ce monde simplifié, les salariés reçoivent la part du capital humain et les différents propriétaires du capital productif, la part de ce dernier dans la création de la valeur. Tous les individus consomment et épargnent en fonction de leur revenu et de leurs préférences entre les différents biens. Cette économie théorique fonctionne parfaitement bien et les augmentations des différents facteurs de production constituent la source de la croissance. Il ne reste donc plus qu'à se mettre d'accord sur la véritable part de chaque facteur dans la création de la richesse !

L'introduction du capital naturel dans le système de production vient modifier en profondeur la rémunération des facteurs classiques de production et leur combinaison dans la fonction de production. À côté du salaire et du profit qui permettent la reproduction du travail et du capital vient maintenant s'ajouter une rémunération de l'environnement comme troisième facteur de production.

Ceci implique de revoir les répartitions des revenus au sein de l'économie mais plus précisément à l'intérieur même du système productif. Nous devons donc revoir la répartition de la richesse entre capital humain, capital productif et capital naturel. La « juste » rémunération du capital naturel doit s'effectuer par un prélèvement sur les revenus existants. Si le capital est source de pollution, comme l'utilisation du charbon dans une centrale électrique, il semble normal et logique que le prélèvement de valeur s'effectue sur la rémunération du capital. Si c'est la combinaison des facteurs travail et capital qui est source de pollution alors le prélèvement doit s'effectuer proportionnellement à la participation de chaque facteur dans le processus de production.

Dans les deux cas, la répartition initiale des richesses entre facteurs de production est modifiée car on leur prêtait une part de la productivité qui est en réalité attribuable au capital naturel. Cette rémunération du capital naturel au titre de sa contribution dans la production de richesse offre la possibilité d'un investissement dans sa reproduction et donc dans l'amélioration des conditions de la croissance. En introduisant la dégradation du capital naturel dans la fonction de production nous devons nous interroger sur qui doit régler l'addition. *A contrario*, investir dans la quantité de l'environnement peut conduire à augmenter l'ensemble de la production : qui va alors en bénéficier ? Ce sont là les questions clefs qui permettent d'imaginer des trajectoires vertes aux retombées sociales et politiques bien différentes.

Cette approche doit nous faire réfléchir non seulement sur la répartition des richesses entre les différents facteurs de production, mais également aux conditions mêmes de la croissance. Investir dans la qualité environnementale implique une baisse du rôle de la pollution dans la production mais également une amélioration de l'ensemble des conditions de production et par là même des conditions de la croissance à moyen terme. Dans la pratique, cela conduit-il à plus de croissance ou moins de croissance ?

L'introduction d'une tarification de la pollution et son impact sur la croissance

Si nous introduisons une tarification efficace des pollutions, alors nous avons les moyens d'influencer les investissements vers une économie à la fois sobre en carbone et plus respectueuse de l'environnement, mais également d'investir directement dans le capital naturel. Il y a donc deux leviers par lesquels le changement de comportement va impacter le sentier de croissance : la lutte contre les pollutions qui est activée par leur tarification et l'investissement direct dans la qualité de l'environnement. Dans notre modélisation, la lutte contre les pollutions a des effets contrastés sur la croissance (négatif à court terme puisqu'on réduit un facteur de production, sauf s'il y a une substitution possible vers les deux autres facteurs, positif à moyen et long terme *via* l'effet de retour positif sur le facteur qualité de l'environnement). L'investissement direct sur la qualité de l'environnement peut résulter des incitations donnant une valeur aux services écosystémiques, par exemple lorsqu'on donne une valeur à la biodiversité et qu'on ne se contente plus de seulement limiter les accès aux réserves naturelles.

Si nous reprenons la fonction à trois facteurs, il convient d'expliciter les déterminants du facteur multiplicatif de la production. Nous savons qu'un environnement plus sain permet une meilleure reproduction du capital physique et des gains de productivité du travail mais nous savons également le potentiel de croissance que représente la biodiversité. Le facteur multiplicatif de la fonction de production est en lien direct avec l'état de notre environnement à chaque instant du temps. Formellement, si nous considérons que le flux de pollution vient à chaque période augmenter le stock de pollution alors nous assistons à une réduction globale de la qualité de l'environnement et une limitation de notre potentiel de croissance. Aussi, investir dans la qualité de cet environnement permet un accroissement de ce facteur et donc permet non seulement de préserver notre potentiel de croissance mais également de l'augmenter.

Si nous nous épargnons la longue litanie des emplois verts, nous pouvons nous concentrer sur un élément essentiel, l'investissement qui est le facteur décisif de la transition écologique. Si nous prenons la vision consolidée du capital productif au sens de l'épargne véritable (chapitre 7), il convient de voir ces investissements comme un début de substitution entre le capital physique classique et le capital naturel. Les industries pharmaceutiques de même que les grands parfumeurs ou les industries agroalimentaires ont ainsi bien perçu tout l'intérêt d'investir dans la biodiversité.

Comme nous l'avons vu, les pays émergents sont potentiellement les nouveaux marchés des énergies renouvelables ou des technologies sobres en carbone. Ils sont en attente de nouvelles technologies leur permettant de répondre aux besoins croissants de leur population, ce sont dès maintenant les moteurs de la croissance. La tarification de la pollution et les investissements dans le capital naturel qu'elle permet sont des éléments qui joueront un rôle croissant dans la compétition internationale de demain. La spectaculaire montée en régime de la Chine dans les énergies renouvelables combinée à la mise en place à une large échelle d'expérimentations de tarification du CO_2 sur son territoire est là pour nous le rappeler.

Il va de soi que l'impulsion d'une telle dynamique ne va pas sans coût. Ces coûts sont notamment liés aux effets de la réorientation des investissements vers des secteurs innovants tant sur le plan énergétique que sur le plan environnemental. Dans nos économies de service, les marges de progression et de croissance s'épuisent. Espérer récupérer notre retard en termes d'industrialisation classique semble pour le moins illusoire. En revanche, développer nos connaissances et notre maîtrise des technologies vertes est sans doute la seule voie de croissance durable envisageable. La mise en œuvre de cette dynamique ne nous dit cependant rien sur les dimensions sociales et éthiques de cette croissance. C'est sans doute dans ces dimensions que vont se déterminer les conditions politiques de la mise en œuvre ou pas de l'économie verte.

CHAPITRE 16

L'eau, le berger et le propriétaire : quels modèles de croissance verte ?

Un changement dans notre mode de croissance engendre des coûts, au moins transitoires, et la première question qui surgit est généralement « qui veut payer ? ». La réponse, bien que crédible, peut être un peu décourageante : personne en réalité[1] ! Si tel est le cas, la croissance verte risque de rester pour longtemps un slogan sans portée opérationnelle, et la transition écologique un vœu pieux à l'échéance sans cesse repoussée. Au plan macroéconomique comme à l'échelle des acteurs microéconomiques, il est en effet impossible de changer le contenu de la croissance sans opérer des redistributions du revenu et déplacer les facteurs de production.

En introduisant le capital naturel dans la fonction de production, nous avons construit un outil qui permet, sinon d'apporter des réponses, du moins de montrer les arbitrages qui doivent être rendus pour la mise en œuvre d'une stratégie de croissance verte. Cette mise en œuvre implique des arbitrages sur l'appropriation et l'utilisation de la rente écologique qui renvoient à une question quasi philosophique : à qui appartient la nature ? Elle pose également la question de la baisse des rendements, et donc des rémunérations respectives du travail et du capital, induite par l'apparition de cette nouvelle valeur dans l'économie.

Ainsi énoncées à partir des instruments quelque peu sibyllins de la théorie économique, ces questions distributives restent abstraites. Revenons au cas du berger et de ses moutons évoqué dans l'introduction de l'ouvrage pour apporter une vision plus concrète de ces enjeux distributifs.

Le berger et la tonte des moutons : qui paye l'eau utilisée pour la tonte ?

Imaginons le cas simple d'un berger vivant de sa capacité à produire de la laine en tondant des moutons et en lavant la laine brute. Admettons que notre berger est relativement performant à la tonte artisanale avec 10 tontes et 5 toisons propres à l'heure. Le propriétaire décide de faire une expérience en demandant au berger de tondre et laver les toisons des moutons sans utiliser d'eau. Comme c'est bien plus difficile, notre berger arrive à tondre toujours 10 moutons, mais ne peut nettoyer que 2 toisons à l'heure. Dans ce cas, la productivité de la ressource en eau correspond aux trois toisons manquantes. Une partie de la création de valeur est donc imputable à l'eau !

Si le torrent se tarit, à cause du réchauffement climatique, ou si son eau devient inutilisable à la suite d'une pollution locale, nous pouvons alors anticiper les conséquences sur la productivité du berger. Le paradoxe est que la pollution est un facteur de production comme dans le modèle de Stokey utilisé au chapitre précédent, mais qu'elle produit ses propres limites sur les conditions mêmes de la reproduction des facteurs de production. C'est cette rétroaction qu'il nous faut représenter. La seule observation de la baisse de la production ne peut suffire pour mener une politique, il nous faut déterminer qui va réellement en subir les conséquences et comment on peut agir pour améliorer la situation.

En appliquant le principe de base de la rémunération des facteurs de production, le berger doit recevoir un salaire équivalent à sa productivité, de même que l'eau et le propriétaire des moutons[2]. En effet, le berger reçoit une rémunération horaire équivalente à la laine produite en une heure soit l'équivalent de deux ou cinq toisons suivant que le nettoyage s'opère à sec ou à l'aide de l'eau. Tant que l'accès à l'eau est gratuit, il ne se pose pas de question distributive : propriétaire et berger ont l'un et l'autre intérêt à puiser sur ce stock naturel pour accroître respectivement profit et salaire. Supposons maintenant que, la ressource en eau se raréfiant, il faille payer l'eau pour un montant équivalant à la moitié du salaire horaire du berger : qui doit payer ? *A contrario*, investir dans la quantité ou la qualité de l'eau peut conduire à augmenter l'ensemble de la production : qui va alors en bénéficier ?

Si l'ajustement porte intégralement sur le berger, qui voit sa rémunération fortement baisser, alors tout se passe comme si le propriétaire des moutons était détenteur de l'eau ! Ce choix serait celui d'une économie verte que l'on peut qualifier de capitaliste, dans laquelle les salariés doivent supporter tout le poids de l'ajustement. Si les détenteurs du capital productif sont entreprenants, cette option peut générer une nouvelle accumulation de capital très bénéfique pour la croissance. Mais il y a fort à parier que, en l'absence de contrepoids suffisants du côté du travail, la dynamique ne soit rapidement bloquée par des coûts sociaux croissants.

Si l'ajustement porte intégralement sur le propriétaire, nous sommes dans un cas symétrique où le capital naturel est détenu par le travail. Ce choix est socialement désirable mais risque fort de rapidement se retourner contre son bénéficiaire. Il est hautement improbable que le propriétaire accepte cette baisse du profit. Une première réaction possible de sa part est de détourner ses capitaux de l'activité lainière pour les placer ailleurs. Une autre réaction est de licencier le berger pour automatiser la tonte et le nettoyage de la laine.

Si nous considérons que le capital naturel interfère avec l'ensemble du système productif, le coût d'usage de l'eau doit rogner à la fois le salaire et le profit. Dans ce cas de figure, il est logique de rogner le salaire et le profit au prorata de leur contribution antérieure à la production. S'ils veulent retrouver leurs rémunérations antérieures, les détenteurs de travail et de capital n'auront d'autres moyens à court terme que de reporter la facture sur les consommateurs, possibilité qui dépendra principalement de la forme des marchés de biens et services correspondants.

Ce choix est socialement plus facilement acceptable. Mais est-il favorable à la croissance ? Tout dépend de l'incitation à investir et des réponses des entreprises en la matière. Si le prix de l'eau est à un niveau suffisant, les détenteurs de capital auront la perspective de retrouver le niveau de taux de profit moyen de l'économie en investissant dans les moyens de production et donc dans l'eau. L'effet est alors très favorable à une croissance plus respectueuse de l'environnement. *A contrario*, le risque est que la baisse du taux de profit détourne les investissements. Dès lors que le marché des toisons n'est plus rentable à la suite d'une tarification de l'eau, nous pouvons assister soit à un recul de l'investissement soit à une délocalisation de la production.

On retrouve le même genre de problématique à partir d'un exemple réel celui-là : le système européen d'échanges de quotas de CO_2.

Le cas du marché européen des quotas de CO_2

En décidant la mise en œuvre d'un marché de permis d'émission dans le cadre de sa politique de lutte contre le changement climatique, l'Europe a fait entrer directement les émissions de CO_2 dans la fonction de production. En effet, les permis jouent le rôle d'un facteur de production au même titre que le capital physique ou le travail et ne sont pas de simples actifs financiers. Pour produire, une firme soumise à cette réglementation a besoin de capital, de travail et de capital naturel sous forme de quotas de CO_2. Nous sommes donc concrètement passés d'une fonction à deux facteurs de production à une fonction à trois facteurs.

Le fait de prendre en considération ce troisième facteur de production ne préjuge pas *a priori* un sens de redistribution des richesses. Durant les deux premières périodes du marché carbone, la grande majorité des quotas a été distribuée gratuitement aux entreprises. Ce type de choix a permis d'éluder la difficile question de la partie du revenu, salaire ou profit, qu'il fallait amputer pour financer la reproduction du capital naturel. Comme souvent, l'absence d'arbitrage s'est faite au détriment des finances publiques européennes qui ont renoncé à des recettes consistantes.

Sous l'angle distributif, ces choix ont entraîné des réactions des industriels sous quotas qui ont permis dans la majorité des cas d'accroître les rendements du capital. Dans le cas du secteur électrique, Boris Solier estime par exemple qu'entre 2005 et 2010, les producteurs d'électricité européens ont pu répercuter de l'ordre de 60 % du coût des quotas alloués gratuitement dans les prix de vente[3]. Il en est résulté des profits d'aubaine (*windfall profits*) des compagnies électriques, autrement dit une hausse du taux de profit généré grâce à la captation de la rente environnementale. D'une façon générale, l'introduction du système de tarification du carbone *via* un système d'échanges de permis à allocation gratuite n'a pas du tout provoqué les transferts distributifs qui lui sont souvent attribués par les lobbies industriels : la grande majorité des acteurs sous quotas ont en effet été bénéficiaires nets et ce sont leurs clients qui ont été les principaux débiteurs des transferts engendrés.

L'option a-t-elle été judicieuse pour la croissance ? Ristourner la valeur de la rente carbone aux entreprises est une subvention qui pourrait être intéressante si ces dernières l'utilisaient pour investir massivement dans l'économie sobre en carbone. Songeons à la masse d'investissement en jeu, tant au niveau de la production que de la distribution de l'énergie. Ce type de résultat n'ayant pas été atteint, la plupart des gouvernements européens ont continué à subventionner par ailleurs le déploiement d'énergies renouvelables et le choix a été fait de mettre la majorité des quotas de CO_2 aux enchères pour la troisième période.

À partir du moment où l'autorité publique prélève la rente carbone, ce qui est parfaitement légitime compte tenu du caractère de bien public de l'atmosphère, les impacts distributifs de la tarification du carbone doivent être examinés avec soin. Si le paiement des quotas de CO_2 par les entreprises s'effectue à taux de profit inchangé, tout se passe comme si les propriétaires du capital productif étaient propriétaires de l'environnement[4]. Le prix du travail sera alors abaissé en proportion et nous sommes dans un ajustement de type capitaliste. Si les entreprises répercutent la totalité de cette valeur dans leurs prix de vente, elles reviennent *de facto* à la situation antérieure, mais au risque de perdre des parts de marché ou de délocaliser leur production en dehors de l'Europe, là où émettre du carbone reste gratuit. Ces différents modes d'ajustements possibles dessinent autant de types de croissances vertes possibles.

Les leurres : la croissance verte « paillette »

Élargissons le propos sur la base des deux illustrations précédentes. Dans un premier temps, examinons ce qui se passe si on s'obstine à ne pas introduire la valeur de l'environnement dans la fonction de production. Dans ce premier cas de figure, on reste sur un schéma de croissance verte « paillette » qui constitue un vulgaire leurre, permettant d'endormir la société face aux risques écologiques.

Si on maintient la quasi-gratuité du capital naturel, ce qui pour l'instant semble rester la norme dans le monde réel, nous sommes en présence d'une forme de capitalisme vert de complaisance, soit de type privé soit de type étatique. Mettre une écotaxe de quelques centimes sur les produits électroménagers n'est pas de nature à changer les comportements de consommation ou de production mais permet d'afficher une pseudo-prise de conscience des problèmes environnementaux de la planète. Il s'agit ici d'une croissance verte « paillette ». Nous introduisons de petites taxes un peu partout au nom de l'environnement mais en prenant garde à ce qu'aucune d'entre elles ne soit de nature à perturber trop fortement les comportements de production et de consommation. Simultanément, on en appelle au civisme des citoyens qu'on informe mieux des questions environnementales et au volontarisme des entrepreneurs et investisseurs qui doivent être « socialement responsables ».

Ce type de compromis est facile à trouver dans la société : personne ne souhaite voir augmenter le prix des biens et services qu'il consomme. De même, peu d'investisseurs souhaitent voir rogner le rendement attendu du capital productif accumulé pour cause de coûts environnementaux. En ne changeant pas les parts relatives de l'ensemble des facteurs de production, en n'introduisant pas véritablement l'environnement dans le système productif, ces compromis n'imprimeront pas de dynamique nouvelle à la croissance.

Ce leurre de la croissance verte paillette traduit un renoncement de fait du politique à donner une réelle valeur à l'environnement. Pour mieux tromper l'opinion, il conduit généralement à la multiplication d'initiatives volontaires de citoyens engagés ou de firmes mues par les stimulants de la « responsabilité sociale des entreprises ». Ces initiatives sont souvent pertinentes et innovantes, mais ne peuvent en aucun cas suppléer aux carences politiques. Pour mieux endormir cette même opinion, on multiplie les logos, labels et autres certifications environnementales pour afficher un peu partout le vert qui en réalité n'est nulle part.

Un bon critère pour évaluer si notre société est en voie, ou non, de quitter la croissance verte paillette est d'évaluer avec rigueur ses progrès en matière de tarification effective de l'environnement. De ce point de vue, la crise économique et financière a provoqué un formidable pas en arrière, spectaculairement marqué par l'échec du sommet mondial de Copenhague de décembre 2009 sur le climat, qui a été suivi de la spirale du délitement du système de tarification du carbone en Europe.

La valorisation du capital naturel entre capitalisme et socialisme

Supposons maintenant que nous soyons capables de tarifer l'ensemble des composants du capital naturel dont la reproduction est désormais assurée grâce à une rente environnementale. Le passage d'une fonction de production de deux à trois facteurs associés à trois revenus, le salaire, le profit et la rente environnementale, nous permet d'esquisser les contours de plusieurs types de croissance qui se démarquent de la croissance verte « paillette » car le nouveau système de prix des facteurs de production modifie effectivement l'allocation des ressources.

Dans le cas d'une valorisation du capital naturel au détriment du travail, nous nous embarquons en direction d'un capitalisme vert, de marché ou d'État. La rémunération du capital naturel est prise directement sur la productivité du travail. Il appartient alors aux salariés de tenter d'augmenter leur productivité s'ils veulent échapper à une dégradation de leur rémunération ou à une orientation encore plus importante de la répartition des richesses vers le capital.

Un autre trait de ce capitalisme vert consiste à faire croire que le capital productif seul se montre vertueux en termes d'environnement (le solaire, l'éolien, la voiture électrique...), alors que le facteur travail, tel qu'il est développé actuellement, se trouve dans une forme d'impasse et qu'il lui appartient d'accepter de se réformer et de s'adapter à la nouvelle donne environnementale. Le coût de l'adaptation est loin d'être neutre et la mise en œuvre d'un nouveau capital productif risque d'être élevé du côté du travail si nous avons en mémoire la fin du textile ou la fragilité de la sidérurgie. Si de nouveaux emplois sont créés, combien seront amenés à disparaître ? Le bilan sera-t-il positif ? La question se pose dans la mesure où un capitalisme vert ne change pas les rapports sociaux, mais allonge l'espérance de vie de ceux existants par l'imposition d'une rente environnementale réglée *in fine* par le travail. Les coûts environnementaux de la croissance sont transférés sur les coûts sociaux qui s'emballent. Le modèle risque donc d'être remis en question par ceux qui en sont lésés. C'est pourquoi il est préférable de chercher un chemin permettant de mieux concilier les impératifs environnementaux avec ceux de la justice sociale.

En contrepoint du capitalisme vert on peut aspirer au socialisme vert dans lequel c'est le rendement du capital productif qui s'ajuste au capital naturel. Un tel modèle de croissance « postcapitaliste » alternatif est séduisant car les ajustements de productivité ne porteraient que sur le capital physique. Dans ce socialisme vert, la croissance passe par le développement du capital humain mais aussi la préservation, la réparation et le développement du capital naturel. Pour s'engager sur cette voie, il faut réajuster fortement et durablement le rendement du capital productif pour financer le capital naturel. Un tel ajustement n'est pas réaliste dans le cadre de l'organisation des marchés globaux fonctionnant actuellement. Il devrait par conséquent s'accompagner d'une forme inédite de planification postcapitaliste orientant les ressources, non plus vers l'accumulation (et même la suraccumulation !) de capital physique, mais vers celle du capital naturel.

Imaginons que les conditions de mise en œuvre d'une telle planification soient réunies. Le travail du planificateur se transforme assez rapidement en mission impossible. Pour combler l'impact de l'effondrement des investissements que ne manque pas de produire la baisse du taux de profit sur le capital physique, il faut que le déplacement des ressources vers le capital naturel libère rapidement de la productivité. Cette perspective apparaît assez irréaliste. Pour valoriser le capital naturel, il faut en effet souvent commencer par des investissements importants en capital physique ou humain. La production des énergies renouvelables ou les gains d'efficacité dans les bâtiments ou les réseaux exigent au démarrage des investissements capitalistiques qui ne seront jamais réalisés si le rendement initial du capital physique est trop fortement dégradé. Par ailleurs, les gains considérables de productivité pouvant être générés par l'agriculture écologiquement intensive exigent également des investissements importants en connaissance. C'est la raison pour laquelle cette seconde voie risque de conduire rapidement à un épuisement de la croissance, voire à la décroissance, par une trop forte réduction des rendements du capital productif.

À la recherche de nouveaux catalyseurs

Entre les deux voies précédemment tracées, apparaît celle d'une croissance verte où la rémunération du capital naturel s'effectue par réaffectation simultanée des revenus du travail et du capital. Si cette redistribution s'effectue au prorata de leurs contributions initiales à la production, elle ne modifie pas leur part relative dans le revenu global. Ce serait une forme de compromis social correspondant assez bien aux logiques « à la Scandinave ». La Suède et le Danemark ont par exemple introduit des systèmes avancés de tarification environnementale dans le cadre de réformes fiscales globales s'inspirant de tels principes généraux.

Mais la logique de la transition écologique devrait plutôt conduire à accorder une plus grande attention aux contributions initiales des différents acteurs à la dégradation du capital naturel. La prise en compte de l'environnement dans la fonction de production doit conduire à une plus grande attention aux coûts d'opportunité, autrement dit, au fait qu'un développement au prix d'une destruction de l'environnement est source de surcoûts. La tarification de la pollution vise précisément à ce que ces surcoûts puissent être évités avec une gestion plus respectueuse du capital naturel qui accroît le potentiel de croissance à moyen et long terme.

Ces effets bénéfiques peuvent faciliter les modalités de la nouvelle distribution des revenus entre travail et capital qui peut revêtir des volets plus ou moins sociaux, notamment suivant les filets de sécurité utilisés pour protéger les plus vulnérables. Mais une chose est certaine : on ne verdira pas la croissance sans un effort d'épargne pesant à la fois sur les revenus du travail et du capital. Un tel effort est la condition de constitution d'une rente environnementale d'un montant suffisant pour redresser la performance du capital naturel en restaurant le potentiel de croissance grâce à la qualité de l'environnement. Il ne faut donner à aucun acteur l'illusion qu'avec la croissance verte on « tond gratis » pour revenir à la métaphore du berger !

Les effets distributifs qui accompagnent le verdissement de la croissance ont peu de chances d'être « neutres » socialement. Ils s'accompagnent en effet de l'apparition d'une rente environnementale, consécutive à la tarification de l'environnement, que les acteurs vont tenter de s'approprier. Pour que la transition écologique s'engage effectivement, il faut de surcroît que cette rente soit croissante dans le temps pour modifier durablement l'allocation des ressources productives. C'est pourquoi il est si difficile d'amorcer cette transition en trouvant les bons catalyseurs.

CHAPITRE 17

Planification ou marché : quels catalyseurs ?

Dans les visions naïves ou bien pensantes, la transition écologique va s'opérer spontanément, la société réalisant soudain l'intérêt commun qu'il y a à protéger le capital naturel pour léguer une planète vivante aux générations futures. L'approche économique a montré que l'enclenchement de cette transition est subordonné à l'introduction de puissantes incitations bousculant le système des prix et des revenus, afin que les agents accordent une valeur effective au capital naturel pour investir dans sa protection. Mais comment introduire ces incitations dans le monde réel où de multiples intérêts établis, menacés par l'opération, vont se coaliser quand les bénéficiaires potentiels, qui souvent s'ignorent au démarrage, sont infiniment plus discrets, voire pas encore nés ? Doit-on miser sur le marché, réintroduire la planification, mixer les deux ?

Certains pensent que le marché va finir par s'occuper spontanément de l'environnement. Dans ce cas, pourquoi s'imposer des contraintes supplémentaires ? Lorsque le problème environnemental pèsera davantage sur la croissance, si cela se produit bien un jour, le marché l'intégrera naturellement et provoquera une transition avec toute la flexibilité qui lui est propre. Ce type d'approche considère le marché comme un être autonome, qui prend ses propres décisions et qui réalise le plus naturellement du monde la meilleure allocation possible des ressources. Les tenants de l'école de Chicago ont poussé cette approche libérale à son paroxysme. Mais le dogmatisme finit en la matière par se retourner contre ses promoteurs. Tout miser sur les réactions spontanées du marché pour enclencher la transition écologique est à peu près aussi sérieux que de suivre à la lettre les prescriptions d'une blague devenue célèbre dans le microcosme des économistes : « L'ampoule du bureau du professeur Friedman[1] vient de griller ? Inutile d'appeler le service entretien, le marché s'en occupe de façon bien plus efficace ! »

En contrepoint de cette vision libérale, la défiance permanente envers le marché peut conduire à préconiser la fixation des prix et des quantités par une autorité publique. Dans sa forme la plus pure, cette vision aboutit à introduire un agent extérieur au marché, une sorte d'extraterrestre que les économistes appellent un « planificateur bienveillant » dont la charge consiste précisément à suppléer le marché en instaurant une planification des prix et des quantités qui tienne compte du bien-être des gens. À un moment donné de l'histoire, dans certain pays, l'extraterrestre a eu pour nom le Politburo avec les résultats économiques et environnementaux que l'on sait !

Les catalyseurs de la transition écologique ne s'inscrivent ni dans l'une ni dans l'autre de ces traditions. La théorie économique nous rappelle qu'on peut parfaitement intervenir de façon discrétionnaire pour modifier la répartition des richesses au nom d'objectifs de bien-être définis en dehors du marché, sans s'écarter des conditions d'efficacité économique. Un principe de base doit cependant être respecté : lors de l'introduction de la valeur de l'environnement *via* la tarification, il faut clairement dissocier les effets allocatifs des prix de leurs effets distributifs. Les catalyseurs que nous avons identifiés visent à enclencher la transition écologique en respectant ces principes économiques de base.

Quelques enseignements de la théorie économique

L'approche économique standard consiste à observer les comportements des agents dans leur cadre habituel. Cette situation fait référence au *laisser-faire* ou, en anglais, au *business as usual*. Il s'agit de déterminer le résultat de ces comportements en termes de consommation, d'accumulation du capital, de redistribution des revenus et de l'ensemble des externalités qui en résultent. Le « premier théorème du bien-être », utilisé au chapitre 8, nous indique que si les marchés sont parfaitement concurrentiels, leur équilibre général apporte aux agents économiques un bien-être optimal au sens de Pareto. Suivant la dotation initiale des ressources entre les acteurs, cet équilibre peut être socialement acceptable ou d'une totale injustice. Dans les deux cas, le théorème nous dit seulement que cet équilibre est optimal en ce sens qu'on ne peut pas augmenter le bien-être d'un agent sans réduire celui d'au moins un autre !

La probabilité pour que cet optimum reflète spontanément les objectifs que la société se fixe en matière d'équité ou de protection de l'environnement est infinitésimale. Le théoricien invente alors un planificateur bienveillant, un centralisateur... bref un extraterrestre capable de percevoir l'ensemble des externalités générées par les comportements dans le cadre du *laissez-faire*. Ce surhomme calcule alors une situation optimale : l'« optimum optimorum ». La situation économique idéale au vu des critères retenus : équité sociale, protection de l'environnement, croissance optimisée... Il s'agit alors de comparer les résultats du *laisser-faire* et l'optimum. S'il y a divergence entre les deux situations se pose alors la question de la façon dont on peut réduire l'écart. Comment faire en sorte que les agents économiques changent leurs décisions ? Peut-on décentraliser la solution optimale et avec quels instruments de politique publique ?

Dans la littérature économique, le « second théorème du bien-être », souvent moins connu des étudiants que le premier, est censé répondre à ces questions. Il énonce les conditions dans lesquelles on peut viser un état optimal de l'économie compatible avec certains objectifs d'équité en matière de répartition des richesses définis en dehors du marché. Sa principale conclusion est que tout optimum de Pareto peut être décentralisé si les transferts forfaitaires entre les agents sont opérés sans distordre le système de prix. Autrement dit, une allocation Pareto optimale des ressources peut être trouvée par le marché après une intervention initiale pour effectuer une redistribution des dotations des agents.

Du coup, ce théorème s'interprète en général comme un guide pour les politiques publiques puisqu'il est possible d'obtenir une allocation efficace des ressources de l'économie par le marché, compatible avec une redistribution des richesses édictée par des considérations extérieures au marché. On peut en tirer plusieurs leçons en matière environnementale.

Il existe une variété d'instruments à la disposition des décideurs pour mener une politique environnementale[2]. Comme il a déjà été souligné, les instruments réglementaires sont de loin les plus utilisés. L'objectif est de contraindre le comportement des agents économiques sous peine de sanctions. La limite de ces instruments, irremplaçables dans certains cas[3], est qu'ils ne prennent pas en compte les différences de coûts de mise en conformité entre les acteurs. Ils ne permettent pas de minimiser les coûts et nous éloignent donc de l'efficacité économique. Si on veut redéployer l'économie en fonction des priorités écologiques, cette voie risque d'aboutir rapidement à une impasse si elle est pratiquée à grande échelle !

Les instruments informationnels ont pour objectif d'inciter les agents économiques à adopter des comportements plus respectueux de l'environnement. Ils portent généralement sur le lien entre nos comportements et leurs effets sur l'environnement. Le signal informationnel passe par l'étiquetage des produits, les labellisations[4] ou encore des campagnes d'information. Leur portée effective est limitée tant qu'ils se bornent à informer les acteurs de l'économie. Par contre, leur impact devient décisif quand cette information sur les impacts environnementaux est internalisée dans les prix : le signal informationnel se transforme alors en signal prix qui dans une économie de marché est l'outil majeur d'allocation des ressources.

Pour être efficace au sens de Pareto, ce signal prix doit avoir deux caractéristiques : il doit tarifer l'ensemble des atteintes à l'environnement ; il doit toucher de la même façon toutes les entités à l'origine des pollutions. Dans ce cas, les économistes disent que l'internalisation des coûts de la pollution ne provoque aucune distorsion dans le système des prix. Elle corrige une imperfection majeure du marché en améliorant au contraire sa fonction allocative.

De la bonne utilisation du signal prix

Telle que nous l'avons formulée, la notion de distorsion reste quelque peu désincarnée. Illustrons-la par un exemple montrant ce que signifie une distorsion de prix dans le monde réel[5]. Une entreprise de fabrication de chariots métalliques pour supermarché située en Normandie achetait, comme il se doit, ses bobines de fil d'acier le moins cher possible. Un fournisseur potentiel de fil brut était situé à un peu moins de 50 kilomètres. Celui-ci proposait un tarif plus élevé qu'un concurrent basé à Turin en Italie. Notre fabricant de chariots se fournissait donc auprès de l'entreprise italienne qui avait en plus l'avantage de vendre un fil étiré et calibré. L'ironie de l'histoire est que le fournisseur de l'entreprise de Turin n'est autre que le fournisseur potentiel de fil brut situé à moins de 50 kilomètres de notre usine. Un détour d'environ 3 000 kilomètres, pour finir avec un fil produit à 50 kilomètres ! L'explication tient au jeu des subventions à l'exportation italiennes et européennes pour le traitement du fil qui distordent le système de prix.

Parmi les incitations publiques qui passent par le prix, celles concernant l'électricité sont particulièrement nombreuses et ont fait l'objet d'une épaisse littérature. Elles ont récemment été élargies au nom des objectifs de la transition énergétique. Certaines répondent au critère d'efficacité économique alors que d'autres s'en écartent en distordant les prix.

Comme l'électricité ne se stocke encore que très difficilement, 1 kilowattheure à l'heure de pointe coûte bien plus cher que 1 kilowattheure à l'heure creuse, ce qu'on peut observer quotidiennement sur les marchés de gros. Il est donc conforme à l'efficacité économique de tarifer le consommateur final avec des prix plus faibles aux heures creuses qu'aux heures de pointe, même si cela peut choquer le sens commun de mettre deux prix pour un bien identique : en réalité le kilowattheure de l'heure de pointe et celui de l'heure creuse sont deux produits totalement différents sous l'angle économique. À condition d'être unique et de toucher l'ensemble des producteurs, comme sur le marché des quotas de CO_2, un prix du carbone intègre la nuisance environnementale en pénalisant les centrales électriques les plus émettrices. Il ne modifie en rien l'efficacité de l'allocation des ressources sur le marché par les prix à court terme. Par contre, le mode d'allocation des quotas retenu a des effets distributifs importants entre entreprises. Il est susceptible de générer des distorsions s'il procure des rentes indues à certains producteurs.

Est-il efficace d'introduire un tarif artificiel de rachat, plus élevé que le prix du marché, pour soutenir les producteurs d'électricité d'origine renouvelable ? L'efficacité de cette forme de soutien, pratiqué à grande échelle en Europe, est plus que douteuse car elle introduit plusieurs distorsions dans le système des prix : elle distribue des rentes, parfois très généreuses, à une partie des producteurs ; elle renchérit le bien dont on voudrait pourtant privilégier la diffusion ; si c'est l'État qui règle la différence, on met en place un mécanisme ruineux au plan financier ; si ce sont l'ensemble des consommateurs qui se répartissent la facture, on fait généralement de l'antiredistribution car les premiers utilisateurs d'énergie renouvelable appartiennent généralement aux classes aisées. Faut-il alors accorder des « tarifs sociaux » pour lutter contre la pauvreté énergétique ? Cela apparaît une bonne idée de prime abord en permettant de mutualiser la facture énergétique entre pauvres et riches. Pourtant, cela envoie aux ménages défavorisés une incitation indésirable à surconsommer l'énergie. C'est pourquoi il est plus conforme au second théorème du bien-être de lutter contre la pauvreté tout court que contre la « pauvreté énergétique » en procédant à des redistributions de revenu et/ou à des politiques proactives d'insertion sociale et professionnelle sans déformer le système des prix.

Le premier catalyseur de la transition écologique consiste à introduire la tarification de l'environnement pour corriger une imperfection majeure du marché en internalisant les valeurs environnementales dans les prix. Si l'opération est menée à une échelle suffisante, elle crée une nouvelle valeur – la « rente environnementale » – qui pose de nouvelles questions et de nouveaux défis en termes de distribution des richesses au sein de la société. Il faut en effet répartir la rente environnementale entre trois usages principaux : le retour d'une partie de cette nouvelle valeur aux acteurs les plus fragiles incapables de faire face au choc, au nom de l'équité ; l'abaissement des impôts classiques pesant sur la création de richesse pour viser le « double dividende » ; la préparation de l'avenir, en incitant notamment à la R & D et à la diffusion de l'innovation. L'art de l'introduction d'une fiscalité écologique réside dans la recherche du bon équilibre entre ces trois volets.

Introduire le prix du capital naturel en modifiant la répartition des richesses

Quand notre « extraterrestre » s'interroge sur les valeurs que notre société doit accorder à l'écologie, la littérature spécialisée des économistes de l'environnement abonde : longs développements sur les mérites respectifs de la taxe ou du marché de permis, calculs sophistiqués pour déterminer les « valeurs tutélaires » de l'environnement, interrogations sur le taux d'actualisation et la prise en compte de l'incertitude...

Lorsque l'extraterrestre revient sur terre et passe à la pratique, il découvre qu'une question, non traitée, domine pourtant toutes les autres. Elle ne concerne pas l'état du monde dans vingt ou cent ans, mais celui d'aujourd'hui : comment trouver une nouvelle distribution des revenus rendant désirable l'introduction de la valeur environnementale dans notre économie, « ici et maintenant » ? Comment acceptons-nous de modifier la répartition de nos revenus pour laisser entrer la valeur du capital naturel dans l'économie ? Le problème du berger et de son propriétaire !

Revenons au prototype du prix du carbone qui jouera sans aucun doute un rôle décisif dans l'amorçage de la transition écologique. À l'instar des atteintes à la biodiversité, le réchauffement climatique constitue une altération d'un système global de régulation naturel qui constitue un « bien commun ». Il est donc hors de question de se baser sur une extension des règles de droit privé pour garantir sa protection, comme le recommanda l'économiste Ronald Coase dans un article célèbre[6] : le fait de détenir une mine de charbon ou un puits de pétrole ne confère aucun droit supplémentaire d'émettre du CO_2 et il est impossible de tarifer la nuisance en passant contrat avec son voisin. S'accorder sur le bon niveau de ce prix et sur son impact sur la distribution des revenus est donc un choix collectif. Que ce soit au niveau international ou national, le casse-tête est de trouver les bons arbitrages en matière d'effets distributifs.

Au plan international, les effets distributifs d'un prix unique du carbone constituent depuis vingt ans la réelle pierre d'achoppement de la négociation climatique. Comme l'ont souligné Graciela Chichilnisky et David Heal[7], les écarts de richesses entre pays sont tels que la mise en place d'un prix uniforme du carbone (indifféremment sous forme de taxe ou de marché de permis) impliquerait une redistribution massive du Nord vers le Sud pour guider les décisions de l'ensemble des acteurs économiques dans de bonnes conditions. En l'absence de transferts financiers massifs, le prix du carbone adapté au Nord sera toujours bien trop élevé pour le Sud et réciproquement. Le premier accord climatique contraignant, le protocole de Kyoto, a éludé ces questions distributives en cantonnant les pays en développement à la périphérie du système de tarification avec un lot de consolation : le mécanisme pour un développement propre. En attribuant simultanément au Nord des droits basés sur les émissions historiques, on a créé un système qui ne permet pas d'inclure les pays du Sud dans un accord climatique ambitieux.

Le prochain grand rendez-vous international sera la conférence de Paris sur le climat, en décembre 2015. Un accord ambitieux reposerait sur deux piliers : a) un prix international du carbone qui s'applique aux pays développés comme aux pays en développement. Pour ne pas distordre l'incitation à protéger la stabilité du climat, il faut que tous les pays – riches ou pauvres – règlent bien leurs rejets de CO_2 dans l'atmosphère. b) un système de transferts entre pays qui peut reposer sur plusieurs techniques : une allocation gratuite des droits à émettre qui prenne en compte le critère des émissions par habitant, une mise des quotas aux enchères avec une redistribution forfaitaire favorable au Sud, une montée simultanée de la contrainte carbone internationale et des crédits d'aide au développement, etc., ou un mix de ces dispositifs[8]. Dans tous les cas, il apparaît qu'il est impossible de faire monter en régime un prix mondial du carbone si on ne procède pas simultanément à des transferts de ressources entre pays. En pratique, ces transferts sont bien plus compliqués à organiser qu'un simple flux Nord-Sud, suivant la représentation binaire du monde héritée du passé et malencontreusement scellée dans le marbre par les accords climatiques. Les transferts entre pays doivent se construire dans le cadre d'un monde multipolaire où s'accroît l'influence des émergents et où il faut tenir compte des intérêts géostratégiques des grands exportateurs d'énergies fossiles.

On découvre une problématique distributive similaire pour instaurer un prix du carbone au sein d'un pays. En Europe, le classement établi par Eurostat qui range les pays en fonction des niveaux de leur fiscalité écologique place les trois pays scandinaves et la Finlande parmi les premiers de la classe. Ce sont aussi des pays réputés pour leur art de la négociation sociale et qui ont résisté au creusement vertigineux des inégalités générées par l'exubérance du capitalisme financier. Est-ce un hasard ? Probablement pas ! L'étude détaillée de la taxe carbone suédoise révèle par exemple que l'introduction d'un prix du carbone élevé au regard de tout ce qui s'est fait par ailleurs dans le monde a reposé sur un dosage soigneux et consensuel d'effets distributifs dirigés sur la baisse des charges pesant sur les entreprises d'un côté et le ciblage des ménages les plus démunis dans la redistribution sociale de l'autre.

À l'opposé, la France a échoué par deux fois à introduire un prix du carbone dans son économie : en 2001 à l'initiative de Lionel Jospin et en 2009 à celle de Nicolas Sarkozy. Dans les deux cas, on peut invoquer des causes juridiques puisque le Conseil constitutionnel a accepté des recours en annulation portés par des opposants. La raison de fond est que dans les deux cas, les politiques ne sont pas parvenus à trouver un consensus ou un arbitrage explicite sur la façon de réinjecter de façon économiquement efficace et socialement acceptable le produit de la nouvelle taxe dans l'économie.

Les chemins de l'économie circulaire

L'une des vertus principales de la tarification du carbone est de faciliter la pénétration des énergies de flux qui est l'un des supports majeurs de la transition vers une économie circulaire. Les premiers pilotes d'écologie industrielle, comme celui de Kalundborg lancé dès les années 1970 au Danemark, ont révélé l'importance des gisements d'efficacité constitués par le recyclage et la réutilisation des rejets industriels (d'origine énergétique ou autres). L'ouvrage de McDonough et Braungart a conféré au concept ses titres de noblesse dans le grand public[9]. Les travaux du Wuppertal Institute ont montré les multiples applications possibles d'une économie circulaire dans laquelle les prélèvements sur les matières premières finissent par disparaître grâce à la généralisation des gains d'efficacité dans leur utilisation, au recyclage des produits en fin de vie et à l'utilisation de sources énergétiques reproductibles.

Dans *Factor Five* (2011), von Weizsäcker s'interroge sur les raisons économiques qui bloquent le décollage de l'économie circulaire. Il invoque la baisse séculaire du prix relatif des matières premières vis-à-vis du coût du travail et du capital. Cette baisse résulte des gains de productivité réalisés dans leur production et leur utilisation. Pour contrarier cet effet, il propose d'instituer une taxe indexée à ces gains de productivité[10]. L'introduction de cette fiscalité écologique neutraliserait ainsi la transmission des progrès d'efficacité sur les prix des matières premières qui cesseraient de baisser relativement au coût du travail et du capital. Avec le temps, il deviendrait de plus en plus rentable de les utiliser avec parcimonie et de les recycler.

L'idée est séduisante. Si on la met en pratique, elle risque cependant fort d'envoyer des incitations inattendues par son concepteur et contre-productives pour la transition écologique : si l'État prélève automatiquement la totalité les gains de productivité, il distord l'un des mécanismes les plus puissants de diffusion des innovations dans l'économie par les prix. Ce faisant, il risque de supprimer, ou du moins d'altérer, les incitations à la recherche des gains de productivité. Il est donc préférable de ne pas se risquer sur cette voie, pour le moins incertaine. En revanche, trois types d'incitation peuvent puissamment contribuer à mettre notre société sur la voie de l'économie circulaire.

a) Le développement de mécanismes de tarification des usages de la biodiversité est sans doute, avec la généralisation du prix du carbone, l'incitation la plus décisive à terme. Dans le chapitre 11, nous avons vu comment des pêcheries qui autrefois prélevaient sur le stock halieutique fonctionnent désormais dans un schéma d'économie circulaire dans lequel le prix du quota de pêche donne une incitation à reproduire la ressource. En donnant une valeur au service de purification de l'eau par le boisement des bassins-versants à l'amont de l'Hudson, la municipalité de New York s'inscrit également directement dans le schéma du cercle. Par rapport au fonctionnement général de l'économie, ces expérimentations restent anecdotiques et ne pèsent pas encore sur les évolutions d'ensemble. Leur généralisation à mesure que seront mises au point de bonnes méthodes pour tarifer les usages des services fournis par la diversité des écosystèmes est susceptible de profondément changer la donne. La biodiversité constitue en effet le pivot, à l'amont des mécanismes assurant la reproduction des ressources naturelles.

b) Développer l'économie circulaire, c'est aussi basculer d'une économie du produit vers une économie de la fonctionnalité. Sous la nécessité des contraintes économiques et du jeu de la concurrence, cette mutation s'est à peu près totalement opérée dans les échanges entre entreprises : tous les industriels de biens d'équipement professionnels savent parfaitement que les marchés se gagnent désormais sur la base d'une prestation complète – machines et services – fournie au client. En ce qui concerne les ménages, la mue est retardée par des décennies de développement de marketing produits et de solides intérêts poussant à l'obsolescence programmée de produits à faibles coûts d'achat, généralement aux performances sanitaires et environnementales dégradées. Sous la pression des organisations de consommateurs, des contraintes croissantes conduisent à mieux informer l'acheteur sur les performances énergétiques (et de consommation d'eau pour une partie des produits blancs) et plus généralement les conditions d'utilisation des biens durables. Comme on l'a vu, ce signal informationnel est une première étape vers l'introduction d'un signal prix : à quand la généralisation de la tarification par les usages ?

c) L'écodesign est le troisième levier de montée en charge de l'économie circulaire. Il consiste à intégrer dès la conception des produits le plus grand nombre de paramètres concernant l'optimisation de leurs usages tout au long du cycle de vie : fabrication, utilisation, mise au rebut. Une bonne incitation économique pour optimiser ces usages et économiser la ressource est de développer des formes nouvelles de parafiscalité permettant de facturer avec le produit, non seulement ce qui concerne sa conception et sa fabrication, mais également les coûts nécessaires en fin de vie pour le recycler et stocker dans de bonnes conditions les déchets qui ne pourraient pas l'être pour des raisons techniques. Cette tarification donne un sens économique à la notion juridique de « responsabilité élargie du producteur ».

L'investissement public dans la recherche-développement et les infrastructures

Certains auteurs, comme Jackson dans *Prosperity without Growth*, considèrent la question de l'investissement public dans les technologies vertes dans une optique keynésienne en préconisant une sorte de « macroéconomie de la relance verte[11] ». Lorsque les pouvoirs publics décident, comme en 2009, d'amortir le choc d'une récession par une relance de l'investissement public, il est évidemment préférable que les masses financières en jeu s'orientent vers des projets contribuant à la transition écologique. Les comptages établis en 2009 par la banque HSBC suggèrent du reste que la majorité de ces investissements (à l'exception de la Corée) a été dirigée vers du bétonnage de trottoirs ou d'autoroutes, plutôt que vers la protection de l'environnement ! Imaginer que la transition écologique va s'enclencher grâce à un choc d'investissement public montant en puissance est pourtant une erreur de diagnostic.

D'une part les échelles de temps ne sont pas comparables : la relance keynésienne vise à casser à court terme les enchaînements récessifs, quitte à payer les chômeurs à creuser des trous dans la chaussée pour ensuite les reboucher ! La transition écologique est un processus long de réorganisation des ressources résultant de la prise en compte de la valeur du capital naturel au sein de l'économie.

D'autre part, il est illusoire de compter sur un effort additionnel d'investissement public pour enclencher la transition écologique du fait des contraintes budgétaires. Comme il en va de même des acteurs financiers privés que la crise économique a rendus encore plus réticents au risque (notamment du fait du resserrement multiforme des règles prudentielles), la prise en compte de l'écologie n'a guère de chance de miraculeusement déclencher des investissements additionnels s'accumulant d'une période à l'autre pour remettre l'économie sur les rails. On peut le croire ou l'espérer, mais construire une politique sur une telle assertion serait pour le moins aventureux.

Comme nous l'avons indiqué, le premier catalyseur de la transition écologique concerne l'inclusion de la valeur du capital naturel dans les prix *via* la fiscalité ou les marchés de permis. L'impact structurant sur l'activité résulte des incitations envoyées par le signal prix et le mode de redistribution de la rente environnementale qu'il a fait apparaître. C'est dans ce cadre d'ensemble que doit s'analyser la contribution des investissements publics en matière de R & D et d'infrastructures. Dans ces deux domaines où le marché est impuissant, l'autorité publique doit intervenir directement pour orienter l'effort d'investissement dans les directions requises par la transition écologique.

Lorsqu'on s'interroge sur les utilisations possibles de la fiscalité écologique, son recyclage vers des crédits d'impôts favorisant les dépenses de recherche et développement figure en bonne position : cela permet de maintenir inchangé le niveau des prélèvements obligatoires en envoyant simultanément une incitation au renforcement des actions de R & D. Faut-il flécher ces actions, en créant par exemple un « crédit d'impôt vert » réservé à des programmes dédiés à la transition écologique ? Cette logique d'un fléchage vert du produit de la taxe écologique, similaire à celle du « bonus-malus », est facile à justifier dans l'opinion publique (« ce qui est prélevé sur la pollution va à l'environnement ») et est très populaire dans la mouvance écologique. Elle n'est pas optimale pour les soutiens publics à la R & D privée qui sera bien mieux orientée par un système de prix indiquant de façon crédible dans le temps la valeur des biens environnementaux que par des critères administratifs jugeant de ce qui est vert et ne l'est pas.

En revanche, quand les pouvoirs publics considèrent avec sérieux la transition écologique, ils sont amenés à reconsidérer les priorités d'affectation des moyens de la recherche publique, pour améliorer notre connaissance commune des mécanismes fondamentaux à la base de la reproduction du capital naturel. Une telle réorientation a été amorcée en faveur des différentes disciplines contribuant à la science du climat. Elle reste embryonnaire en ce qui concerne les liens entre les sciences du vivant et la reproduction des écosystèmes. Dans le domaine de l'énergie, pour des raisons historiques et militaires, une partie tout à fait excessive de la recherche fondamentale est captée par le nucléaire[12].

Autre domaine majeur d'intervention des gouvernements : les choix d'infrastructures pour lesquels la décision de l'autorité publique reste décisive, même lorsque des montages associant des capitaux privés au financement sont utilisés. Les infrastructures modèlent très longtemps à l'avance l'organisation des territoires et la façon dont on peut y allouer les ressources. Quand une ville est construite sur le modèle éclaté de Los Angeles ou d'Atlanta, inutile de vouloir y installer un réseau de transport en commun sur le modèle de Paris ou de New York ! Quand le barrage des Trois-Gorges est mis en eau en Chine, les pertes d'espace à l'amont sont irréversibles et les écosystèmes à l'aval réagiront pendant plusieurs siècles. Comment faire pour que les choix d'infrastructures catalysent la transition écologique ?

La recommandation des économistes est basique : il suffit de perfectionner le calcul économique utilisé pour les choix d'investissements publics ! Contrairement aux investisseurs privés, les gouvernements ne sont pas soumis aux critères de rentabilité calculés à partir du marché. Ils peuvent donc choisir les valeurs théoriques (« tutélaires ») qu'ils veulent pour valoriser les externalités environnementales. Pour prendre sérieusement en compte le risque climatique, il suffit de retenir dans les calculs un prix du carbone élevé et un taux d'actualisation bas pour accorder un poids suffisant au futur. En fixant ces nouveaux paramètres, on aboutit à des choix différents entre les différentes infrastructures existantes et le tour est joué !

Même si on retient l'hypothèse audacieuse que le calcul économique joue un rôle significatif dans les choix d'investissement public, la réponse n'est pas à la hauteur de la question posée : la transition écologique ne requiert pas tant un ordre de priorité différent entre infrastructures existantes qu'une reconfiguration d'ensemble de leur architecture ! Si on veut construire le réseau énergétique interactif de demain, c'est une conception nouvelle de chacun de ses maillons élémentaires qu'il faut opérer. De même qu'on ne peut pas intégrer dans l'Internet les 7 millions de terminaux du Minitel conçus par la direction des Télécoms pour un réseau fermé, il n'est pas cohérent de développer un réseau énergétique décentralisé en conservant une offre électrique centralisée. À un moment, il faut bien choisir entre énergies de flux et nucléaire, entre territoires et approche centralisée.

À mesure qu'on intégrera sa valeur dans la société, la biodiversité deviendra également un puissant facteur poussant à la reconfiguration des infrastructures. Nos sociétés semblent avoir oublié que les mangroves, le boisement des bassins-versants, la diversité du vivant sont des protections bien plus efficaces que le seul béton ou le tout-antibiotique contre des risques majeurs : les raz de marée, la dégradation de la qualité de l'eau, la propagation des épidémies... Demain, les gouvernements devront réapprendre à utiliser le vivant dans nos réseaux d'infrastructure, ce qui dépend moins des paramètres de leur calcul économique que de leurs capacités à innover dans le cadre de planifications territoriales décentralisées et s'inspirant des modes de gouvernances polycentriques théorisés par Olstrom.

Une gouvernance pour intégrer la décision dans le temps long

Si nous considérons que le système démocratique est le moins mauvais pour représenter les préférences collectives, ce sont nos élus qui ont cette lourde charge. Ils doivent alors composer avec des objectifs antagonistes, dans le cadre de cycles électoraux qui n'incitent pas à intégrer le temps long dans la prise de décision. Le risque est grand de toujours reporter au lendemain la mise en œuvre d'actions ambitieuses pour la protection de l'environnement ou de pratiquer le *stop and go* suivant les caprices des aléas conjoncturels.

Pour ne pas s'embarrasser de ce genre de décision, potentiellement douloureuse pour une partie de l'économie, on évoque parfois la nécessité de la mise en place d'une gouvernance politique mondiale[13], par exemple sous la forme d'une organisation mondiale de l'environnement disposant de pouvoirs d'arbitrages similaires à ceux de l'OMC. Le temps de se mettre d'accord au niveau planétaire, nous sommes *a priori* tranquilles pour un moment !

Une autre solution consiste à imaginer un planificateur sous tutelle des experts qui sont mobilisés pour définir la solution optimale, s'assurer que les politiques font effectivement leur travail et vont bien dans le sens de l'optimalité prédéfinie. Dans la pratique, s'en remettre aveuglément aux experts conduit relativement sûrement à des catastrophes sociales, économiques et environnementales. Les politiques d'ajustement structurel conduites à partir des meilleures expertises ont souvent démontré leurs limites dans les pays en développement. Une alternative (ou un complément) aux experts est d'introduire des processus de consultation des parties prenantes pour coupler démocratie participative et démocratie représentative.

La bonne association entre experts, marché, planification et parties prenantes, est difficile à trouver. L'expérience des politiques climatiques donne quelques indications sur la façon dont il est souhaitable de combiner ces quatre types d'acteurs, pour concilier démocratie et prise de décision intégrant le temps long.

Plutôt que d'« experts », il conviendrait de parler de l'état de la connaissance scientifique et de la nécessité de la transmettre sous une forme accessible aux décideurs politiques et à leurs parties prenantes. L'action du Groupe d'experts intergouvernemental sur l'évolution du climat (GIEC) a été à l'origine directe de la prise de conscience du réchauffement climatique et du début de son intégration dans les politiques publiques.

Dans un cadre national, le Committee on Climate Change britannique joue un rôle similaire auprès du gouvernement et du Parlement, ce qui assure une continuité de la politique climatique du Royaume-Uni.

Une telle continuité fait cruellement défaut à la gestion du système européen des quotas de CO_2. Le lancement très rapide du dispositif entre 2005 et 2007 a montré que des avancées rapides peuvent être opérées sur la base de marchandages décentralisés dans certains contextes. La suite de l'histoire est moins brillante avec une suite de chocs et de dysfonctionnements qui ont fait perdre toute visibilité de moyen terme à l'instrument. Il faut protéger cet instrument des multiples interférences et péripéties du court terme par une régulation forte, exercée par une autorité indépendante recevant un mandat clair de l'autorité politique. Ce type d'architecture n'est pas sans rappeler celle d'une banque centrale.

La déclinaison des politiques climatiques (et énergétiques) au plan régional est indissociable de formes nouvelles de planifications urbaines et territoriales. Leur schéma ne peut pas être inspiré des architectures centralisées, totalement antagonistes avec une quelconque prise en compte de l'environnement à l'échelle locale. Elle doit s'inspirer des travaux d'Ostrom montrant que la protection d'un bien commun n'est jamais aussi bien assurée que lorsqu'on a trouvé une organisation qui la rend désirable par l'ensemble des acteurs locaux. Ceci exige de trouver des formes adéquates d'expression de ces parties prenantes locales.

La consultation des parties prenantes, en particulier des organisations environnementales, est devenue une pratique incontournable dans les pays développés lorsqu'on aborde les questions environnementales. En France, malgré ses traditions de centralisation et le poids des grands corps d'État, ce type de consultation est devenu la règle avec le Grenelle de l'environnement introduit par Jean-Louis Borloo. C'est une avancée importante en matière de gouvernance qui n'est pas sans poser quelques questions délicates en ce qui concerne le changement climatique. Les risques associés au réchauffement concernent à titre principal des générations qui ne sont pas encore nées et des peuples éloignés de la France. La seule véritable partie prenante qu'il faudrait consulter sur ses préférences, son degré d'acceptation ou d'aversion au risque, sa propension à l'altruisme est en réalité absente : il s'agit de la génération future !

Dans le monde réel, nombreux sont pourtant les prétendants prêts à s'inviter autour de la table pour représenter les intérêts de cette génération future. Aussi tente-t-on bien souvent de suppléer à l'absence de la génération future par la consultation d'une pléthore de parties prenantes existantes. C'est sans doute l'un des défauts de la gouvernance type Grenelle de l'environnement, dont les caractéristiques principales (sauf les appellations, alternance oblige !) ont été maintenues par Delphine Batho dans le cadre de la Conférence environnementale.

Un autre risque inhérent à ces gouvernances multiacteurs et multiniveaux est celui de retarder la prise de décision, ou pire de sans cesse la différer, au nom de la nécessité du débat démocratique. Une gouvernance qui s'inscrit dans le temps long ne doit pas être synonyme d'une gouvernance qui allonge les processus de décision !

CHAPITRE 18

La nécessité de l'Europe : le risque de l'eau tiède

Certains ont cru que la crise économique et financière déclenchée par l'éclatement de la bulle spéculative de Wall Street allait conduire à un rééquilibrage entre un capitalisme dit « libéral et financiarisé » promu par les États-Unis et un capitalisme supposé social et régulé promu par l'Europe. Prise dans son ensemble, l'Europe a certes mieux résisté pendant quelques trimestres au choc récessif de 2008, en limitant le recul de la production grâce au déclenchement des « stabilisateurs automatiques[1] », seuls quelques maillons périphériques comme la Grèce et l'Irlande semblant dévisser. Il est ensuite rapidement apparu que l'euro n'était pas le bouclier anticrise qu'il devait être. La monnaie commune ne dispense pas, bien au contraire, d'une remise en ordre des politiques budgétaires avec sa cohorte de réformes structurelles qui prennent du temps et remettent en cause nombre de positions acquises. Avec la gestion d'une crise de l'euro qui n'en finit pas de rebondir, l'Europe semble s'enliser dans un tunnel dépressif alors que les banques d'investissement ont retrouvé de leur superbe à Wall Street avec une économie qui connaît un certain regain après avoir purgé une partie du surendettement.

Dans ce genre de situation, la tentation est grande d'un alignement par le bas qui limite l'ambition européenne à la constitution d'un vaste marché unifié sans autre projet commun que la rigueur budgétaire et la résorption des déficits. Cette approche peut ensuite se décliner dans les différentes politiques sectorielles qui, de l'énergie à l'agriculture, devront alors avoir pour souci exclusif de libéraliser les marchés pour s'assurer de leur fonctionnement concurrentiel. Oubliées, dans une telle perspective, les velléités de l'Europe d'être force motrice en matière de transition écologique !

De fait, la spirale dépressive semble avoir sérieusement émoussé l'ardeur de nos décideurs qui jouent la carte de l'attentisme en matière de changement climatique, au moment où il faudrait au contraire accélérer pour ne pas céder au syndrome de l'eau tiède. Si elle ne veut pas perdre sur l'ensemble des fronts, l'Union européenne doit réaffirmer ses ambitions climatiques, en rendant plus lisible et plus efficace une politique énergétique minée par la complexité de ses dispositifs et d'incohérentes superpositions d'instruments. Elle doit également promouvoir une stratégie de l'offre industrielle dans les créneaux porteurs de l'économie verte et faire de la politique agricole un levier de promotion de la gestion écologique des territoires.

Le risque de l'eau tiède : perdre sur les deux fronts

Depuis le sommet de Copenhague sur le climat (décembre 2009), l'Europe semble comme tétanisée en matière de politique climatique. Peinant à se mettre d'accord sur un nouveau jeu d'objectifs communs de réduction d'émission, elle laisse à la dérive le système européen des quotas de CO_2, unanimement considéré comme une innovation majeure dans le reste du monde. En rafistolant des accords de Kyoto désormais vides de portée réelle, elle semble s'accrocher aux reliques du passé. Sans portage politique, les scénarios de réduction d'émission établis dans le cadre de la feuille de route à l'horizon de 2050 restent des constructions abstraites qui n'orientent pas les décisions des acteurs économiques. L'Europe laisse en réalité se déliter la politique climatique, l'une des rares réalisations communes des deux dernières décennies. Ce faisant, elle se prive d'un de ses meilleurs atouts pour trouver une voie de sortie de crise mobilisatrice pour ses citoyens et attractive pour le reste du monde. Pire, elle risque de faire le lit de ses grands concurrents asiatiques, qui, eux, ont bien perçu l'intérêt stratégique de s'engager rapidement dans ces nouvelles voies.

Au Parlement européen, comme au Congrès américain, un argument remonte invariablement à la surface sitôt qu'il s'agit de remettre en question ou de retarder l'action face au changement climatique : des contraintes unilatérales sur les émissions de gaz à effet de serre risquent d'affecter la compétitivité de nos économies et d'accélérer les délocalisations vers les pays émergents. Formulé plus abruptement : la Chine qui, elle, ne s'embarrasse pas de considérations climatiques, va être la grande bénéficiaire d'une politique européenne, sans doute moralement recommandable, mais suicidaire pour notre avenir industriel !

L'argument mérite attention. Comme nous l'avons vu, l'introduction de prix pour internaliser les nuisances environnementales ne vise pas à ajouter des prélèvements supplémentaires sur l'économie, mais à générer des transferts entre agents économiques. Dans l'industrie, ces transferts vont s'effectuer depuis la partie des industries matures, fortement consommatrices d'énergie, qui ne parviendra pas à réduire ses émissions, au profit d'industriels développant des technologies bas carbone. Le risque que les premières procèdent à des délocalisations, vers des zones où leurs émissions de CO_2 restent gratuites, plutôt que de réorganiser leur appareil de production est réel. Faut-il pour autant renoncer à tarifer le carbone et satisfaire les lobbies industriels concernés en rassurant leurs salariés ?

À procéder de la sorte, l'Europe risque de perdre sur les deux tableaux. Sa politique de l'eau tiède ne sauvera pas les pans de l'industrie traditionnelle qui n'ont d'autres choix que de jouer la carte de l'efficacité énergétique et de la montée en gamme pour se maintenir dans la compétition internationale. Elle risque simultanément de se faire dépasser par la concurrence asiatique et américaine sur les créneaux émergents de l'économie verte : pendant qu'on discourait au Parlement européen de l'impact du prix de la tonne de CO_2 sur la compétitivité de notre industrie de l'acier ou du ciment, la Chine était en train de prendre une position de leader dans l'industrie des cellules photovoltaïques ! Les énergies renouvelables, plus généralement les industries vertes, ont en effet été promues au premier rang des priorités économiques de son XIIe plan quinquennal, plus en réalité pour répondre à la montée des pollutions locales qui ont des conséquences à court terme sur la santé des populations que pour contribuer à l'action internationale face au changement climatique. Mais comme ces deux types de dommage sont fortement liés, réduire les pollutions locales passe par une action drastique sur les émissions de gaz à effet de serre.

Pour favoriser le déploiement des industries vertes sur son territoire, la Chine procède depuis 2012 à l'expérimentation de marchés régionaux du carbone à l'échelle de municipalités et de provinces regroupant quelque 250 millions d'habitants. Comme le révèlent les travaux de Wen Wang[2], le design de ces marchés s'inspire souvent de l'expérience européenne. Sur la base de ces expérimentations, la prochaine étape de la politique chinoise consistera à mettre sur pied en 2015 une régulation nationale de ses émissions de gaz à effet de serre assortie d'un élargissement de la tarification du carbone. De son côté, la Corée s'apprête à lancer un dispositif similaire, couvrant l'ensemble de son industrie nationale à partir de 2015. Dans ce contexte, l'attentisme européen risque de provoquer un déplacement de l'épicentre du marché international du carbone vers l'Asie et avec lui des innovations techniques et d'organisation qui supporteront la transition énergétique. Pour rester motrice dans la transition écologique, l'Europe doit redevenir proactive.

Réviser le paquet énergie-climat pour dynamiser l'investissement

Pendant longtemps, la politique énergétique européenne a essentiellement consisté à libéraliser les marchés nationaux de l'électricité et du gaz en cherchant à les intégrer grâce aux interconnexions entre pays. Parallèlement, l'Europe a introduit des règles qui visent à harmoniser la fiscalité pesant sur les produits énergétiques en fixant des seuils minimaux pour les droits d'accise[3] afin de limiter les possibilités de dumping fiscal. Elle a enfin lancé le système d'échange de quotas de CO_2 au milieu de la dernière décennie qui a été le premier marché à fonctionner avec des règles totalement harmonisées au plan européen. Le citoyen européen ignore à peu près tout de ces constructions technocratiques qui ne lui sont pas clairement expliquées et sur lesquelles il n'a guère l'occasion de se prononcer.

L'adoption du « paquet énergie-climat » en 2008 a constitué une première tentative pour rattacher ces différents maillons en ajoutant une vision volontariste de moyen terme. Avec ce qui est communément nommé le « 3 fois 20 », l'idée est de guider les choix énergétiques en fonction de trois objectifs communs fixés à l'horizon 2020 : réduction de 20 % des émissions de gaz à effet de serre relativement à 1990 ; montée de 20 % de la part des énergies renouvelables dans le mix énergétique ; gains de 20 % de l'efficacité énergétique. Ce paquet de mesures est décliné par pays et par secteurs dans un ensemble de textes dont la somme dépasse le millier de pages[4] et dont la complexité finit par perdre les meilleurs experts eux-mêmes. Il en résulte un enchevêtrement d'objectifs et d'instruments qui mine l'efficacité économique du dispositif et altère sa visibilité politique. Le plus clair résultat est qu'au lieu de fixer des balises de moyen terme incitant les acteurs économiques à l'action, ce dispositif brouille au contraire les pistes et retarde le déclenchement d'investissements dont l'économie européenne aurait par ailleurs grand besoin. Il faut donc simplifier le paquet énergie-climat et le rendre plus lisible en précisant en particulier ce qui est du ressort de l'Europe et ce qui doit être laissé à l'initiative des États et des régions.

L'une des questions les plus importantes à trancher est le degré de compatibilité entre les objectifs climatiques et ceux de la politique énergétique traditionnelle. Élaboré sans concertation suffisante par des directions distinctes de la Commission, le dispositif actuel conduit en effet à des superpositions d'instruments, néfastes au plan économique et climatique. D'un côté, l'atteinte de l'objectif de réduction des émissions de 20 % à l'horizon 2020 repose sur le marché du carbone, présenté comme l'épicentre de la stratégie européenne du climat ; grâce au prix du CO_2, ces réductions d'émission sont censées être atteintes au moindre coût. De l'autre, le législateur a introduit des objectifs contraignants de taux de pénétration des énergies renouvelables par pays et par catégorie d'énergie à l'horizon 2020. Ce second objectif n'est pas supporté par un instrument économique mutualisé équivalent au marché du carbone mais a donné lieu au développement de mécanismes nationaux de tarification préférentiels pour les énergies renouvelables, appelés « tarifs de rachat » (*feed in tariffs*), qui distribuent des rentes élevées aux producteurs, financées soit par l'impôt soit par l'ensemble des consommateurs.

Cette mauvaise coordination entre politiques conduit à des résultats souvent absurdes. L'Allemagne développe à marche forcée sa production d'électricité renouvelable qui contribue à affaiblir le prix des quotas de CO_2 sur le marché ; du coup, en l'absence d'un prix suffisant du carbone, elle ferme ou gèle des centrales à gaz et investit dans de nouvelles centrales à charbon ! Pour éviter ce type d'incohérence, les Britanniques superposent au dispositif communautaire une taxe nationale sur les émissions de CO_2 de leur secteur électrique, ce qui est conforme à leur intérêt, mais contribue à déstabiliser un peu plus le marché européen. Comme le montrent les travaux conduits sous la direction de Raphaël Trotignon[5], la superposition de ces instruments constitue, avec l'absence de véritable portage politique, la raison profonde des dysfonctionnements du système des quotas de CO_2.

Pour amorcer sa transition énergétique dans de bonnes conditions, l'Europe doit choisir entre deux stratégies. Si on compte sur la clairvoyance des décideurs politiques et de leurs experts pour décider à l'avance des bons mix énergétiques (logique de la directive « Énergies renouvelables »), il convient de privilégier une approche par la planification ; dans une telle approche, le système européen d'échange de quotas n'est plus l'instrument central et il est inutile de chercher à le redresser. C'est un choix possible qui a sa propre pertinence mais n'est généralement pas celui préconisé par les économistes. Si on privilégie une transition par les incitations économiques, la tarification du carbone doit au contraire devenir un levier central stimulant les investissements requis pour amorcer la transition énergétique ; les soutiens publics aux énergies renouvelables doivent alors être reconfigurés dans le cadre d'une politique d'offre axée sur le renforcement de la compétitivité industrielle.

Le catalyseur du prix du carbone

Face aux difficultés à répétition apparues sur le marché européen du carbone, certains économistes préconisent de changer de méthode en tarifant les émissions de CO_2 à l'aide d'une taxe, conformément au schéma présenté au chapitre 8. L'intérêt d'un tel changement d'orientation peut être longuement discuté. Dans la pratique, il n'a aucune chance de se réaliser car il est et restera politiquement impossible d'obtenir l'unanimité requise pour toute décision européenne en matière fiscale. La montée en régime de la tarification européenne du carbone passe donc par deux canaux : la restauration de la crédibilité du marché du carbone pour les émissions industrielles couvertes par le système des quotas ; le développement de taxes nationales qui pourront graduellement s'harmoniser pour les émissions des autres secteurs économiques.

Le redressement du système d'échange de quotas nécessite en premier lieu une implication des chefs d'État pour redonner une crédibilité politique aux objectifs de réduction d'émission. La possibilité de rehausser les objectifs à l'horizon 2020, discuté au lendemain de la conférence climatique de Copenhague, est désormais refermée. Le Royaume-Uni et l'Allemagne y étaient favorables, mais n'ont pas été suivis par la France restée sur une position timorée et se sont heurtés au front du refus conduit par la Pologne. Trouver un accord sur un objectif 2030 (probablement une réduction de 40 % des émissions) est l'étape incontournable pour fixer un plafond crédible qui serve de ligne de mire pour les acteurs économiques. Ici encore, il faudra composer avec l'opposition initiale d'une partie des États membres, hostile à tout engagement unilatéral de l'Europe. L'autre condition du redressement du système est l'instauration d'une gouvernance nouvelle reposant sur une autorité indépendante, qui, à l'image d'une banque centrale, assure la stabilité du cadre de long terme tout en disposant de la flexibilité requise pour s'adapter aux imprévus du court terme[6].

Étendre le prix du carbone au reste de l'économie s'effectue jusqu'à présent au cas par cas suivant les pays. Pour des raisons d'équilibre politique entre directions générales distinctes, la Commission a renoncé à étendre le système d'échange de quotas de CO_2 aux transports et aux bâtiments et propose d'utiliser la taxation pour tarifer les émissions associées à leurs usages. Cette hybridation entre un outil de marché et la taxe est parfois un peu complexe à mettre en place mais n'est pas rédhibitoire comme le montrent les exemples des pays nordiques. L'efficacité consiste alors à donner une vision pluriannuelle en termes d'évolution du niveau de la taxe malgré les règles d'annualité de la discussion budgétaire prévalant dans les pays démocratiques.

Dans les deux cas, pour être crédible sur le long terme, il faut être transparent sur les effets distributifs provoqués par la tarification du carbone et les utiliser pour orienter les ressources suivant les objectifs généraux qu'on suit. Comme l'a montré l'exemple du berger et de son propriétaire, il faut trouver les bons compromis en matière de redistribution.

De quelles masses parle-t-on ? S'il en coûtait aujourd'hui 20 euros de rejeter 1 tonne de CO_2 dans l'atmosphère, l'Europe valoriserait la stabilité du climat à 100 milliards. Un consensus assez large d'économistes avance que la valeur requise pour se prémunir contre les risques d'un réchauffement trop rapide devrait rapidement avoisiner 100 euros, ce qui porterait la rente carbone à 500 milliards au démarrage. Sitôt que le catalyseur du prix du carbone est considéré avec sérieux, on se rend compte qu'il porte sur des masses qui se voient au plan macroéconomique. C'est pourquoi l'introduction d'une tarification ambitieuse du climat dans l'économie européenne va de pair avec une stratégie de redistribution de la rente environnementale qui comporte trois volets : géographique, économique, social.

En premier lieu, la tarification du carbone peut devenir un instrument facilitant les transferts économiques entre pays. Trotignon et Delbosc estiment à 500 millions d'euros les transferts opérés vers l'Europe de l'Est au cours des premières années du fonctionnement du marché du carbone, grâce aux ventes de quotas de CO_2 distribués gratuitement[7]. Avec le passage aux enchères, le choix a été fait de retourner la grande majorité du produit financier aux États membres, ce qui limite la possibilité d'utiliser ces masses pour effectuer des transferts forfaitaires entre pays. L'urgence climatique est loin d'avoir le même poids que les urgences financières qui conduisent à transférer dans la précipitation des masses financières bien plus considérables entre pays !

Les effets distributifs les plus visibles de la tarification existante du carbone sont ceux concernant l'industrie. Comme nous l'avons déjà indiqué, ces effets distributifs ont favorisé jusqu'à présent les entreprises sous quotas qui ont bénéficié d'attributions gratuites de leurs permis d'émission. Dans le secteur électrique où l'art de capter les rentes est le nerf de la compétition, cela s'est traduit par l'apparition de profits d'aubaine. Dans le secteur industriel, le système a subventionné les industries intermédiaires de base comme l'acier ou le ciment dans des proportions tout à fait significatives. Le groupe Arcelor-Mittal a par exemple bénéficié d'un transfert net de plusieurs centaines de millions d'euros durant les huit premières années de fonctionnement du marché. Si on veut hâter la transition énergétique, il faudra rééquilibrer ces transferts au profit des activités naissantes grâce à l'économie verte et surtout les subordonner à des reconversions effectives vers des procédés de production économisant l'énergie et les émissions de gaz à effet de serre.

L'extension de la tarification du carbone dans les activités non couvertes par le système des quotas touchera plus directement les ménages. À moyen terme, ce renchérissement sera au moins partiellement contrecarré par les gains d'efficacité dans les usages et le basculement vers les énergies de flux. Mais à court terme, comment faire avec les 65 millions de foyers européens (13 % du total) considérés par la Commission en situation de « précarité énergétique » ? Et surtout, comment éviter que les 20 à 30 % de foyers qui ne sont pas « précaires » mais pour qui la facture énergétique pèse déjà lourd chaque mois ne basculent dans la précarité ? L'Europe a jusqu'à présent soigneusement éludé cette question en se focalisant sur les émissions industrielles sans toucher à celles des transports et du logement qui ont les impacts les plus directs sur les budgets des ménages. Du coup, l'extension de la tarification du carbone à ces secteurs, proposée par la Commission dans le cadre de la révision des accises énergétiques, piétine : la majorité des États membres n'en veut pas car cela pose des problèmes sociaux qu'ils n'ont pas envie de se mettre sur le dos en plus de tous ceux déjà provoqués par la crise !

Pour sortir de cet immobilisme, il faut évaluer avec rigueur les impacts sociaux de la tarification du climat et mettre en place les mesures d'accompagnement. Des auteurs comme Jean-Marie Chevalier, Michel Derdevet et Patrice Geoffron préconisent un « bouclier énergétique européen » pour amortir le « choc de la transition énergétique sur les foyers les plus vulnérables[8] ». Un tel bouclier consisterait à court terme à transférer des ressources financières vers les ménages à plus faible revenu et à moyen terme à cibler sur ces ménages les mesures facilitant l'efficacité et la substitution énergétique. La faisabilité d'un tel bouclier est pratiquement nulle du fait de l'organisation institutionnelle actuelle de l'Europe qui fait du social un domaine réservé à la seule discrétion des États membres. Mais cette organisation est-elle figée dans le marbre une fois pour toutes ?

Lors des grandes étapes de son histoire, l'Europe a montré qu'elle pouvait modifier son organisation institutionnelle pour mieux s'unir face à des priorités communes. Ce fut par exemple le cas lors de la construction de la politique agricole commune dans les années 1960 qui a conduit à mutualiser des masses financières qui représentent encore aujourd'hui plus de la moitié du budget européen. La mise en place de l'euro puis la gestion de sa crise à rebonds ont également conduit à mutualiser beaucoup de ressources. Si le climat constitue une vraie priorité pour l'Europe, il faut la traduire par une mutualisation des moyens que peut procurer une tarification ambitieuse du carbone. À l'instar de l'Europe agricole avec son Fonds européen d'orientation et de garantie agricole (FEOGA), l'Europe du climat doit disposer d'un bras armé financier pour piloter avec équité les redistributions engendrées par la tarification du carbone et muscler ses filières industrielles.

Transition énergétique et compétitivité : stimuler l'offre ou protéger les frontières ?

En France, le débat sur le lien entre transition énergétique et compétitivité a tendance à se focaliser sur l'opportunité de neutraliser l'impact du prix du carbone par un prélèvement aux frontières qui mette les industries traditionnelles à parité avec leurs compétiteurs étrangers. Mais pendant qu'on agite le serpent de mer de la taxe carbone aux frontières, on laisse l'industrie chinoise effectuer une percée historique sur le solaire photovoltaïque que n'aurait nullement gêné une telle mesure ! Faire de la transition énergétique un facteur de regain industriel passe moins par des mesures aux frontières que par la mise en œuvre d'une stratégie de l'offre stimulant l'investissement et l'innovation.

L'exemple de l'utilisation irresponsable des « tarifs de rachat » pour faciliter le développement du photovoltaïque est là pour rappeler les dégâts que peut engendrer l'absence de vision stratégique en la matière. Les producteurs d'énergie sont friands de tels tarifs qui garantissent à l'avance un prix minimum de l'électricité renouvelable ou du biogaz, c'est-à-dire une rente qui est incorporée dans le prix garanti. Ce type de mécanisme rappelle les plus belles heures de la politique agricole commune, quand l'Europe garantissait au producteur un prix d'intervention du blé ou du beurre, quelles que soient les conditions de marché. En Europe, les tarifs de rachat pour les énergies renouvelables ont été mis en place par un grand nombre d'États à partir de 2005, sous l'impulsion d'une coalition d'ONG environnementales et d'intérêts privés. Le secteur où ces tarifs ont été les plus généreux a été le solaire photovoltaïque où une juteuse rente financée par des politiques nationales non coordonnées a été distribuée aux producteurs. Le seul problème est que ce sont les industriels chinois, bien mieux organisés et coordonnés que les Européens, qui ont raflé la mise !

Les panneaux photovoltaïques standard qui sont assemblés sur les toits ou dans des centrales au sol représentent entre le quart et le cinquième de la valeur ajoutée de la filière solaire. Ils sont le type même de la commodité, issue de systèmes de production très capitalistiques où la taille et la capacité à déployer rapidement des technologies électroniques sont les conditions du succès. Avec une multiplication par dix des capacités installées dans le monde, le marché du photovoltaïque a décollé entre 2006 et 2012, principalement du fait de l'incitation des tarifs de rachat européen. Absents en 2003, les industriels chinois occupaient plus des trois quarts de ce marché en 2012, après avoir provoqué la faillite ou racheté la majorité des producteurs européens. Les coûts de la main-d'œuvre ne sont pour rien dans ce succès. Le levier déterminant a été le recours massif au crédit des industriels chinois auprès de banques publiques locales à des conditions défiant toute concurrence : un véritable dumping financier !

Avec pratiquement un an de retard sur les États-Unis, l'Europe a décidé en mars 2013 de mettre en place une procédure d'enregistrement sur les produits d'importation de la filière susceptible de déboucher sur une taxation au titre des mesures antidumping. Mais on voit bien que cette protection aux frontières ne traite que des effets de l'inconséquence de l'Europe qui a déployé une puissante incitation à développer l'usage d'une nouvelle énergie sans mettre en face les moyens requis pour déployer une offre compétitive. L'Europe ne doit faire preuve d'aucune naïveté dans le maniement des tarifs douaniers. Mais il y a des moyens autrement plus efficaces pour faire de la transition énergétique un levier pour innover et réinvestir dans l'industrie.

Dans le secteur industriel, une partie de la rente carbone doit être utilisée pour développer de nouvelles filières vertes et redéployer les industries traditionnelles vers des méthodes de production sobres en carbone. Le programme européen NER-300 constitue l'embryon d'une telle politique. Il permet de recycler une partie du produit des enchères de quotas de CO_2 sur des projets innovants dans les énergies renouvelables ou le captage et le stockage du CO_2. Avec un tel recyclage de la rente carbone, les industriels sont directement intéressés à la hausse du prix du carbone qui leur donne plus de moyens pour innover et investir, y compris dans les filières traditionnelles.

Revenons ici à un exemple mal compris du public en France : la sidérurgie lorraine. La compétitivité des hauts-fourneaux du site de Florange est obérée par les coûts de transport additionnels du minerai et du charbon relativement aux installations portuaires. Si on se limite aux techniques standard de production, on voit mal quel industriel peut sérieusement s'engager à y maintenir l'activité. La question se pose de façon différente si on fait de Florange le premier pilote industriel au monde testant de nouvelles techniques de production permettant de réduire drastiquement les émissions grâce au captage et au stockage du CO_2. C'est ce que vise à réaliser le programme européen Ulcos qui a été gelé par Arcelor-Mittal au lendemain de son bras de fer avec le gouvernement français. Au plan économique, la montée en charge du pilote ne devient rentable que si on donne une véritable valeur au carbone qu'il sera alors intéressant de capter à la sortie des cheminées puis de stocker. Contrairement à ce que voudraient faire croire certains, la compétitivité de la sidérurgie lorraine n'est donc nullement obérée par le prix du carbone. C'est même l'inverse : son avenir est subordonné à une tarification plus ambitieuse du carbone qui permette demain de produire de l'acier sur l'un des plus vieux sites historiques, sans plus émettre de CO_2 !

Le catalyseur de l'efficacité énergétique

On ne le répétera jamais suffisamment : la condition première de réussite de la substitution des sources fossiles par les énergies de flux et la biomasse est une accélération drastique des gains d'efficacité dans les usages de l'énergie. Cette accélération exige de multiples innovations techniques et d'organisation dont beaucoup se construiront de façon décentralisée au niveau des territoires.

La promotion de l'efficacité énergétique comporte des volets d'information des citoyens et des consommateurs. Elle devrait bien plus impacter les interventions de l'Europe sur les réseaux énergétiques et la sécurité des approvisionnements. La politique d'interconnexion des réseaux est certes utile, mais ne constitue plus l'enjeu principal de demain. C'est la révolution des réseaux multipolaires et interactifs que doit au plus vite préparer l'Europe tant sous l'angle institutionnel que des normes techniques. L'efficacité énergétique (et la flexibilité qu'elle exige sur le court terme) doit par ailleurs devenir le premier levier d'action pour renforcer la sécurité des approvisionnements.

Pour massivement inciter à l'efficacité énergétique, l'Europe manque d'outils économiques. À cet égard, il convient de mobiliser deux instruments, encore embryonnaires à l'échelle de l'Europe : le tiers-investissement et les certificats d'économie d'énergie.

Le tiers-investissement consiste à utiliser la valeur future des économies générées par un programme d'efficacité pour financer ledit programme. De nombreuses expériences pilotes ont été conduites par la Banque internationale pour la reconstruction et le développement (BIRD) en Europe de l'Est et par la KFW en Allemagne, deux banques publiques de développement. Le tiers-investissement ne se développe pas au sein du système financier car il est trop risqué : au risque opérationnel (la réalisation effective du programme) s'ajoute un risque sur le prix futur de l'énergie qui détermine la valeur des économies. Or les économistes de l'énergie le savent mieux que quiconque, on ne sait pas prévoir ce prix. Pour déployer à grande échelle le tiers-investisseur au niveau européen, il y a une voie toute tracée : la Banque européenne d'investissement pourrait impulser et coordonner des opérations de tiers-investissements en partenariat avec les institutions financières publiques nationales. Une implication forte de ces institutions serait de nature à réduire les risques et à faire sauter beaucoup de verrous au sein du système financier.

Les certificats d'économie d'énergie sont des instruments encore en germination, qui ont été développés suivant des modalités assez diverses dans plus d'une dizaine de pays en Europe, dont la France. Le principe est très simple. Au lieu d'utiliser une méthode strictement réglementaire en obligeant les acteurs à réaliser chacun un certain montant d'économie d'énergie, on fixe un objectif global d'économie à atteindre qui est ensuite réparti entre les distributeurs d'énergie. Ces distributeurs peuvent ensuite échanger entre eux des certificats qui attestent chacun d'un certain montant d'économie. Si les échanges de certificats sont organisés avec transparence et une liquidité suffisante, ils font apparaître un prix du certificat qui peut inciter des acteurs extérieurs au système à entrer sur le marché pour valoriser leurs propres économies d'énergie. Développé de façon non coordonnée dans des cadres nationaux, ce type d'instrument n'a guère de chance de décoller. Ici encore, l'Europe devrait sortir de l'eau tiède en créant les conditions d'émergence d'un véritable marché européen où se valoriseront demain les économies d'énergie en fonction des opportunités de chaque territoire.

La gestion écologique des territoires

Pour impulser la transition écologique, l'Europe doit quitter les demi-mesures et ne pas hésiter à mettre en place de puissantes incitations pour faire évoluer rapidement son système énergétique vers un modèle bas carbone. Ces incitations économiques ne prennent leur sens que si elles sont mises en œuvre à l'échelle du continent et servent demain de prototype à une tarification plus large des risques climatiques à l'échelle de la planète.

Paradoxalement, le renforcement de la maille européenne sera bien plus convaincant s'il s'accompagne d'une meilleure prise en compte de la diversité des territoires et du rôle irremplaçable des initiatives locales. C'est vrai pour l'énergie, mais sans doute encore plus de l'autre grand système de régulation du capital naturel : la biodiversité. Une telle prise en compte des échelons territoriaux est complexe sous l'angle de la gouvernance et pose de multiples questions en termes d'équité entre territoires. Mais il existe en Europe une grande politique sectorielle dont le redéploiement pourrait à terme devenir un levier majeur de la gestion écologique des territoires : la politique agricole commune.

Née historiquement d'un dispositif très efficace de soutien des prix agricoles dans un contexte de déficit commercial, cette politique sectorielle n'en finit pas de se réformer depuis le milieu des années 1980[9]. Comme cette réforme consiste pour l'essentiel à supprimer des rentes de situation dont a bénéficié historiquement une partie des producteurs (et beaucoup de leurs fournisseurs et prestataires de services !), le mouvement de réforme n'est pas spécialement populaire dans le monde agricole. Il a jusqu'à présent totalement manqué de vision mobilisatrice, en cherchant simplement à réduire le montant des soutiens à l'agriculture en les découplant des volumes mis sur les marchés.

Si elles sont astucieusement introduites, des incitations économiques visant à investir dans la protection du climat et de la biodiversité pourraient sensiblement changer la donne. Réorienter les mises en valeur agricoles en fonction de l'objectif climatique passe par l'introduction d'une valeur carbone comme instrument de soutien à l'agriculture. De même, les progrès dans l'évaluation des pertes ou des gains sur la biodiversité devraient permettre de gérer bien plus efficacement le secteur en transformant progressivement des aides directes en paiements pour services écosystémiques. On mettrait ainsi graduellement en place une politique de valorisation des investissements dans la biodiversité, bien plus efficace que les actions actuelles de limitation des accès *via* les zones de réserves naturelles.

On ne sait aujourd'hui que procéder à des expérimentations en la matière, et les délais de mise en œuvre seront longs. Mais en intégrant graduellement les valeurs de la protection du climat et de la biodiversité dans sa politique agricole, l'Europe peut initier un mouvement vers des modèles d'agriculture écologiquement intensive dont le monde aura probablement grand besoin dans le futur. À terme, c'est peut-être l'un de ses investissements les plus rentables dans la transition écologique.

CONCLUSION

Capital vert et perspectives économiques : le cas français

Nous nous interrogions en introduction sur la couleur de la croissance. Au terme de ce parcours, examinons celle du capital. Dans la représentation standard, les économistes considèrent le capital naturel comme un stock limité de ressources dont la rareté risque de peser à terme sur la croissance. Nous avons tenté d'enrichir cette représentation à partir d'une idée simple : moins que la rareté des matières premières, c'est la dégradation des grandes fonctions régulatrices naturelles – la stabilité du climat *via* le mécanisme de l'effet de serre et la diversité des écosystèmes – qui menace la poursuite de l'expansion. Pour y remédier, il faut introduire un nouveau prix dans l'économie qui mesure le coût de nos atteintes à ces fonctions régulatrices. Cette nouvelle valeur permet alors d'investir dans la baisse des pollutions pour reconstituer le capital naturel. L'investissement dans le capital vert devient dès lors un ressort générant de multiples innovations qui permettent de réorienter la croissance en assurant sa pérennité.

Voilà pour le schéma global, dont nous avons tenté de décliner les différents volets d'un chapitre à l'autre. Sa mise en œuvre pratique implique de cesser d'opposer économie et écologie, en intégrant la valeur de la protection de l'environnement dans le système de prix et en réorientant les investissements publics. Nous avons souligné les hésitations de l'Europe en la matière, notamment en raison de la crise économique. Où en est la France dans la valorisation de son capital vert ? La dureté des temps ne risque-t-elle pas aussi chez nous de provoquer des reculades ou de retarder le passage à l'acte ?

Il serait excessif d'affirmer que la protection de l'environnement a totalement disparu de la préoccupation de nos décideurs politiques avec la crise économique. Mais nos gouvernements ont pris la fâcheuse habitude de cantonner cette préoccupation à la périphérie du débat économique : « Grenelle de l'environnement », « Conférence environnementale » et « Grand débat sur la transition énergétique » font qu'on discute des questions environnementales. Mais sitôt qu'il s'agit de faire des choix impactant l'économie, les décisions se prennent ailleurs, là où l'écologie est encore considérée comme une charge plutôt que comme une opportunité. Lorsque la France doit prendre une position sur l'ambition climatique européenne, le Premier ministre François Fillon rend un arbitrage minimaliste au nom de la charge qu'imposerait à l'économie une réduction supplémentaire des émissions de gaz à effet de serre. Lorsque le Premier ministre Jean-Marc Ayrault se décide à tailler dans le vif de la dépense publique, c'est dans le budget de l'écologie que sa lettre de cadrage tape le plus fort[1] !

Remettre l'écologie au cœur de la politique économique, c'est en premier lieu redonner de la profondeur au débat public. Les arbitrages qui sacrifient l'écologie à l'autel de la rigueur passent sous silence le coût croissant des dérèglements climatiques et de la perte de biodiversité pour notre société. Difficile à estimer, ce coût est tributaire de la valeur qu'on accorde au futur dans les méthodes d'évaluation. Toutes les observations convergent cependant pour indiquer que les dommages écologiques affectent déjà notre société et que la poursuite des trajectoires actuelles de développement nous mène tout droit vers des coûts difficilement supportables[2]. Introduire la valeur des dommages écologiques présents et futurs dans nos décisions actuelles se justifie donc parfaitement sous l'angle économique sitôt qu'on allonge la vision prospective.

Le premier catalyseur pour mieux valoriser le capital vert est la réforme de la fiscalité énergétique. La France va accueillir la conférence des Nations unies sur le climat en décembre 2015. Sa voix sera plus écoutée si elle est capable de mettre en place chez elle une tarification du carbone pour réduire avec efficacité ses propres émissions de gaz à effet de serre. Dans le cadre du Comité pour la fiscalité écologique créé fin 2012, des propositions de réforme pluriannuelle de la fiscalité énergétique permettant une montée en charge progressive de la tarification du carbone ont été rendues publiques. La tarification des émissions de gaz à effet de serre, avec un taux qui augmente de façon prévisible dans le temps, est l'instrument le plus efficace économiquement pour modifier nos modes d'utilisation de l'énergie et réduire notre dépendance à l'égard des sources fossiles. C'est, de surcroît, le seul qui soit réaliste car il permet de s'affranchir des financements publics actuellement utilisés pour le déploiement des énergies renouvelables qui distribuent des rentes, envoient des incitations contre-productives et représentent des engagements financiers qui ne peuvent pas être tenus dans la durée.

Une tarification transparente et intégrant l'ensemble des risques environnementaux doit s'appliquer à toutes les sources énergétiques mobilisées et donc au nucléaire sur lequel la Cours des comptes a tout juste commencé de lever le voile. En matière nucléaire, il faut changer les termes d'un débat idéologique frontal entre partisans et opposants, en mettant sur la table l'ensemble des coûts liés à la gestion des risques, à celle du traitement des déchets et au démantèlement des centrales. Une telle transparence implique un changement de gouvernance, avec la mise en place d'un fonds public dédié à la couverture de ces coûts qui soit distinct du bilan de l'opérateur historique qui ne peut être à la fois juge et partie. C'est sur la base d'une telle transparence que le corps social et nos élus pourront se prononcer en connaissance de cause sur la place souhaitable de cette source dans le mix énergétique de demain.

La transition énergétique implique également de repenser les modes classiques de l'intervention publique. Les soutiens à la recherche et l'innovation doivent être reconsidérés en fonction des nouvelles exigences environnementales, de même que les investissements en infrastructure qui conditionnent la répartition des hommes et des richesses sur les territoires. Un enjeu majeur consistera à trouver les bonnes méthodes pour faire muter notre réseau de distribution énergétique vers les organisations interactives et décentralisées propices au déploiement des énergies de flux et à l'émergence des innovations locales.

L'énergie ne constitue qu'un volet d'une transition écologique plus globale dans laquelle la reproduction de la diversité du vivant occupera une place croissante. En raison de l'étendue de son domaine maritime et de la diversité de sa géographie, notre pays est particulièrement concerné par la protection de la biodiversité. Celle-ci est généralement vue comme une contrainte qu'on gère en limitant les accès (politiques de réserves naturelles) ou en accroissant le coût du développement des infrastructures. Utiles, ces leviers doivent être améliorés, notamment pour freiner la pression excessive des modes actuels d'urbanisation sur les sols non artificialisés. On passera à une vitesse supérieure en couplant à ces techniques « défensives » des méthodes de tarification des usages incitant à investir dans la diversité des écosystèmes. L'une des voies prometteuses consiste à s'appuyer sur le capital d'expérience accumulé par les agences de l'eau en matière de gouvernance et de tarification. L'agriculture est le premier secteur concerné par cette prise en compte de la diversité du vivant qui peut conduire à des nouvelles pratiques « écologiquement intensives ». Dans le secteur de la parfumerie, de la pharmacie et de nombreux créneaux agroalimentaires, la valorisation de la biodiversité apporterait également de nouveaux avantages comparés en différenciant la qualité de nos produits et en les rattachant de surcroît aux territoires. Contrairement à la vision commune, la prise en compte de la biodiversité dans nos décisions économiques générerait donc de nombreux bénéfices.

Face à ces nouvelles perspectives, plutôt consensuelles à moyen terme, pourquoi tant de résistance du corps social à court terme ? Trois objections reviennent avec ténacité pour s'opposer à l'investissement dans le capital vert : trop risqué pour la compétitivité ! Trop coûteux pour les finances publiques ! Acceptable pour les bobos, mais pas pour le budget de monsieur Tout-le-monde ! Examinons-les plus attentivement.

Risquée pour la compétitivité, la prise en compte de l'écologie ? Notre pays est de fait confronté à une perte de compétitivité, notamment dans sa composante industrielle[3]. Celle-ci peut difficilement être attribuée à un excès de préoccupation écologique. Elle n'est pas non plus due à l'émergence de la Chine et des autres pays qui opèrent un rattrapage séculaire, mais à un décrochement par rapport à nos compétiteurs européens : spécialisation insuffisante sur les secteurs porteurs ; difficulté récurrente à mobiliser les petites et moyennes entreprises ; déficit d'innovation et coûts salariaux pénalisants. Ces handicaps risquent-ils d'être accrus par le renchérissement programmé des énergies fossiles résultant de la tarification du carbone ? Le réel moteur des révolutions industrielles passées n'a pas été un accès à des sources d'énergie bon marché mais la somme d'innovations ayant permis de diffuser des nouveaux usages, bien plus efficaces, de sources énergétiques primaires. C'est exactement ce qui s'amorce avec la cinquième transition qui va connaître la montée en régime des énergies de flux débouchant sur de nouvelles filières économiques. Simultanément le renchérissement programmé du CO_2 incite à reconvertir les activités industrielles existantes pour réduire leur dépendance à l'égard des vieilles sources d'énergie. Prenons un exemple extrême : la chute du prix du gaz aux États-Unis va accroître la compétitivité des industries chimiques l'utilisant comme matière première, principalement dans les plastiques et les engrais. Faut-il pour autant renoncer à tarifer les émissions de CO_2 liées à l'utilisation du gaz ? CO_2 ou pas, le gaz américain restera ultracompétitif ! Le pari gagnant consiste à accélérer la mutation vers de nouveaux métiers :

les bioplastiques sont aujourd'hui une alternative industrielle dont le développement faciliterait la reconversion de raffineries classiques. Vue de l'esprit ? C'est ce que fait l'entreprise italienne Novamont sur le site pétrochimique de Porto Torres grâce à l'implantation d'une raffinerie végétale. Pourquoi n'a-t-on pas trouvé de Novamont pour sauver l'emploi des « Pétroplus » ? C'est en couplant tarification de l'environnement et stratégie ambitieuse de reconversion qu'on se donne les chances d'échapper à la désindustrialisation où nous conduit au contraire tout droit le *statu quo* !

Trop chère pour les finances publiques, l'écologie ? Ici encore, l'épuisement graduel des marges de manœuvre budgétaires est bien antérieur à la montée des préoccupations environnementales. D'un mandat à l'autre, nos gouvernements successifs ont laissé monter la dépense publique qui atteint des niveaux records parmi les pays développés. Malgré la hausse des prélèvements obligatoires pesant principalement sur le travail et la consommation, le cumul des déficits a engendré une dette publique délétère. Si on gère l'écologie en saupoudrant des subventions à l'efficacité douteuse, on continue seulement à charger la barque. Introduire et développer une tarification des nuisances environnementales crée au contraire des marges de manœuvre : une nouvelle recette publique apparaît dont les impacts économiques dépendent des choix en matière d'utilisation. L'opinion commune souhaite à la fois que la fiscalité écologique ne contribue pas à l'augmentation des prélèvements fiscaux et que son produit soit utilisé pour le financement de la protection de l'environnement. Ces deux optiques sont difficilement conciliables. À moyen terme, la tarification environnementale peut avoir un second effet bénéfique sur l'économie si elle permet de faire baisser des charges fiscales qui pèsent sur les facteurs de production. Ce raisonnement a inspiré la stratégie gouvernementale visant à financer avec la fiscalité environnementale un crédit d'impôt calculé sur les bas salaires dénommé « crédit d'impôt compétitivité emploi ». Il est cependant difficile d'apprécier le caractère pérenne d'un dispositif qui est loin de faire l'unanimité et pourrait fort bien être considéré dans le futur comme une « dépense fiscale », autrement dit comme l'une des niches fiscales que traquent les experts de Bercy à des fins de rabotage !

Réservée aux bobos, l'écologie ? Derrière la formule plaisante, il faut retenir l'idée que la tarification environnementale est régressive, en ce sens qu'elle frappe en proportion plus les bas revenus que les hauts revenus. Or, notre société est déjà confrontée à la montée des inégalités, avec une pyramide des niveaux de vie qui explose aux deux bouts de l'échelle : au sommet, la part de la richesse captée par les classes privilégiées s'élargit ; à l'autre extrémité, l'extension de la précarité se répand à une vitesse stupéfiante ; entre ces deux extrêmes, une classe moyenne tétanisée, se mure dans une attitude défensive, peu propice aux mobilités et aux flexibilités requises par le redressement économique. Pour pouvoir se développer à grande échelle, la tarification environnementale ne doit pas contribuer à aggraver ces inégalités. Au nom de la justice sociale, on peut être tenté de l'appliquer de façon différenciée suivant les groupes sociaux en exonérant les populations les plus fragiles. Cette voie est économiquement inefficace et très compliquée à mettre en œuvre en pratique. La bonne méthode est de coupler la montée en régime de la tarification environnementale à une réforme fiscale plus globale prévoyant une redistribution forfaitaire verticale à destination des foyers les plus vulnérables. Si elle parvient à réunir un minimum de consensus au sein de la société, la réforme fiscale environnementale devient alors un moteur de transformation sociale.

Au strict plan économique, une stratégie de développement fondée sur une revalorisation du capital vert se justifie pleinement. Elle conduit à un redéploiement de la croissance : celle-ci devient plus économe en capital naturel dont le coût s'impute progressivement à la production. Elle devient plus intense en travail et en équipements dont les prix relatifs diminuent. Source d'innovations nouvelles, elle contribue à revitaliser le système productif et à réduire le sous-emploi. La grande difficulté pour piloter cette transformation est d'en gérer les implications sociales.

Au-delà de notre vision d'économistes, il y a beaucoup d'autres raisons de reconsidérer la façon dont notre société doit protéger son capital vert. Les prix qui sont au cœur de notre boîte à outils ne sont qu'un étalon extrêmement partiel des valeurs au sein de la société. Mieux respecter le capital naturel est une exigence qui répond à beaucoup d'autres valeurs : culturelles, éthiques, esthétiques ! Avec le formidable développement des techniques, l'homme a construit un monde artificiel en utilisant la nature comme cette sorte de boîte à objets mise à sa disposition décrite par Descartes. Sans se soucier le moins du monde de la capacité de reproduction de ce système naturel. Il superpose maintenant à ce monde artificiel un monde virtuel qui étend chaque jour son emprise sur nos comportements et nos représentations. Ces artifices brouillent notre rapport au monde naturel en nous donnant de dangereuses illusions de puissance. Ils nous coupent de nos racines. C'est la raison pour laquelle construire de nouveaux rapports à la nature répond aussi à une profonde aspiration vers la sagesse. Notre contribution a juste consisté à rappeler que cela pouvait aussi apporter quelques bénéfices économiques collatéraux !

Notes

INTRODUCTION
La couleur de la croissance

1. L'ouvrage de Donella H. Meadows, Dennis L. Meadows, Jorgen Randers et William W. Behrenx, *The Limits to Growth* (New York, Universe Book, 1972) a été malencontreusement publié sous le titre *Halte à la croissance* (Fayard, 1972). Réédité en 2004 aux États-Unis, il a fait l'objet d'une nouvelle édition française sous le titre *Les Limites à la croissance* (Rue de l'échiquier, 2012).

2. L'expression est de l'économiste français Jean Fourastier. Elle désigne les trente années de croissance rapide de l'après-guerre. L'économiste américain Angus Maddison parle d'« âge d'or » pour évoquer cette période.

3. La notion de rente fait généralement référence à une valeur supplémentaire liée à la rareté relative d'un bien. On parle ainsi de rente foncière, de rente agricole et, de manière plus imagée, de rente de situation.

4. On peut mentionner à cet égard les travaux pionniers initiés sous la direction de l'économiste britannique David Pearce, *Blueprint for the Green Economy* (Earthscan, 1989).

CHAPITRE 1
La croissance : un accident historique ?

1. Les analyses reposent sur le modèle « World3 » dont on trouve une documentation plus complète dans : Dennis L. Meadows *et al.*, *The Dynamics of Growth in a Finite World* (Wright-Allen Press, 1974).

2. Système dit de « Bretton Woods ».

3. Pour une analyse éclairée et très didactique de cette crise, voir le petit ouvrage de Michel Aglietta : *La Crise, les voies de sortie* (Michalon, 2010, 2e édition).

4. Le terme désigne la dette immobilière qui a massivement été transférée aux États-Unis depuis les banques vers le marché financier par la technique dite de « titrisation » (transformation d'une dette bancaire en un titre financier).

5. Voir notamment : Angus Maddison, *The World Economy : A Millennial Perspective*, OCDE, 2001 ; Paul Bairoch et Maurice Lévy-Leboyer, *Disparities in Economic Development since the Industrial Revolution*, MacMillan, 1981.

6. Ce système philosophique a été fondé par Auguste Comte dans son *Cours de philosophie positive*. Il considère que seuls les faits expérimentés ont une valeur universelle et conduit à codifier les connaissances qui découlent directement de l'observation et de l'expérience.

7. Ce point a fait l'objet d'une controverse assez âpre entre Maddison et Bairoch, tous deux néanmoins d'accord sur le diagnostic que les deux ensembles économiques sont dans un mouchoir de poche en comparaison de la situation au milieu du XXe siècle.

8. Le concept de *peak oil* a été développé par le géologue Hubbert à partir de l'observation de l'exploitation des puits américains. La « courbe d'Hubbert » indique que l'extraction pétrolière devient coûteuse et déclinante à partir du moment où la moitié des réserves ont été extraites. C'est à partir de cette courbe que certains annoncent régulièrement la « fin de l'aventure pétrolière ». Pour une présentation bien documentée de ces thèses, voir Adolphe Nicolas, *Énergies. Une pénurie au secours du climat ?*, Belin, « Pour la science », 2011.

9. Voir son analyse méticuleuse sur la révolution numérique « Does the new economy measure up to the great inventions of the past ? », *Journal of Economic Perspectives*, automne 2000, 14, n° 4 et son papier plus récent : « Is US economic growth over ? Faltering innovation confronts the six headwinds », *CEPR, Policy Insight*, septembre 2012, n° 63.

CHAPITRE 2
Le « capital naturel » revisité

1. Voir, notamment, Robert Solow, « Sustainability : An economist's perspective », *in* Robert et Nancy Dorfmann (éd.), *Economics of the Environment. Selected readings*, W. W. Norton, New York, 1993, 3e édition. Cette idée de plus ou moins grande substituabilité entre facteurs de production a donné lieu à une littérature économique abondante sur les notions de soutenabilité au sens fort ou au sens faible.

2. Bernard Chevassus-au-Louis, *La Biodiversité, c'est maintenant*, L'Aube, 2013, p. 77.

3. Deux synthèses de ces travaux, accessibles aux non-scientifiques, ont été publiées : J. Rockström *et al.*, « Planetary boundaries : Exploring the safe operating space for humanity », *Ecology & Society*, 2009a, 14 (2), p. 32 et

J. Rockström *et al.*, « A safe operating space for humanity », *Nature*, 2009b, vol. 461.

4. Le seuil le plus connu est sans doute celui d'une concentration maximum de 450 parties par million (ppm) de gaz à effet de serre dans l'atmosphère pour espérer respecter la limite des 2 °C de réchauffement.

CHAPITRE 3

Hotelling nous emmène au-delà du mur

1. Les terres rares sont un groupe de métaux dont le lanthane, l'yttrium et le néodyme. Contrairement à ce que leur appellation laisse croire, ces terres ne sont pas « rares », mais leurs concentrations sont variables et elles sont très difficiles à extraire et à exploiter. Sans elles, plus d'écrans plats, de panneaux solaires, de smartphones, d'éoliennes ou de pots catalytiques...

2. Harold Hotelling, « The economics of exhaustible resources », *The Journal of Political Economy*, 1931, 39, p. 137-175.

3. Autrement dit pour l'individu les deux possibilités sont strictement équivalentes.

4. Margaret E. Slade, « Trends in natural resources commodity prices : An analyis of time domain », *Journal of Environmental Economics and Management*, 1982, 9, p. 122-137.

5. Lorsque nous considérons le cas des ressources renouvelables, la même logique s'applique. En effet, la règle fondamentale de gestion d'une ressource renouvelable repose sur une notion d'arbitrage équivalente à la règle de Hotelling : le stock d'une ressource renouvelable peut s'assimiler à un stock de capital pour lequel l'exploitant recherche, à l'équilibre, un rendement identique à celui des autres actifs, à savoir le taux d'intérêt. La différence fondamentale étant qu'il est possible de faire croître, décroître ou garder constant le stock en question. Autrement dit, avec la possibilité d'exploiter la ressource en deçà, au-delà ou exactement au niveau de son taux de renouvellement.

6. P. Dasgupta et G. Heal, « The optimal depletation of exhaustible resources », *The Review of Economics Studies,* 1974, 41, p. 1-28 ; R. Solow, « Intergenerational equity and exhaustible resources », *The Review of Economics Studies,* 1974, 41, p. 29-45 ; J. Stiglitz, « Growth with exhaustible natural resources : Efficient and optimal growth paths », *The Review of Economic Studies*, 1974, 41, p. 123-137.

7. Certains auteurs ajoutent également à cette liste les services primaires comme la photosynthèse, le cycle de l'eau ou le cycle des nutriments essentiels à la vie, ainsi que des services culturels (créativité, inspiration, valeurs éducatives, activités récréatives).

8. MEA – Millenium Ecosystem Assessment, *Ecosystems and Human Well-Being*, Island Press, 2003.

9. Le gaz carbonique (CO_2) représente un peu moins de 70 % de l'ensemble des émissions mondiales d'origine humaine. Les autres gaz à effet de serre d'origine anthropique sont exprimés en équivalent CO_2 sur la base de leur pouvoir de réchauffement sur cent ans. C'est pourquoi on parle d'« équivalent CO_2 ».

CHAPITRE 4
Trop de monde dans le vaisseau ?

1. K. Boulding, *The Earth as a Spaceship*, Washington State University Committee on Space, 1966. http://www.colorado.edu/econ/Kennneth.Boulding/spaceship-earth.html.

2. G. Botero [1588], *Delle Cause della Grandezza della Citta*, reproduit en partie in *The Population and Development Review*, 1985, 11 (2), p. 335-340.

3. R. Cantillon [1755], *Essay on the Nature of Trade in General*, INED, 1952.

4. T. R. Malthus [1798], *Essay on the Principle of Population*, Pelican Books, 1970.

5. J. Bentham [1789], « Introduction to the principles of morals and legislation », *in* M. Warnock (éd.), *Utilitarianism*, Fontana Press, 1962.

6. H. Sidgwick, *The Methods of Ethics*, MacMillan, 1874.

7. D. Parfit, *Reasons and Persons*, Oxford University Press, 1984. Parfit note que les visions utilitaristes souffrent d'un risque de « conclusion répugnante ». Autrement dit, pour une taille de population donnée, il existe une taille plus importante avec un niveau de bien-être par tête inférieur mais un niveau global plus élevé.

8. « Toutes choses égales par ailleurs », il s'agit d'une des expressions favorites des économistes, car elle permet d'isoler et de comprendre un phénomène particulier en négligeant un temps les autres interactions.

9. J. Broome, *Weighing Lives*, Oxford University Press, 2004.

10. Voir P.-A. Jouvet et G. Ponthière, « Survival, reproduction and congestion : The spaceship problem re-examined », *Journal of Bioeconomics*, 2011, vol. 3, p. 233-273.

CHAPITRE 5
La décroissance verte : bonnes questions, mauvaises réponses !

1. John Stuart Mill, *Principles of Political Economy*, 1848, John W. Parker, livre IV, chapitre 6 (traduction des auteurs).

2. Voir notamment : Michel Griffon, *Pour des agricultures écologiquement intensives*, L'Aube, 2011.

3. Tim Jackson, *Prosperity without Growth : Economics for a finite planet*, Earthscan, 2011.

4. Comme l'observa l'économiste écossais Robert Giffen, ils peuvent même dans certains cas réagir « à l'envers » : lorsque le prix d'un bien de première nécessité (dit « bien Giffen » ou bien inférieur) comme le blé ou la pomme de terre monte, sa demande par les ménages modestes peut augmenter car son renchérissement rend impossible la consommation d'un deuxième produit dit « supérieur » comme la viande ou les produits frais.

5. Voir le dossier de Benoît Bréville, « Obésité, un mal planétaire », *Le Monde diplomatique*, septembre 2012.

6. Marion Nestle, « Does it really cost more to buy healthy food ? », www.foodpolitics.com, 5 août 2011.

7. T. Jackson (2011), *op. cit.*, p. 175 (traduction des auteurs).

8. Voir le dossier « For richer, for poorer », *The Economist*, 13 octobre 2012.

CHAPITRE 6
Introduire l'environnement dans le calcul de la richesse

1. J. Stiglitz, A. Sen et J.-P. Fitoussi, *Vers de nouveaux systèmes de mesure. Performances économiques et progrès social*, Odile Jacob, 2009.

2. L'indicateur de bien-être économique intègre les éléments non monétaires positifs et négatifs à l'agrégat de la consommation de la comptabilité nationale. L'indicateur de bien-être économique durable tient compte des prélèvements-restitutions au stock de capital global qui n'intègrent que partiellement les ressources naturelles. Voir William D. Nordhaus et James Tobin, « The measurement of economic and social performance », *in Is Growth Obsolete ?*, NBER, 1973, p. 509-564. L'indicateur sera affiné par la suite, notamment pour mieux tenir compte des ressources naturelles.

3. Edward Barbier et Anil Markandya, *A New Blueprint for a Green Economy*, Earthscan, 2012. Voir en particulier le chapitre 2, p. 18-35.

4. Gene Grossman et Alan Krueger, « Economic growth and environment », *Quarterly Journal of Economics*, 1995, 110 (2), p. 353-377.

5. Bernard Chevassus-au-Louis (2013) rappelle la difficulté des méthodes de comparaison, d'où la fourchette très large qu'il donne pour évaluer ce changement de rythme : de plusieurs dizaines jusqu'à 10 000 !

6. R. Alkemade *et al.*, « GLOBIO : A framework to investigate options for reducing global terrestrial biodiversity loss », *Ecosystems*, 2009, 12, p. 371-390.

7. Pour une description complète de la méthodologie initiale, voir William Rees et Mathis Wackernagel, *Our Ecological Footprint : Reducing human impact on the Earth*, New Society Publishers, 1996. Pour l'utilisation

de cet indicateur, consulter le rapport *Planète vivante* (*Living Planet*) régulièrement publié par le WWF et publié sur son site.

CHAPITRE 7
La nature n'a pas de prix !

1. Cité dans « Quel prix pour la nature ? », dossier de Terraeco sur http://www.terraeco.net/a3421.html.

2. Ces deux théorèmes constituent des résultats fondamentaux de la théorie de l'équilibre général formalisée par les prix Nobel d'économie K. Arrow et G. Debreu. K. J. Arrow et G. Debreu, « Existence of an equilibrium for a competitive economy », *Econometrica*, 1954, 22, p. 265-290.

3. Une situation dans laquelle un seul individu possède quasiment toutes les richesses de l'économie peut parfaitement être Pareto optimale.

4. Garrett Hardin, « The tragedy of the commons », *Science*, 13 décembre 1968, vol. 162, n° 3859, p. 1243-1248.

5. A. Leopold, *A Sand County Almanac*, Oxford University Press, 1949. Cet ouvrage posthume a fortement influencé le développement de l'éthique environnementale actuelle ainsi que l'ensemble du mouvement pour la protection des espaces naturels. Aldo Leopold est considéré comme l'un des pères fondateurs de la gestion de la protection de l'environnement aux États-Unis.

6. B. Weisbrod, « Collective-consumption services of individual-consumption goods », *Quarterly Journal of Economics*, 1964, vol. 78, p. 471-477.

7. K. J. Arrow et A. C. Fisher, « Environmental preservation, uncertainty and irreversibility », *Quarterly Journal of Economics*, 1974, 88, p. 312-319. C. Henry, « Investment decisions under uncertainty : The irreversibility effect », *American Economic Review*, 1974, 64, p. 1006-1012.

CHAPITRE 8
Le prix de l'environnement : le prototype du prix du carbone

1. L'une des conclusions du Comité Trajectoires 2020-2050 mis en place par les pouvoirs publics à l'automne 2011 pour examiner les objectifs de la politique climatique française a été la nécessité de mettre en place une tarification des émissions nationales de gaz à effet de serre. Deux ans plus tard, le premier avis du Comité pour la fiscalité écologique installé par une nouvelle majorité gouvernementale reprenait la préconisation en recommandant l'introduction d'une assiette carbone dans la fiscalité énergétique française.

2. Nous nous inspirons ici directement de A. Delbosc et C. de Perthuis, *Et si le changement climatique nous aidait à sortir de la crise économique*, Le

Cavalier bleu, 2012. Le lecteur trouvera par ailleurs un développement plus complet sur ces questions dans C. de Perthuis, *Et pour quelques degrés de plus*, Pearson, 2011, 2e édition.

3. La largeur de la fourchette résulte principalement de la façon dont on traite l'incertitude et les risques associés aux scénarios extrêmes. Voir N. Stern *et al.*, *The Economics of Climate Change*, Cambridge University Press, 2007 (accessible en intégralité sur le site du Trésor britannique).

4. L'approche d'Ostrom rappelle cependant qu'il ne faut pas tout attendre d'un accord climatique international ou de l'application d'un instrument unique. Voir notamment « Polycentric systems : Multilevel governance involving a diversity of organisation », *in* E. Brousseau *et al.*, *Global Environmental Commons*, Oxford University Press, 2012, p. 105-125.

5. L'action des gaz CFC sur la couche d'ozone fut mise en relief par des scientifiques américains au milieu des années 1970. D'abord farouchement niée par les industriels fabriquant ces substances, elle donna lieu à la recherche de produits de substitution que la société américaine Dupont de Nemours découvrit la première. Cela facilita l'adoption du protocole de Montréal, signé en 1987 dans le cadre des Nations unies, qui proscrivit avec succès l'usage de ces substances dans l'industrie mondiale. La réussite du protocole de Montréal n'est cependant guère transposable au cas du changement climatique dans la mesure où il s'agissait de réguler un nombre très limité de sources d'origine industrielle dans le monde, alors que les sources d'émission de gaz à effet de serre sont multiformes.

6. A. Quinet (sous la présidence de), *La Valeur tutélaire du carbone*, La Documentation française, mars 2009.

7. L'article fondateur de Martin Weitzman, « Prices *vs.* quantities » (*The Review of Economic Studies*, octobre 1974, vol. 41, n° 4, p. 477-491) démontre que les coûts de l'erreur sont supérieurs dans le cas où la pente de la courbe des coûts d'abattement marginaux est supérieure à celle des bénéfices marginaux, ce qui le conduit à privilégier l'utilisation d'une taxe dans le cas du changement climatique.

8. Leur liste et les engagements de réduction qu'ils ont pris sont détaillés dans l'annexe B du protocole.

9. La Commission a mis sur la table une telle proposition dite de « backloading » dès 2011, mais n'a pas réussi à la faire voter par le Parlement européen avant juillet 2013. Ce n'est évidemment pas avec une telle inertie dans la prise de décision qu'on peut sérieusement réguler un marché. Voir Christian de Perthuis et Raphaël Trotignon, « Governance of CO_2 markets : Lessons from the European emission trading scheme », à paraître dans *Energy Policy*, automne 2013.

10. Notons cependant que la Chine met en place en 2013 un marché de permis « à titre expérimental » dans ses 5 villes et ses 2 provinces les plus industrialisées. Si l'expérience est concluante, elle prévoit de généraliser le système à l'ensemble du pays en 2015. Il sera intéressant d'observer à quel niveau les prix s'établissent.

11. Une littérature assez fournie s'est développée autour de cette question : L. H. Goulder, « Environmental taxation and the "double dividend" : A reader's guide », *NBER Working Paper*, 1994, n° 4896 et L. H. Goulder, « Effects of carbon taxes in an economy with prior tax distortions : An intertemporal general equilibrium analysis », *Journal of Environmental Economics and Management*, 1995, 29, p. 271-297.

12. Mireille Chiroleu-Assouline, *Le Double Dividende. Les approches théoriques*, Université Paris-I, EUREQua et ERASME, 2008.

13. Le problème est nettement plus complexe pour les émissions et le stockage des gaz à effet de serre par l'agriculture et la forêt.

14. Deux tentatives en France, l'une en 2001 sous le gouvernement de Lionel Jospin, l'autre en 2009 sous celui de François Fillon, ont échoué en la matière.

CHAPITRE 9
Quel est le prix de votre génome ?

1. Publié en 1962, l'ouvrage de Carson décrit un monde d'où les oiseaux ont disparu en raison de la généralisation de l'usage des pesticides chimiques. On associe outre-Atlantique l'interdiction graduelle des usages agricoles du DDT à partir des années 1970 à l'impact qu'a eu l'ouvrage sur l'opinion publique.

2. En fait, nous avons plutôt des indicateurs de biodiversité à travers le comptage des différentes espèces. Nous mesurons plutôt les pertes de biodiversité que les avantages qu'elle nous procure. Nous prenons également des espèces spécifiques comme approximation de la biodiversité comme dans l'article de Chris van Swaay et M. Warren, « Prime butterfly areas of Europe : An initial selection of priority sites for conservation », *Journal of Insect Conservation*, 2006.

3. Le rapport sur la biodiversité pour le Centre d'analyse stratégique de Bernard Chevassus-au-Louis, *L'Approche économique de la biodiversité et des services liés aux écosystèmes* (2009), souligne parfaitement les difficultés, voire l'impossibilité, d'une mesure globale de la biodiversité.

4. Il existe une étude de Robert Costanza (« The value of the world's ecosystem services and natural capital », *Nature*, n° 387, 1997, p. 253-260) qui estime à environ 33 000 milliards de dollars les services rendus à l'humanité par la biodiversité. Mais cette estimation est très contestée dans ses fondements mêmes.

5. Avec tous nos remerciements au professeur Michel Béra de la chaire « Modélisation statistique du risque » du CNAM.

6. Acide désoxyribonucléique (ADN) constitué de l'enchaînement de 3 milliards de paires de bases (nucléotides), délimitant 25 000 gènes.

7. Le premier à avoir séquencé le génome humain.

8. Généticien et biochimiste américain codécouvreur de la structure de l'ADN.

9. Voir le rapport de la Fondation pour la recherche sur la biodiversité : http://www.fondationbiodiversite.fr/images/stories/telechargement/rapport_valeurs_.pdf.

10. En référence au célèbre économiste britannique Alfred Marshall qui l'a défini dans son ouvrage, *Principle of Economics*, 1890.

11. K.-G. Mäler, « A method for estimating social benefits from pollution control », *Swedish Journal of Economics*, 1971, vol. 73, p. 121-133.

12. Économiste britannique, prix Nobel d'économie en 1972 avec K. Arrow, J. R. Hicks, « The four consumer's surpluses », *The Review of Economic Studies*, 1943, vol. 1, p. 31-41.

13. L'aspect « parfaitement » est purement théorique et généralement il s'agit d'approximations permettant de mesurer des niveaux « acceptables ». C'est avec cette logique que sont mesurées les indemnités en tout genre : expulsions, compensation pour une pollution… Il est très rare que les parties en présence soient parfaitement satisfaites de l'accord. Mais, comme nous l'avons dit, refuser toutes évaluations revient à avoir une valeur nulle et dans ce cas il devient pratiquement impossible de faire prendre en compte la dimension environnementale dans nos décisions.

14. Voir J. Horowitz et S. McConnell, « A review on WTA/WTP Studies », *Journal of Environmental Economics and Management*, 2002, vol. 44, p. 426-447.

15. R. Mitchell et R. Carson, *Using Surveys to Value Public Goods. The contingent Valuation Method*, Johns Hopkins University Press for Resources for the Future, 1989.

16. F. Kong, H. Yin, N. Nakagoshi, « Using GIS and landscape metrics in the hedonic price modeling of the amenity value of urban green space : A case study in Jinan City, China », *Landscape and Urban Planning*, 2007. Cette étude, sans donner de chiffrage précis, souligne l'importance croissante accordée par la population chinoise aux espaces verts de proximité.

17. P. Bayer, N. Keohane, C. Timmins, « Migration and hedonic valuation : The case of air quality », *Journal of Environmental Economics and Management*, 2009.

18. A. Bengochea Morancho, « A hedonic valuation of urban green areas », *Landscape and Urban Planning*, 2003.

19. Voir C. Kolstad, *Environmental Economics*, Oxford University Press, 2010 (2e éd.) pour le détail des méthodes, ou P. Bontems, G. Rotillon, *L'Économie de l'environnement*, La Découverte, « Repères », 2007 (3e éd.) pour un aperçu.

20. Voir, par exemple, W. D. Shaw et P. Jakus, « Travel cost models of the demand for rock climbing », *Agricultural and Ressource Economics Review*, 1996, ou K. G. Willis et G. D. Garrod, « An individual travel cost method of evaluating forest recreation », *Journal of Agricultural Economics*, 2008.

21. Voir G. Dionne et M. Lebaux, « La valeur statistique d'une vie humaine », *CIRRELT*, 2010, 48.

22. Dans la littérature, on parle généralement de « biais » méthodologiques ou économétriques.

23. En effet, pour départager la compagnie pétrolière et les victimes sur l'évaluation des dommages, la National Oceanic and Atmospheric Administration (NOAA), en charge de définir les méthodes licites dans l'évaluation des dommages, a fait appel à un panel d'experts présidé par deux prix Nobel : K. Arrow et R. Solow. Ce sont les conclusions de ce panel qui ont donné sa légitimité à l'évaluation contingente pour les affaires judiciaires à condition de respecter un protocole d'application précisé dans le rapport.

24. L. Carr et R. Mendelsohn (2003), « Valuing coral reefs : A travel cost analysis of the Great Barrier Reef », *Ambio*, 32, p. 353-357.

25. Voir Marit E. Kragt, Peter C. Roebeling et Arjan Ruijs, « Effects of Great Barrier Reef degradation on recreational reef-trip demand : A contingent behaviour approach », *The Australian Journal of Agricultural and Resource Economics*, 2009.

26. *L'Environnement en France*, Commissariat général au développement durable, 2010.

27. Voir http://www.teebweb.org et également Commissariat général au développement durable, *L'Environnement en France*, 2010 pour le cas de la France.

CHAPITRE 10
Valoriser la biodiversité : gérer les accès, tarifer les usages

1. H. S. Gordon, « The economic theory of a common property resource : The fishery », *Journal of Political Economy*, 1954, 62, p. 124-142.

2. M. B. Schaefer, « Some aspects of the dynamics of populations important to the management of the commercial marine fisheries », *Bulletin of the Inter-American Tropical Tuna Commission*, 1954, 1, p. 25-56 ; M. B. Schaefer, « Some considerations of population dynamics and economics in relation to the management of marine fisheries », *Journal of the Fisheries Research Board of Canada*, 1957, 14, p. 669-681.

3. A. D. Scott, « The fishery : The objectives of sole-ownership », *Journal of Political Economy*, 1955, 63, p. 116-124.

4. C. W. Clark, « The economics of overexploitation », *Science*, 181, 1973, p. 630-634.

5. Dans le Pacifique, au début des années 1990, la pêche au flétan n'a été autorisée que durant trois jours par an.

6. Sur les aspects théoriques, voir P.-A. Jouvet et G. Rotillon, « Ressources renouvelables et quotas transférables dans un modèle à générations imbriquées », *Recherches économiques de Louvain*, 2005, 1, p. 117-130. Pour

les mérites respectifs de modes de régulation, voir L.-P. Mahe et C. Ropars, « L'exploitation régulée d'une ressource renouvelable : inefficacité d'un rationnement factoriel et efficacité des quotas individuels transférables », *Économie et prévision*, 2001, 148, p. 141-156.

7. Ecosystem Marketplace, *State of Biodiversity Markets*, Washington DC, 2012.

8. Avis « Fiscalité et artificialisation des sols », adopté le 28 mars 2013 par le Comité pour la fiscalité écologique.

9. *Agriculture et biodiversité. Valoriser les synergies*, Quae, 2012.

10. Merci à Jean-René Brunetière et à George Feterman pour nos échanges sur ce délicat sujet.

11. Bernard Chevassus-au-Louis, *La Biodiversité, c'est maintenant*, L'Aube, 2013.

12. Bernard Chevassus-au-Louis (sous la présidence de), *Approche économique de la biodiversité et des services liés aux écosystèmes*, Centre d'analyse stratégique/La Documentation française, 2009.

13. Suivant l'Agence régionale pour la nature et la biodiversité, l'Observatoire des abeilles en Île-de-France montre que sur les trois dernières années la population d'abeilles se porte mieux au centre de Paris que dans sa périphérie. http://www.natureparif.fr.

14. La diversité des caractères des individus et la diversité des macro-écosystèmes correspondent respectivement à la diversité phénotypique et aux biomes.

CHAPITRE 11
La « transition énergétique » : pas assez ou trop de pétrole ?

1. Nous nous permettons de nous inspirer du titre de l'ouvrage d'Henri Prévot, *Trop de pétrole ! Énergie fossile et réchauffement climatique*, Seuil, 2007.

2. Le grand débat sur la « transition énergétique » a été programmé dans le cadre de la Conférence environnementale, nouvelle appellation du Grenelle de l'environnement. Il a mobilisé au premier semestre 2013 pas moins de 140 experts, à grand renfort de communication. L'enjeu du débat apparaît un peu flou, car les arbitrages majeurs (sur le nucléaire et les gaz de schiste) semblaient bien avoir été rendus avant le débat, par le président de la République en personne...

3. Robert Hefner, *The GET : The Great Energy Transition*, Willey, 2009.

4. Ce paquet législatif de plusieurs centaines de pages précise la façon dont les 27 membres de l'Union européenne se répartissent à l'horizon 2020 les objectifs du « trois fois vingt » : réduire de 20 % les émissions de gaz à effet de serre relativement à 1990, porter la part des énergies renouvelables à 20 % dans la consommation et accroître l'efficacité énergétique de 20 %.

5. Vaclav Smil, *Energy Transitions : History, Requirements, Prospects*, Praeger, 2010, p. 107 (traduction des auteurs).

6. Jeremy Rifkin, *The Third Industrial Revolution : How Lateral Power Is Transforming Energy, the Economy, and the World*, Palgrave Macmillan, 2011.

7. Voir R. G. Gordon (2000), art. cit. et (2012), art. cit.

8. R. Fouquet et P. Pearson, « Long run trends in the efficiency cost and uptake of lighting services : Implications for current policies », *Economics of Energy and Environmental Policy*, IAEE, 2012, 1. D'après ces auteurs, le prix de la lumière est divisé au Royaume-Uni par un facteur 3 000 en deux siècles.

9. William Stanley Jevons, *The Coal Question : An Inquiry Concerning the Progress of the Nation and the Probable Exhaustion of our Coal Mines*, Macmillan, 1865, p. 140 (traduction des auteurs).

10. Les scénarios correspondants dans les travaux du GIEC évoquent des hausses de la température moyenne bien au-delà des deux degrés, habituellement considérés comme le seuil à ne pas dépasser.

11. Le Wyoming et le premier État producteur de charbon aux États-Unis.

12. Nous avons développé ce point dans plusieurs articles. Voir Pierre-André Jouvet et Christian de Perthuis, « La croissance verte : de l'intention à la mise en œuvre », *Cahiers de la chaire Économie du climat*, série informations & débats, juin 2012, n° 15.

13. Dans la littérature plus spécialisée, on parle des techniques CCS (*carbon capture et storage*) traduites généralement par captage et stockage du carbone.

CHAPITRE 12
L'incontournable question du prix de l'énergie

1. L'hypothèse d'une remontée du prix du bois associée au défrichement des forêts au XVIIIe siècle au Royaume-Uni a été avancée par John Neff dans son ouvrage *The Rise of the British Coal Industry*, Routledge, 1932. Elle a été ultérieurement infirmée par des générations d'historiens comme l'indique Roger Fouquet dans : *Heat, Power and Light : Revolutions in Energy Services*, Edward Elgar, 2008.

2. En moyenne, un baril de pétrole contient l'équivalent de 0,4 tonne de CO_2.

3. À ce tarif le prix du litre de super passerait de 1,7 à 2,15 euros.

4. On parle également de facteur de charge pour désigner le rapport entre la production effective et la production maximale théorique. Par exemple, si le facteur de charge d'une centrale à gaz utilisée en base est de 85 % alors que celui d'une éolienne est de 20 %. À puissance identique, il faut

donc plus de 4 éoliennes pour produire la même quantité d'énergie que la centrale à gaz.

5. Ernst von Weizsäcker *et al.*, *Factor Five. Transforming the Global Economy through 80 % improvements in Resources Productivity*, The Natural Earth Project/Earthcan, 2009.

6. R. Fouquet et P. Pearson (2012), art. cit.

7. L'invention de l'ampoule électrique par l'Écossais John Lindsay date de 1835 et est donc bien antérieure à la découverte du procédé de l'ampoule à filament, brevetée en 1878 par Edison, qui allait donner l'essor que l'on sait à l'ampoule à incandescence.

8. En termes plus techniques, l'élasticité revenu de la demande de lumière est montée au-delà de 2 entre 1870 et 1930 et est restée supérieure à l'unité jusqu'en 1950. L'élasticité prix a de son côté été supérieure à l'unité jusqu'en 1900.

9. C'est la thèse avancée par Brookes et Khazzoom : L. Brookes, « Energy efficiency and economic fallacies », *Energy Policy*, 1990, vol. 18, n° 2, p. 199-210 ; D. J. Khazzoom, « Economic implications of mandated efficiency standards for household appliances », *Energy Journal*, 1980, vol. 1, p. 21-40. Le postulat de Brookes-Khazzoom a par la suite été contesté à partir de nombreuses observations empiriques par des auteurs comme Grubb et Lovins.

10. Il y a deux sortes de risques : celui de fuites, inoffensives pour les populations locales, laissant imperceptiblement le CO_2 s'échapper dans l'atmosphère. En cas de lâcher concentré, certains risques sanitaires peuvent apparaître. En 1986 sur les bords du lac Nyos, au Cameroun, la soudaine libération d'une gigantesque poche de CO_2 depuis le lac a provoqué le décès de 1 700 personnes. Cependant, les accidents liés au CO_2 sont extrêmement rares contrairement à ceux résultant de l'inhalation de monoxyde de carbone (CO).

11. Les émissions associées à ces différentes sources dépendent beaucoup de la qualité des différents combustibles : le charbon lignite et les pétroles lourds émettent par exemple nettement plus que le charbon classique et les pétroles légers pour la même quantité d'énergie fournie.

12. En avril 2013, en raison d'un faible prix du CO_2 et d'une diminution du prix du charbon européen, suite aux exportations massives de charbon des États-Unis en raison du développement des gaz de schiste, GDF Suez a décidé de mettre « sous cocon » pour l'été deux centrales à cycle combiné gaz et une troisième pour une durée indéterminée.

13. Compte tenu du pouvoir de réchauffement du méthane, 25 fois supérieur à celui du gaz carbonique, il suffit d'un taux de fuite global de 3 % pour neutraliser l'avantage du gaz par rapport au charbon.

14. Il faut en effet dans ce cas liquéfier le gaz en le comprimant au moment de son chargement dans les méthaniers puis le regazéifier à l'arrivée. Les deux procédés (surtout le premier) consomment une forte quantité d'énergie fossile.

15. Voir l'article développant cet argumentaire : R. Howarth, R. Santoro et A. Ingraffea, « Venting and leaking of methane from shale gas development : Response to Cathles *et al.* », *Climatic Change*, 2012, n° 113, p. 537-549. Les experts du MIT adoptent une position plus nuancée, sans doute plus proche de la réalité : Francis O'Sullivan et Sergey Paltsev, « Shale gas production : Potential versus actual greenhouse gas emissions », *Environmental Research Letters*, IOPScience, décembre 2012.

16. Pour les gaz, on se réfère généralement au British Thermal Unit (BTU) qui est l'unité thermique servant aux échanges de gaz naturel sur le marché new-yorkais.

17. Gabriela Simonet *et al.*, « Forest carbon, tackling externalities », *Cahiers de la chaire Économie du climat*, série Informations & Débats, juillet 2012, n° 17.

CHAPITRE 13
Le nucléaire : attention, technologie à coûts croissants !

1. Ayant décidé de prolonger la durée d'utilisation du parc au début de son mandat, la chancelière a pris en mars 2011 la décision d'arrêter les huit réacteurs les plus anciens du pays et de revenir aux durées d'exploitation initialement prévues pour les autres. Sans construction de nouvelles centrales nucléaires ni prolongation des centrales existantes, le pays doit totalement sortir du nucléaire d'ici 2022.

2. À titre d'exemple, d'après Eurostat, pour un consommateur type (consommation annuelle comprise entre 2,5 et 5 MWh), le prix du kilowattheure résidentiel au premier semestre de 2012 était inférieur à 0,15 euro/kWh en France contre plus de 0,25 euro/kWh en Allemagne.

3. Cours des comptes, *Les Coûts de la filière électronucléaire*, rapport thématique public, janvier 2012.

4. Comme l'électricité n'est pas facilement stockable, sa production doit en permanence être ajustée à la demande ce qui provoque d'importantes fluctuations de son prix sur les marchés de gros. Lorsque les ménages rejoignent leur domicile en début de soirée, des moyens supplémentaires sont mis en route pour faire face à la pointe de consommation (généralement des centrales à gaz ou à charbon ou des barrages hydroélectriques) et le prix du kilowattheure augmente fortement sur le marché.

5. Intervention à la conférence de Salzburg sur « L'avenir non nucléaire », mai 1977.

CHAPITRE 14

Les innovations génératrices de croissance

1. Le « kinétoscope » est inventé en 1888 par Edison et son brevet est déposé pour les États-Unis. L'exploitation commerciale de ces premières salles de cinéma démarre quelques années plus tard. En 1902, une bobine du film de Georges Méliès, *Le Voyage dans la Lune*, est subtilisée à Londres, ramenée aux États-Unis puis reproduite en plusieurs exemplaires. Malgré de multiples recours juridiques à New York, Georges Méliès ne se remettra pas de cette concurrence du célèbre inventeur et ses studios feront faillite.

2. On pourrait également ajouter l'alimentation qui assure la couverture directe de nos besoins énergétiques et joue un rôle indirect important dans la quantité d'espace qui doit être mobilisée pour cet usage et n'est donc plus utilisable pour la production de biomasse énergétique.

3. À l'exception notable de la grande hydraulique : avec une puissance installée de 22 500 mégawatts, le barrage des Trois-Gorges en Chine est la source d'électricité la plus concentrée au monde, suivi par ceux d'Itaibu et du Giri en Amérique latine qui dépassent 10 000 mégawatts. Les plus grosses centrales thermiques au monde ne dépassent pas des puissances supérieures à 6 000 mégawatts et celle de l'EPR de Flamanville est programmée à 1 650 mégawatts.

4. Dans ce cas, le surcoût à la production du photovoltaïque est largement compensé par l'économie des travaux nécessaires pour la connexion au réseau.

CHAPITRE 15

Le capital naturel, facteur de croissance : une nouvelle conception

1. Les premiers spécimens de cette écriture primitive appelée le rongorongo furent découverts en 1864 par un missionnaire sur des tablettes de bois. Cette écriture n'a pas été déchiffrée à ce jour.

2. Formellement, le niveau de production Y est défini à partir des combinaisons du capital K, et du travail L selon une technologie $F(.) : Y = F(K, L)$. Si un facteur global $A(.)$ est pris en compte, la fonction se modifie : $Y = A(.)F(K, L)$.

3. Robert M. Solow, « A contribution to the theory of economic growth », *Quarterly Journal of Economics,* 1956, vol. 70, 1, p. 65-94.

4. Robert E. Lucas Jr, « On the mechanics of economic development », *Journal of Monetary Economics*, 1988, vol. 22, p. 3-42 ; Sergio Rebelo, « Long-run policy analysis and long-run growth », *Journal of Political Economy*, 1991, vol. 99, 3, p. 500-521.

5. Paul Romer, « Endogenous technological change », *Journal of Political Economy,* 1990, vol. 98, 5, p. S71-S102.

6. Robert J. Barro, *Determinants of Economic Growth : A Cross-Country Empirical Study*, National Bureau of Economic Research Working Paper, 1996, n° 5698.

7. Une fonction de production de type Cobb-Douglas conduit à analyser les effets de chaque facteur de production selon son poids relatif dans la création de richesse, $Y = A\ K^{\alpha}H^{\beta}$, α et β étant respectivement les poids du capital physique et du capital humain dans la production et les revenus distribués. Généralement on considère que α représente environ 1/3 et β environ 2/3.

8. D. Acemoğlu, *Introduction to Modern Economic Growth,* Princeton University Press, 2009 ; P. Dasgupta (dir.) et S. Niggol Seo, « Natural capital and economic growth », *in* Cutler J. Cleveland (éd.), *Encyclopedia of Earth,* Environmental Information Coalition, National Council for Science and the Environment [première publication dans *Encyclopedia of Earth,* 21 août 2008 ; repris le 30 janvier 2013].

9. B. R. Copeland et S. M. Taylor, « North-South trade and the environment », *Quarterly Journal of Economics,* 1994, 109, p. 755-787. N. L. Stokey, « Are there limits to growth ? », *International Economic Review,* 1998, 39, p. 1-31 ; P.-A. Jouvet, P. Michel et G. Rotillon, « Optimal growth with pollution : How to use pollution permits ? », *Journal of Economic Dynamics and Control,* 2005, 29, p. 1597-1609.

10. T. Bréchet et P.-A. Jouvet, « Why environmental management may yield no-regret pollution abatement options », *Ecological Economics,* 2009, 68, p. 1770-1777.

CHAPITRE 16
L'eau, le berger et le propriétaire : quels modèles de croissance verte ?

1. Voir G. Rotillon, *Faut-il croire au développement durable ?*, L'Harmattan, 2008.

2. Ces derniers représentant une forme de capital physique. Nous pouvons être choqués, ici comme ailleurs, de considérer ces animaux comme un capital physique. En fait, les moutons représentent simplement l'apport du propriétaire dans la production des toisons. Nous pouvons néanmoins souligner que les animaux ne semblent pas être considérés autrement dans le cadre des élevages en batterie. Voir sur ce sujet, les défenseurs des droits des animaux comme les collectifs « Antispéciste ».

3. Voir notamment, Pierre-André Jouvet et Boris Solier, « An overview of CO_2 costs pass-through to electricity prices in Europe », *Energy Policy*, 2013.

4. Dans la limite du plafond d'émission.

CHAPITRE 17

Planification ou marché : quels catalyseurs ?

1. Économiste américain, prix Nobel d'économie en 1976, Milton Friedman a fait toute sa carrière à l'Université de Chicago. Il est considéré comme l'un des économistes libéraux les plus influents du XXe siècle.

2. Pour une présentation détaillée des différents instruments voir C. Kolstad, *Environmental Economics,* Oxford University Press, 2010 (2e éd.) et J.-P. Barde, *Economic Instruments in Environmental Policy : Lessons from the OECD experience and their relevance to developing economic,* OCDE, 1994.

3. Par exemple pour gérer les volets sanitaires des rejets de substances toxiques : à partir du moment où l'amiante est reconnue comme une substance très dangereuse pour ceux qui la respirent, mieux vaut en interdire l'usage que de chercher à lui donner un prix !

4. G. Grolleau, L. Ibanez, N. Mzoughi, « Industrialists hand in hand with environmentalists : How eco-labeling schemes can help firms to raise rivals' costs », *European Journal of Law and Economics,* 2007, 24, p. 215-236.

5. Cet exemple est tiré du cours « Économie des ressources naturelles » de Gilles Rotillon et Pierre-André Jouvet.

6. Ronald Coase, « The problem of social cost », *Journal of Law and Economics,* 1960, 3 (1), p. 1-44. La littérature cherche souvent la justification théorique des marchés de permis d'émission dans cet article. Cela peut se justifier pour les marchés volontaires qui jouent un rôle très secondaire dans la tarification environnementale. C'est un contresens dans le cas des marchés basés sur une décision d'autorité publique. Malgré son prix Nobel, Coase ne nous est donc pas d'un grand secours pour trouver les bonnes voies de la tarification environnementale.

7. Graciela Chichilnisky et David Heal, *Environmental Markets, Equity and Efficiency,* Columbia University Press, 1998.

8. Ces pistes sont détaillées dans Christian de Perthuis, *Et pour quelques degrés de plus,* Pearson, 2011, 2e édition, p. 199-223.

9. William McDonough et Michael Braungart, *Cradle to cradle. Créer et recycler à l'infini,* Éditions Alternatives, 2011.

10. Ernst von Weizsäcker, « Long-term ecological tax reform », *in Factor Five,* 2011, p. 313-331.

11. T. Jackson, *Prosperity without Growth : Economics for a finite planet, op. cit.,* p. 136-142.

12. N'y a-t-il pas d'utilisation plus judicieuse des 16 milliards de dollars d'argent public (estimation officielle d'un projet initialement chiffré à 10 milliards mais dont la facture a toutes les chances de dépasser 20 milliards) destinés à la construction du prototype de réacteur utilisant la fusion nucléaire ITER (International Thermocuclear Experimental Reactor) ?

13. Voir l'ouvrage très complet de E. Brousseau, T. Dedeurwaerdere, P.-A. Jouvet et M. Willinger (éd.), *Global Environmental Commons : Analytical and political challenges in building governance mechanisms*, Oxford University Press, 2012.

CHAPITRE 18

La nécessité de l'Europe : le risque de l'eau tiède

1. La part des dépenses publiques et des transferts sociaux relativement insensibles aux variations du PIB est en effet nettement supérieure en Europe à ce qu'elle est aux États-Unis. En cas de choc récessif, elles exercent un effet de stabilisation à court terme en freinant la contraction des revenus. Simultanément, elles peuvent différer les ajustements structurels que doit faire l'économie pour repartir sur des bases assainies.

2. Wen Wang, « Overview of climate change policies and prospects for carbon markets in China », *Cahiers de la chaire Économie du climat*, série Informations & Débats, juillet 2012, n° 18.

3. Les droits d'accise sont des taxes indirectes dont le montant est calculé sur une unité physique (contrairement à la TVA dont l'assiette est la valeur du bien). En France, la plus importante est la TICP, héritière de la TIPP qui fut introduite dans notre fiscalité par la loi de finances de 1928. L'objectif initial était de faire face à la diminution des entrées de l'impôt sur le sel, lui-même héritier de fameuse gabelle en vigueur dans notre pays depuis le Moyen Âge. Avec 14 milliards, la TICP a constitué la quatrième recette fiscale de l'État français en 2012.

4. Sous cet angle, les États-Unis ont du reste dépassé les Européens puisque l'*American Clean Energy and Security Act*, plus connu sous le nom de projet Waxman-Markey, qui a été retoqué au Sénat américain sous le premier mandat de Barack Obama, comportait, lui, pas moins de 1 800 pages !

5. Raphaël Trotignon a construit le modèle de simulation ZEPHYR qui permet de reconstituer les évolutions passées du marché et de simuler différentes évolutions prospectives. Voir *In Search of the Carbon Price. The European CO_2 Emission Trading Scheme : From ex ante and ex post analysis to the projection in 2020*, thèse de doctorat soutenue à l'université Paris-Dauphine en octobre 2012.

6. Sur ce second volet plus technique, voir Christian de Perthuis et Raphaël Trotignon, « Governance of CO_2 markets : Lessons from the European emission trading scheme », à paraître dans *Energy Policy*, automne 2013.

7. Raphaël Trotignon et Anaïs Delbosc, « Échanges de quotas en période d'essai du marché européen », *Études climats*, juin 2008, n° 13, mission climat de la Caisse des dépôts.

8. Voir Jean-Marie Chevalier, Michel Derdevet, Patrice Geoffron, *L'Avenir énergétique : cartes sur table*, Gallimard, « Folio actuel », 2012.

9. Benjamin Dequiedt, « Émissions de gaz à effet de serre et politique agricole commune : quel ticket gagnant ? », *Cahiers de la chaire Économie du climat,* série Informations & Débats, janvier 2012, n° 12.

Conclusion

1. Même si la qualité d'un budget ne se mesure pas à ses variations, une forte baisse est parfois symptomatique de l'importance que nous lui accordons.

2. À titre d'illustration, les services de l'administration américaine ont réévalué en mars 2013 le coût marginal associé à l'émission d'une tonne de CO_2eq qui avoisine désormais 40 dollars la tonne contre moins de la moitié auparavant.

3. Voir la synthèse de Pierre-Noël Giraud et Thierry Weil, *L'industrie française décroche-t-elle ?*, La Documentation française, « Doc' en poche », 2013.

Remerciements

L'écriture de cet ouvrage n'aurait pas été possible sans l'existence de la chaire Économie du climat, plate-forme de recherche lancée grâce à un partenariat entre l'université Paris-Dauphine, la Fondation de recherche Institut Europlace de Finance et CDC-Climat. Ce projet se développe aujourd'hui grâce aux liens tissés avec plusieurs autres laboratoires universitaires et avec le support d'une quinzaine de sponsors issus du monde économique. Nos premiers remerciements vont à l'équipe de la chaire qui nous a constamment encouragés dans ce projet d'écriture à deux.

Nous tenons à remercier les relecteurs qui nous ont permis d'améliorer une première version du manuscrit : Marc Baudry, Jean-René Brunetière, Anaïs Delbosc, Ariane de Dominicis, Johanna Etner, Madeleine Racimor, Marie Renner, Boris Solier.

Un grand merci enfin à Gaëlle Jullien des éditions Odile Jacob qui nous a beaucoup aidés à la construction de ce livre qui n'aurait pas pris sa forme actuelle sans ses précieux conseils.

Table

Cet ouvrage a été transcodé et mis en pages
chez Nord Compo (Villeneuve-d'Ascq)

Achevé d'imprimer en septembre 2013 sur rotative numérique Prosper
par Sagim à Nanterre (Hauts-de-Seine).
Sagim est une marque de l'imprimerie Soregraph

Dépôt légal : septembre 2013
N° d'édition : 7381-2919-X
N° d'impression : 13431

Imprimé en France

L'imprimerie Sagim est titulaire de la marque
Imprim'vert® depuis 2004.

Imprimé en France